U0574373

警 察 法 学 文 库

本书系2017年度湖北省教育厅科学技术研究计划资助中青年人才项目"跨地域网络犯罪对刑事法律的挑战及防控对策"（项目编号：Q20174203）阶段性研究成果。
本书受湖北警官学院"荆楚卓越经管人才协同育人计划"项目资助出版。

跨地域犯罪的程序法规制

刘蜜 著

WUHAN UNIVERSITY PRESS

武汉大学出版社

图书在版编目(CIP)数据

跨地域犯罪的程序法规制 / 刘蜜著 . -- 武汉 ：武汉大学出版社，2024. 10. -- 警察法学文库. -- ISBN 978-7-307-24515-0

Ⅰ. D925.04

中国国家版本馆 CIP 数据核字第 2024QQ2695 号

责任编辑:田红恩　　　　责任校对:鄢春梅　　　　版式设计:马　佳

出版发行:**武汉大学出版社**　　(430072　武昌　珞珈山)

(电子邮箱：cbs22@ whu.edu.cn　网址：www.wdp. com.cn)

印刷:湖北云景数字印刷有限公司

开本:720×1000　　1/16　　印张:17.5　　字数:250 千字　　插页:1

版次:2024 年 10 月第 1 版　　2024 年 10 月第 1 次印刷

ISBN 978-7-307-24515-0　　　　定价:88. 00 元

本书引用相关法律文件简称索引

最高人民法院、最高人民检察院、公安部等出台《关于办理流动性团伙性跨区域性犯罪案件有关问题的意见》(以下简称《跨区域性犯罪案件意见》)

最高人民法院《关于执行〈中华人民共和国刑事诉讼法〉若干问题的解释》(1998)(以下简称1998年《高法解释》)

最高人民法院《关于适用〈中华人民共和国刑事诉讼法〉的解释》(2012)(以下简称2012年《高法解释》)

最高人民法院《关于适用〈中华人民共和国刑事诉讼法〉的解释》(2021)(以下简称《高法解释》)

最高人民法院、最高人民检察院、公安部、国家安全部、司法部、全国人大常委会法制工作委员会《关于实施刑事诉讼法若干问题的规定》(以下简称《六部委规定》)

最高人民检察院《人民检察院刑事诉讼规则》(2019)(以下简称《高检规则》)

最高人民检察院《人民检察院刑事诉讼规则》(2012)(以下简称2012年《高检规则》)

公安部《公安机关办理刑事案件程序规定》(以下简称《程序规定》)

最高人民法院、最高人民检察院、公安部《关于办理信息网络犯罪案件适用刑事诉讼程序若干问题的意见》(以下简称《信息网络犯罪案件意见》)

最高人民法院、最高人民检察院、公安部《关于办理电信网络诈骗

等刑事案件适用法律若干问题的意见》(以下简称《电信网络诈骗案件意见》)

最高人民法院、最高人民检察院、公安部《关于办理电信网络诈骗等刑事案件适用法律若干问题的意见(二)》(以下简称《电信网络诈骗案件意见》(二))

最高人民法院、最高人民检察院、公安部《关于办理网络赌博犯罪案件适用法律若干问题的意见》(以下简称《网络赌博犯罪案件意见》)

最高人民法院、最高人民检察院、公安部《关于办理跨境赌博犯罪案件若干问题的意见》(以下简称《跨境赌博犯罪案件意见》)

最高人民法院、最高人民检察院、公安部《关于办理毒品犯罪案件适用法律若干问题的意见》(以下简称《毒品犯罪案件意见》)

最高人民检察院、公安部《关于公安机关办理经济犯罪案件的若干规定》(以下简称《经济犯罪案件规定》)

最高人民法院、最高人民检察院、公安部《关于办理刑事案件收集提取和审查判断电子数据若干问题的规定》(以下简称《电子数据的规定》)

公安部《公安机关办理刑事案件电子数据取证规则》(以下简称《电子数据的规则》)

目　　录

第三篇　证　据

第四篇　国际协作

第一篇　概　述

第一章 跨地域犯罪的涵义和特点

"对物理空间及处于该地域空间的人和物的控制，是权力的固有属性。"①在古代社会，权力通过对地域的划分和管理，实现对人和物的有效控制。法律作为权力的重要工具，其实施和执行同样依赖于对地域的控制。为了保障法律的有效实施，需要建立一系列的实施机制，包括对违法者的人身控制和强制执行能力。这些机制在很大程度上都依赖于地域的划分和管理。然而，随着电脑技术的广泛应用和网络技术的飞速发展，传统的地域界限开始被打破。网络技术的无边界性使得信息传播和交流变得前所未有的便捷和高效。这一变化不仅改变了人们的生活方式和社会结构，更对基于传统地理界限而创设的法律体系提出了严峻的挑战。虚拟世界的崛起使得法律适用的地理基础变得模糊和不确定。在这个全新的领域中，人们的行为往往难以用现有的法律框架来界定和规范。

第一节 跨地域的涵义

在网络尚未崭露头角、数字化浪潮还未席卷全球的时代，地域这一概念承载着明显的地理特征和浓厚的权力色彩。《周礼·地官·大司徒》提到："凡造都鄙，制其地域，而封沟之。"它深刻揭示了地域在古

---

① ［美］彼得·德恩里科、邓子滨编著：《法的门前》，北京大学出版社 2012 年版，第 396 页。

代社会中的核心地位。地域，简而言之，指的是特定地区的范围、土地的界限。它不仅是物理空间的划分，更是权力、文化和法律秩序的基石。在那个时代，地域间的差异显著，这些差异深刻地影响着法律的制定和实施。地区与地区之间，国与国之间，由于地理环境、历史文化、社会经济等诸多因素的不同，形成了各自独特的法律体系和法律文化。因此，立法和法律适用在不同地域间呈现出显著的差异性。这种差异性，既是地域特性的反映，也是权力运作的结果。

一、从刑法角度看

从刑法的角度来深入考量，跨地域犯罪在实质层面上与跨国犯罪具有高度的一致性。这是因为，刑法的空间效力构成了一个主权国家行使刑事管辖权的基础。国家通过立法手段，明确地界定了其刑法所适用的具体空间范围，进而根据这些明确的规定来行使其对刑事案件的管辖权。跨国犯罪，涉及犯罪行为的多重跨国因素。即行为人所实施的犯罪行为，无论是在犯罪主体、犯罪工具、犯罪结果，还是在犯罪目的等诸方面，只要其中有一项因素跨越了国界，那么该行为就可以被视为跨国犯罪。这种犯罪形式具有明显的跨境特征，不仅危害了多个国家的安全和利益，也对国际法律秩序构成了严重威胁。

随着电脑技术的飞速发展和网络技术的广泛应用，传统意义上的地域界限开始逐渐被打破。网络空间的出现，为人类活动提供了一个全新的、无边界的领域。在这个领域中，信息的传播和交流不再受到物理空间的限制，使得人们可以在全球范围内进行各种活动和交互。这种变化对基于物理空间边界制定的规则体系带来了巨大的冲击。

在传统刑法理论中，犯罪地的确定通常是相对明确的，因为犯罪行为的发生地和结果地往往容易识别和确认。但在网络犯罪的背景下，确定犯罪地变得复杂和具有挑战性。这是因为网络犯罪的特殊性质（虚拟性、匿名性和无国界性），使得犯罪行为的地理定位变得模糊不清。确定犯罪地的目的在于判断一个国家是否具有对特定犯罪行为行使司法管辖权的基础。根据属地管辖原则，如果犯罪行为地或犯罪结果地之一位于一个国家的领域内，那么该国就拥有对该犯罪行为进行追诉和审判的权力。然而，在网络犯罪中，犯罪行为可能通过多个服务器和网络节点进行，而这些服务器和网络节点可能分布在全球不同的地理位置。犯罪嫌疑人可能利用技术手段，如 VPN 或代理服务器，来隐藏其真实位置，修改 IP 地址，实现服务器之间的跳转，从而使得确定犯罪地变得困难。此外，网络数据在多个国家的多个网络终端的不同服务器之间频繁跳转，这导致了多个国家可能都认为自己拥有管辖权，从而产生管辖权争议。这些争议不仅涉及犯罪发生地和犯罪结果地，还可能包括犯罪预备地、犯罪策划地等多个方面。各国对于网络犯罪的法律定义、构成要件、入刑标准和处罚力度的规定存在差异，这为犯罪嫌疑人提供了可乘之机。他们可能利用不同国家法律规定的差异和管辖冲突，来规避法律的追究和制裁。[1]

因此，各国不断对"国界"这一概念进行扩张解释。这里的"国界"并不仅仅指传统意义上的实际国界线，还包括了虚拟的国界。这是因为，在网络空间中，犯罪行为可能同时涉及多个国家和地区的网络系统和数据资源，从而构成对多个国家利益的侵害。"9·11 事件"后，美国开始主张国内法对涉外网络犯罪的域外效力，将网络空间视为"全球公域"。近年来，各国治理网络犯罪的一个总体趋势是试图扩张自身刑事管辖权，以惩罚危害本国国家或公民利益的跨国网络犯罪行为。一国在行使域外管辖权时，有可能构成对他国主权的侵犯，因为属地性是管辖的首要根据，即使另一个国家同时有行使管辖权的根据，如果它行使管辖权的权力是与具有属地管辖权的国家的权力相冲突的，该另一个国家行使管辖权的权力就受到了限制。此时，应当依照签订或加入的国际条约、国际法原则和规则来解决，以示对他国主权合理的尊重。

二、从刑事诉讼法角度看

国家在跨国犯罪领域主张国内法的域外效力，也主要表现为在刑事

---

[1] 李毅：《网络空间治理的国内法域外效力研究》，光明日报出版社 2023 年版，第 84~113 页。

诉讼程序方面依据本国刑事立法对涉外刑事案件确立管辖权、进行跨境取证活动，以及针对域外的犯罪行为适用本国的刑事立法追究刑事责任等方面。如果说以刑法角度来看，跨地域是从主权间权力主张来界定，只有确定刑法意义上的刑事管辖权，确认对特定的犯罪案件可适用本国的刑罚权后，方可进一步查明是否适用本国刑事诉讼法进行刑事追究，以及刑法的哪一具体规定予以处罚。① 那么刑事诉讼角度的跨地域就是从主权内权限划分来界定，即犯罪案件涉及国内不同公安司法机关之间受理刑事案件的权限划分问题。②

（一）以"犯罪行为发生地"为原则

所有法律的实施都是带有明显地域性的，管辖权作为法律权力的一种，正是因为其权限的外延设置，所以导致某一个犯罪或多个犯罪出现了跨地域这种特性。2011 年《跨区域性犯罪意见》指出，"跨区域性犯罪案件"，是指犯罪案件涉及两个以上县级行政区域。这里使用的是"涉及"这个词汇，涉及的意思是关联到、牵扯到的意思，而"跨"的动词词性更强一些，在 20 世纪八九十年代，跨地域犯罪更多地指向流窜作案，是有动词意味的跨越行政区域界线进行犯罪。因此，当时的刑事诉讼法也只将犯罪地局限地认定为犯罪行为发生地，只有以非法占有为目的的财产犯罪，犯罪地可以包括犯罪行为发生地和犯罪分子实际取得财产的犯罪结果发生地。

随着社会的快速发展和全球化进程的加快，犯罪行为的形态和手段也在不断演变和升级，变得更加复杂和多样化。这种复杂性不仅体现在犯罪行为本身的多样性上，还体现在与犯罪行为相关的地点的多样性上。传统的犯罪行为往往局限于一个特定的地点，而现代犯罪，特别是跨国犯罪和网络犯罪，其涉及的地点可能跨越多个国家和地区，这给犯罪地的确定带来了前所未有的挑战。为了有效应对这一挑战，司法机关

① 时延安：《刑事管辖制度适用》，中国人民公安大学出版社 2012 年版，第 15~17 页。

② ［德］汉斯·海因里希·耶赛克、托马斯·魏根特：《德国刑法教科书》，徐久生译，中国法制出版社 2001 年版，第 200~201 页。

必须对犯罪地的确定方法进行相应的调整和完善。

以走私刑事案件为例，由于走私犯罪的特殊性，其犯罪行为可能涉及货物的进出口、报关、核销等多个环节，这些环节可能发生在不同的地点，因此确定犯罪地变得尤为复杂。为了解决这一问题，2002年最高人民法院、最高人民检察院、海关总署联合发布了《关于办理走私刑事案件适用法律若干问题的意见》，对走私犯罪案件的犯罪地进行了具体规定。根据这一规定，走私犯罪案件的犯罪行为发生地不仅包括传统的进出口地、报关地、核销地，还包括货物、物品的销售地、运输地、收购地和贩卖地等。这一规定明确了在走私犯罪案件中，犯罪地的确定不再局限于单一的地点，而是可以根据犯罪行为的不同环节来确定。这一规定的出台，严格遵循了1998年《高法解释》第2条的规定，即以犯罪行为发生地来确定走私刑事案件的犯罪地。这一做法体现了司法实践对于犯罪地确定方法的创新和适应，以满足打击犯罪、维护法律秩序的需要。同时，这也反映出在这一阶段，犯罪行为发生地仍然是确定犯罪地的主要标准，但在实际操作中，对于犯罪地的认定已经变得更加灵活和全面。

（二）增加"犯罪结果发生地"

2012年刑事诉讼法修正后，最高人民法院为了保证与刑法对犯罪地认定的同一性，在2012年《高法解释》中将犯罪地第一次明确解释为犯罪行为发生地和犯罪结果发生地。"被害人向犯罪嫌疑人指定的账户转账或存款的地方"也是犯罪结果地，就是为了应对"流动性、团伙性、跨区域性犯罪案件"，而电信诈骗案件、信息网络犯罪案件较符合这个特点。

同时随着互联网、移动终端以及物流网络为特征的现代生活模式兴起，犯罪行为发生地和犯罪结果发生地之间的时空距离已经大大增加，犯罪行为从现实走向网络和现实相结合，网络是一个全球性和开放性的体系，网上地址与现实当中的地理位置没有必然的联系。对于网络空间中的行为，往往很难确定其真实的地理位置，网络犯罪的行为地和结果地的判断具有随意性和偶然性。

为了方便办案、打击犯罪，相关部门陆续出台了一系列规范性文件，对部分典型案件的犯罪地进一步明细化。例如针对或者利用计算机网络实施的犯罪中，犯罪地包括犯罪行为发生地的网站服务器所在地，网络接入地，网站建立者、管理者所在地，被侵害的计算机信息系统及其管理者所在地，被告人、被害人使用的计算机信息系统所在地，以及被害人财产遭受损失地。① 将犯罪对象被侵害地纳入犯罪地的范畴，对保护被害人利益具有重要意义，是应对当前流动性、团伙性、跨区域性犯罪的有力措施，特别是针对利用电话、网络等通信工具或媒介以非接触性的方式作案的案件，犯罪对象被侵害地公安机关有权管辖，可以最快的速度接受被害人报案并进行侦查，避免出现群众"报案无门"的弊端。②

我国确立地域管辖的原则，即刑事案件由犯罪地公安司法机关管辖，其根本原因是犯罪地通常是案件发生的第一现场，往往也是犯罪证据较为集中的地方，由犯罪地专门机关管辖，便于犯罪地的公安机关、人民检察院迅速、全面地收集证据，查清案件事实，也便于犯罪地人民法院调查、核实证据，正确及时地作出判决。所以确定犯罪地管辖原则，关键是证据要素，而不应局限于犯罪嫌疑人是否在管辖地真实出现过，在前述扩大解释中，网站服务器所在地，网络接入地，网站建立者、管理者所在地等，都不符合动词"跨"的含义，但是依托网络实施的犯罪，网络中会留有痕迹，这些"所在地"因为有证据的出现，才与案件有关联。因此现阶段的跨地域犯罪已经在淡化"跨"的动词含义，转而注重与案件所涉证据的联系。

最后要说明的是关于行政区域的问题，为什么一定是两个以上县级行政区域？根据宪法的规定，我国行政区域包括省级行政区、地级行政区、县级行政区、乡级行政区。③ 但是对于犯罪的打击，在乡这一级别

---

① 参见《程序规定》第 17 条。

② 孙茂利主编：《公安机关办理刑事案件程序规定释义与实务指南》，中国人民公安大学出版社 2020 年版，第 45 页。

③ 依《宪法》第 30 条之规定，中华人民共和国的行政区域划分如下：（一）全国分为省、自治区、直辖市；（二）省、自治区分为自治州、县、自治县、市；（三）县、自治县分为乡、民族乡、镇。

上，除了公安机关派出机构派出所，其他国家专门机关，例如人民检察院和人民法院都没有专门设置，最低一级设置都是县级，意味着乡级行政区域内并不能完整地对犯罪行为进行惩处。所以在同一县级区域内的不同乡级区域间进行犯罪，并不属于跨地域犯罪。

第二节 从"犯罪地"的界定看跨地域犯罪

跨地域犯罪的一个显著特点是其犯罪行为和犯罪结果可能涉及多个地区，甚至多个国家。判断某刑事案件是否属于跨地域犯罪，往往与"犯罪地"的确定分不开。刑法规定的"犯罪地"是为了解决刑法的属地管辖问题，《刑事诉讼法》规定的"犯罪地"是在刑法规定的"犯罪地"基础上为了解决具体刑事案件的司法机关管辖问题。随着社会的发展，犯罪行为日趋复杂，与犯罪行为相关的地方也变得多了起来。犯罪地规定越来越详尽，既能有效弥补针对各种新型犯罪类型的司法漏洞，也能保障各公安机关有法可依、依法办案，当然也在法律条文上直接决定了犯罪的"跨地域"性。

一、"犯罪地"的确定

虽然《刑事诉讼法》历经 1996 年、2012 年和 2018 年三次修正，但是，关于地域管辖的规定却始终没有变化。《刑事诉讼法》第 25 条明确规定，刑事案件由犯罪地的人民法院管辖。如果由被告人居住地的人民法院审判更为适宜的，可以由被告人居住地的人民法院管辖。由此可以看出，刑事案件的地域管辖原则是以犯罪地为主，居住地为辅。刑事案件的地域管辖问题，其核心就是如何确定犯罪地的问题。以下对典型刑事案件犯罪地的确定做一个简单梳理：

1. 一般规定

刑事案件由犯罪地的公安机关管辖。如果由犯罪嫌疑人居住地的公安机关管辖更为适宜的，可以由犯罪嫌疑人居住地的公安机关管辖。几个公安机关都有权管辖的刑事案件，由最初受理的公安机关管辖。必要时，可以由主要犯罪地的公安机关管辖。①

犯罪地包括犯罪行为发生地和犯罪结果发生地。犯罪行为发生地，包括犯罪行为的实施地以及预备地、开始地、途经地、结束地等与犯罪行为有关的地点；犯罪行为有连续、持续或者继续状态的，犯罪行为连续、持续或者继续实施的地方都属于犯罪行为发生地。犯罪结果发生地，包括犯罪对象被侵害地、犯罪所得的实际取得地、藏匿地、转移地、使用地、销售地。居住地包括户籍所在地、经常居住地。经常居住地是指公民离开户籍所在地最后连续居住一年以上的地方，但住院就医的除外。单位登记的住所地为其居住地。主要营业地或者主要办事机构所在地与登记的住所地不一致的，主要营业地或者主要办事机构所在地为其居住地。②

针对或者主要利用计算机网络实施的犯罪，犯罪地包括用于实施犯罪行为的网络服务使用的服务器所在地，网络服务提供者所在地，被侵害的信息网络系统及其管理者所在地，犯罪过程中被告人、被害人使用的信息网络系统所在地，以及被害人被侵害时所在地和被害人财产遭受损失地等。③

2. 信息网络犯罪

信息网络犯罪案件的犯罪地包括用于实施犯罪行为的网络服务使用的服务器所在地，网络服务提供者所在地，被侵害的信息网络系统及其管理者所在地，犯罪过程中犯罪嫌疑人、被害人或者其他涉案人员使用的信息网络系统所在地，被害人被侵害时所在地以及被害人财产遭受损失地等。涉及多个环节的信息网络犯罪案件，犯罪嫌疑人为信息网络犯罪提供帮助的，其犯罪地、居住地或者被帮助对象的犯罪地公安机关可以立案侦查。有多个犯罪地的信息网络犯罪案件，由最初受理的公安机关或者主要犯罪地公安机关立案侦查。对于具有特殊情况，跨省（自治

---

① 参见《程序规定》第 15 条、第 21 条。
② 参见《程序规定》第 16 条。
③ 参见《高法解释》第 2 条。

区、直辖市)指定异地公安机关侦查更有利于查清犯罪事实、保证案件公正处理的重大信息网络犯罪案件,以及在境外实施的信息网络犯罪案件,公安部可以商最高人民检察院和最高人民法院指定侦查管辖。①

(1)电信网络诈骗案件

电信网络诈骗案件犯罪行为发生地包括用于电信网络诈骗犯罪的网站服务器所在地,网站建立者、管理者所在地,被侵害的计算机信息系统或其管理者所在地,犯罪嫌疑人、被害人使用的计算机信息系统所在地,诈骗电话、短信息、电子邮件等的拨打地、发送地、到达地、接受地,以及诈骗行为持续发生的实施地、预备地、开始地、途经地、结束地。"犯罪结果发生地"包括被害人被骗时所在地,以及诈骗所得财物的实际取得地、藏匿地、转移地、使用地、销售地等。对因网络交易、技术支持、资金支付结算等关系形成多层级链条、跨区域的电信网络诈骗等犯罪案件,可由共同上级公安机关按照有利于查清犯罪事实、有利于诉讼的原则,指定有关公安机关立案侦查。②

电信网络诈骗犯罪地,除《电信网络诈骗案件意见》规定的犯罪行为发生地和结果发生地外,还包括:①用于犯罪活动的手机卡、流量卡、物联网卡的开立地、销售地、转移地、藏匿地;②用于犯罪活动的信用卡的开立地、销售地、转移地、藏匿地、使用地以及资金交易对手资金交付和汇出地;③用于犯罪活动的银行账户、非银行支付账户的开立地、销售地、使用地以及资金交易对手资金交付和汇出地;④用于犯罪活动的即时通讯信息、广告推广信息的发送地、接受地、到达地;⑤用于犯罪活动的"猫池"(Modem Pool)、GOIP设备、多卡宝等硬件设备的销售地、入网地、藏匿地;⑥用于犯罪活动的互联网账号的销售地、登录地。为电信网络诈骗犯罪提供作案工具、技术支持等帮助以及掩饰、隐瞒犯罪所得及其产生的收益,由此形成多层级犯罪链条的,或者利用同一网站、通讯群组、资金账户、作案窝点实施电信网络诈骗犯罪的,应当认定为与多个犯罪嫌疑人、被告人实施的犯罪存在关联,人

---

① 参见《信息网络犯罪案件意见》第2条。

② 参见《电信网络诈骗案件意见》第5条。

民法院、人民检察院、公安机关可以在其职责范围内并案处理。①

（2）网络赌博案件

网络赌博案件犯罪地包括赌博网站服务器所在地、网络接入地，赌博网站建立者、管理者所在地，以及赌博网站代理人、参赌人实施网络赌博行为地等。公安机关对侦办跨区域网络赌博犯罪案件的管辖权有争议的，应本着有利于查清犯罪事实、有利于诉讼的原则，认真协商解决。经协商无法达成一致的，报共同的上级公安机关指定管辖。②

跨境赌博犯罪案件一般由犯罪地公安机关立案侦查，由犯罪嫌疑人居住地公安机关立案侦查更为适宜的，可以由犯罪嫌疑人居住地公安机关立案侦查。跨境网络赌博犯罪地包括用于实施赌博犯罪行为的网络服务使用的服务器所在地，网络服务提供者所在地，犯罪嫌疑人、参赌人员使用的网络信息系统所在地，犯罪嫌疑人为网络赌博犯罪提供帮助的犯罪地等。多个公安机关都有权立案侦查的跨境赌博犯罪案件，由最初受理的公安机关或者主要犯罪地公安机关立案侦查。有争议的，应当按照有利于查清犯罪事实、有利于诉讼的原则，协商解决。经协商无法达成一致的，由共同上级公安机关指定有关公安机关立案侦查。在境外实施的跨境赌博犯罪案件，由公安部商最高人民检察院和最高人民法院指定管辖。③

3. 毒品犯罪案件

毒品犯罪的犯罪地包括犯罪预谋地，毒资筹集地，交易进行地，毒品生产地，毒资、毒赃和毒品的藏匿地、转移地，走私或者贩运毒品的目的地以及犯罪嫌疑人被抓获地等。被告人居住地包括被告人常住地、户籍地及其临时居住地。对怀孕、哺乳期妇女走私、贩卖、运输毒品案件，查获地公安机关认为移交其居住地管辖更有利于采取强制措施和查清犯罪事实的，可以报请共同的上级公安机关批准，移送犯罪嫌疑人居住地公安机关办理，查获地公安机关应继续配合。公安机关对侦办跨区

---

① 参见《电信网络诈骗案件意见（二）》第1条、第2条。

② 参见《网络赌博犯罪意见》第4条。

③ 参见《跨境赌博犯罪意见》第6条。

域毒品犯罪案件的管辖权有争议的，应本着有利于查清犯罪事实、有利于诉讼、有利于保障案件侦查安全的原则，认真协商解决。经协商无法达成一致的，报共同的上级公安机关指定管辖。对即将侦查终结的跨省（自治区、直辖市）重大毒品案件，必要时可由公安部商最高人民法院和最高人民检察院指定管辖。①

4. 经济犯罪案件

经济犯罪案件犯罪行为发生地包括犯罪行为的实施地以及预备地、开始地、途经地、结束地等与犯罪行为有关的地点；犯罪行为有连续、持续或者继续状态的，犯罪行为连续、持续或者继续实施的地方都属于犯罪行为发生地。犯罪结果发生地，包括犯罪对象被侵害地、犯罪所得的实际取得地、藏匿地、转移地、使用地、销售地。居住地包括户籍所在地、经常居住地。户籍所在地与经常居住地不一致的，由经常居住地的公安机关管辖。经常居住地是指公民离开户籍所在地最后连续居住一年以上的地方，但是住院就医的除外。单位涉嫌经济犯罪的，由犯罪地或者所在地公安机关管辖。所在地是指单位登记的住所地。主要营业地或者主要办事机构所在地与登记的住所地不一致的，主要营业地或者主要办事机构所在地为其所在地。

非国家工作人员利用职务上的便利实施经济犯罪的，由犯罪嫌疑人工作单位所在地公安机关管辖。如果由犯罪行为实施地或者犯罪嫌疑人居住地的公安机关管辖更为适宜的，也可以由犯罪行为实施地或者犯罪嫌疑人居住地的公安机关管辖。上级公安机关必要时可以立案侦查或者组织、指挥、参与侦查下级公安机关管辖的经济犯罪案件。对重大、疑难、复杂或者跨区域性经济犯罪案件，需要由上级公安机关立案侦查的，下级公安机关可以请求移送上一级公安机关立案侦查。几个公安机关都有权管辖的经济犯罪案件，由最初受理的公安机关管辖。必要时，可以由主要犯罪地的公安机关管辖。对管辖不明确或者有争议的，应当协商管辖；协商不成的，由共同的上级公安机关指定管辖。主要利用通

---

① 参见《毒品犯罪意见》第 1 条。

讯工具、互联网等技术手段实施的经济犯罪案件，由最初发现、受理的公安机关或者主要犯罪地的公安机关管辖。①

假币犯罪案件中的犯罪地，既包括犯罪预谋地、行为发生地，也包括运输假币的途经地。假币犯罪案件中的犯罪嫌疑人居住地，不仅包括犯罪嫌疑人经常居住地和户籍所在地，也包括其临时居住地。几个公安机关都有权管辖的假币犯罪案件，由最初立案地或者主要犯罪地公安机关管辖；对管辖有争议或者情况特殊的，由共同的上级公安机关指定管辖。②

5. 拐卖妇女、儿童案件

拐卖妇女、儿童犯罪案件依法由犯罪地的司法机关管辖。拐卖妇女、儿童犯罪的犯罪地包括拐出地、中转地、拐入地以及拐卖活动的途经地。如果由犯罪嫌疑人、被告人居住地的司法机关管辖更为适宜的，可以由犯罪嫌疑人、被告人居住地的司法机关管辖。几个地区的司法机关都有权管辖的，一般由最先受理的司法机关管辖。犯罪嫌疑人、被告人或者被拐卖的妇女、儿童人数较多，涉及多个犯罪地的，可以移送主要犯罪地或者主要犯罪嫌疑人、被告人居住地的司法机关管辖。相对固定的多名犯罪嫌疑人、被告人分别在拐出地、中转地、拐入地实施某一环节的犯罪行为，犯罪所跨地域较广，全案集中管辖有困难的，可以由拐出地、中转地、拐入地的司法机关对不同犯罪分子分别实施的拐出、中转和拐入犯罪行为分别管辖。对管辖权发生争议的，争议各方应当本着有利于迅速查清犯罪事实，及时解救被拐卖的妇女、儿童，以及便于起诉、审判的原则，在法定期间内尽快协商解决；协商不成的，报请共同的上级机关确定管辖。正在侦查中的案件发生管辖权争议的，在上级机关作出管辖决定前，受案机关不得停止侦查工作。③

---

① 参见《经济犯罪规定》第 8 条至第 12 条。

② 参见最高人民法院、最高人民检察院、公安部《关于严厉打击假币犯罪活动的通知》第 2 条。

③ 参见最高人民法院、最高人民检察院、公安部、司法部《关于依法惩治拐卖妇女儿童犯罪的意见》第 2 条。

6. 侵犯知识产权犯罪案件

侵犯知识产权犯罪案件由犯罪地公安机关立案侦查。必要时，可以由犯罪嫌疑人居住地公安机关立案侦查。侵犯知识产权犯罪案件的犯罪地，包括侵权产品制造地、储存地、运输地、销售地，传播侵权作品、销售侵权产品的网站服务器所在地、网络接入地、网站建立者或者管理者所在地，侵权作品上传者所在地，权利人受到实际侵害的犯罪结果发生地。对有多个侵犯知识产权犯罪地的，由最初受理的公安机关或者主要犯罪地公安机关管辖。多个侵犯知识产权犯罪地的公安机关对管辖有争议的，由共同的上级公安机关指定管辖，需要提请批准逮捕、移送审查起诉、提起公诉的，由该公安机关所在地的同级人民检察院、人民法院受理。对于不同犯罪嫌疑人、犯罪组织跨地区实施的涉及同一批侵权产品的制造、储存、运输、销售等侵犯知识产权犯罪行为，符合并案处理要求的，有关公安机关可以一并立案侦查，需要提请批准逮捕、移送审查起诉、提起公诉的，由该公安机关所在地的同级人民检察院、人民法院受理。①

7. 流动性、团伙性、跨区域性犯罪案件

流动性、团伙性、跨区域性犯罪案件，由犯罪地的公安机关、人民检察院、人民法院管辖。如果由犯罪嫌疑人、被告人居住地的公安机关、人民检察院、人民法院管辖更为适宜的，可以由犯罪嫌疑人、被告人居住地的公安机关、人民检察院、人民法院管辖。犯罪地包括犯罪行为发生地和犯罪结果发生地。犯罪嫌疑人、被告人居住地包括经常居住地、户籍所在地。

"犯罪行为发生地"包括被害人接到诈骗、敲诈勒索电话、短信息、电子邮件、信件、传真等犯罪信息的地方，以及犯罪行为持续发生的开始地、流转地、结束地；"犯罪结果发生地"包括被害人向犯罪嫌疑人、被告人指定的账户转账或存款的地方，以及犯罪所得的实际取得地、藏

---

① 参见最高人民法院、最高人民检察院、公安部《关于办理侵犯知识产权刑事案件适用法律若干问题的意见》第1条。

匿地、转移地、使用地、销售地。①

这种针对犯罪地"列举"式的法律解释是对"犯罪地"的具体地域内容进一步扩大，并且考虑到跨地域犯罪的特殊性，不管是接触性的还是非接触性的，各解释均在列举犯罪地的具体情形后专门增加了"等"字，以适应司法实践的复杂情况，体现了现有司法制度的弹性和灵活性，但这也导致司法实务中面临的首要问题就是案件的管辖权。特别是在跨地域网络犯罪中，在案件所涉物理地点高度泛化的情况下，管辖权的确定更是成为各地争议或推诿的焦点。

二、以"犯罪地"为标准划分跨地域犯罪

(一)静态的跨地域犯罪和动态的跨地域犯罪

静态的跨地域犯罪也可以称之为立法规定上的跨地域犯罪，它是指某一犯罪行为，其行为发生地和结果发生地都属于同一行政区域内，本不属于跨地域犯罪，但由于法律规范对犯罪地的全面确定，导致出现两个或两个以上与其匹配的犯罪地，从而在立法层面成为跨地域犯罪。例如某成年人通过 QQ、微信等网络软件，诱骗隔壁未满 14 周岁儿童拍摄暴露身体的不雅照片、视频，通过网络发送并观看，构成猥亵儿童罪。② 通常我们会认为这里的犯罪地就是犯罪嫌疑人和被害人所处行政区域，但根据《高法解释》第 2 条，实施犯罪行为的 QQ、微信等网络软

---

① 参见《跨区域性犯罪意见》第 1 条、第 2 条。

② 2018 年 11 月，最高人民检察院在发布的第 11 批指导性案例中指出，"网络环境下，以满足性刺激为目的，虽未直接与被害儿童进行身体接触，但是通过 QQ、微信等网络软件，以诱骗、强迫或者其他方法要求儿童拍摄、传送暴露身体的不雅照片、视频，行为人通过画面看到被害儿童裸体、敏感部位的，是对儿童人格尊严和心理健康的严重侵害，与实际接触儿童身体的猥亵行为具有相同的社会危害性，应当认定构成猥亵儿童罪。2023 年 5 月，最高人民法院、最高人民检察院联合发布的《关于办理强奸、猥亵未成年人刑事案件适用法律若干问题的解释》第九条第一款规定，"胁迫、诱骗未成年人通过网络视频聊天或者发送视频、照片等方式，暴露身体隐私部位或者实施淫秽行为，符合刑法第 237 条规定的，以强制猥亵罪或者猥亵儿童罪定罪处罚。"

件服务器所在地，QQ、微信等网络软件提供者所在地，被侵害的信息网络系统及其管理者所在地均有管辖权。因为网络是没有边界的，任何在网络中交换的数据都会被网络记录，从而可能导致信息泄露，所以司法解释中，将案件证据关联的所有地方都确定为犯罪地，这种延伸性的立法技术直接导致本案涉及两个以上县级行政区域，所以我们称之为静态的跨地域犯罪。

动态的跨地域犯罪就是突出了"跨"这个动词含义，是指犯罪行为本身跨越了两个及以上的县级以上行政区域，可以是一个犯罪行为，犯罪过程涉及多地，例如拐卖妇女儿童罪，也可以是多个犯罪行为，例如毒品犯罪。这类跨地域犯罪不在同一区域发生，涉及面广，危害大，打击难度更大。我们以毒品犯罪为例，这类犯罪几乎不可能在同一个地方完成，有些毒品犯罪是跨地域甚至是跨境作案，犯罪嫌疑人通常在 A 地购买毒品，途经 B 地到 C 地进行贩卖，还有些毒品犯罪是通过物流寄递方式作案，并且有时犯罪嫌疑人被抓获地并不是毒品交易地，犯罪嫌疑人被抓获前有在多地落网的可能性。为了保证对毒品犯罪打击的有效度，《办理毒品犯罪案件适用法律若干问题的意见》特意将犯罪嫌疑人被抓获地认定为毒品犯罪的犯罪地。同时，由于毒品滥用不仅给吸毒者本人及其家庭带来严重危害，也会诱发盗抢骗等一系列违法犯罪活动，2023 年，京津冀三地检察机关在河北省石家庄市联合签署《京津冀检察机关关于在禁毒工作中加强协作配合的工作意见》，强调将建立京津冀检察机关毒品案件区域执法司法一体化机制，形成京津冀检察禁毒工作合力，服务保障京津冀经济社会高质量发展。这说明在毒品犯罪中，由于其跨区域性、链条性、隐秘性的犯罪特点，司法机关逐步联合加大对跨区域毒品犯罪集团、贩卖运输制造毒品犯罪、新型毒品犯罪、利用寄递渠道实施毒品犯罪、涉毒洗钱犯罪的打击力度，确保对毒品犯罪的"全链条"打击。

(二)传统跨地域犯罪和虚拟跨地域犯罪

以犯罪过程中是否有网络媒介参与可以区分为传统跨地域犯罪和虚拟跨地域犯罪。凡是不依托网络，就可以完成犯罪，并且按照《刑事诉讼法》及其相关解释的规定，犯罪行为会涉及多个犯罪地的，就属于传统的跨地域犯罪。例如接触型的侵财类案件，犯罪嫌疑人在 A 地对被害人进行敲诈勒索，其后在 B 地取得非法收益。因为与犯罪行为关联的预备地、实施地、既遂地、犯罪所得的实际取得地、藏匿地、转移地、使用地、销售地等，物理位置发生了实质性的变化。另犯罪行为有连续、持续或者继续状态的，犯罪行为连续、持续或者继续实施的地方都属于犯罪行为发生地。例如在行进的车辆中对被害人非法拘禁的行为。

虚拟跨地域犯罪需要有信息网络作为媒介参与。在这类跨地域犯罪中，一种是借助信息网络导致其从本地域犯罪变为跨地域犯罪，例如前述网络隔空猥亵儿童行为；另一种就是借助信息网络边界的模糊与运动状态实施犯罪。"对物理空间及处于该地域空间的人和物的控制，是权力的固有属性。法律要求某些实施机制相配合，而法律实施在很大程度上有赖于对违法者实施人身控制和施加强制的能力。"①但是，电脑技术的应用和网络技术的开发，打破了传统上的地域界限，全新的人类活动领域被创造出来，虚拟世界中的行为在一定程度上对基于传统地理界限而创设法律的适用性提出了挑战。犯罪跨区域性、流动性大幅增强，例如网络诈骗等犯罪，犯罪嫌疑人在世界上任何国家，只要接入互联网，就可以对世界上任何国家的任何人行骗，而且随时可以更改受众目标和范围，造成了跨国、跨境、跨区域犯罪大行其道。这不但给打击犯罪的管辖划分带来现实困难，而且这种模糊性与灵活性也给犯罪预防带来了极大的挑战。

（三）单一的跨地域犯罪和复杂的跨地域犯罪

以一个犯罪行为是否能实现跨地域犯罪可以区分为单一的跨地域犯罪和复杂的跨地域犯罪。如果犯罪嫌疑人从始至终只有一个犯罪行为，但由于立法上对犯罪地的全面规定会导致其成为跨地域犯罪。例

---

① ［美］彼得·德恩里科、邓子滨编著：《法的门前》，北京大学出版社 2012年版，第 396 页。

如前述网络隔空猥亵儿童行为，犯罪嫌疑人只有猥亵这一个犯罪行为，但是由于犯罪地的网络延伸性规定，从而被列进跨地域犯罪的范畴；前述敲诈勒索罪，犯罪嫌疑人只有敲诈勒索这一个犯罪行为，但由于犯罪进程实质性跨越多个犯罪地，也被列进跨地域犯罪的范畴。复杂的跨地域犯罪则是由于多个犯罪行为可能是因为实质上跨越物理地域，例如流窜作案，也可能是因为多个犯罪行为之间相关联而跨越地域限制，例如网络诈骗行为，它可能涉及帮助信息网络犯罪活动罪、诈骗罪、掩饰隐瞒犯罪所得罪、洗钱罪等。并且随着我国的社会安全治理水平不断得到提高，传统侵财犯罪、暴力犯罪数量持续减少，且占比持续降低，网络犯罪成为主要的犯罪类型。特别是随着互联网应用场景和互联网技术的普及，传统犯罪呈现出加速向互联网转移的态势。而互联网的虚拟性、非接触性，打破了传统的地区、国家界限，不仅导致犯罪行为难以被发现和查处，也增加了办案成本和难点，带来管辖权冲突、电子证据收集固定难等问题。网络犯罪基本上都是链条化运作，比如写木马的专门写木马，不用分析数据。网络犯罪组织一般是松散结构，跟传统犯罪组织也不一样，有利益就捆在一起。没有一个团伙可以把整个案件作完，分别做一部分，如果犯罪链条打不全，这个案件就很难处理。

第三节　跨地域犯罪的特点

在 20 世纪 70 年代前，由于当时的交通和通信手段相对落后，犯罪活动多局限于本地区域①。然而，随着社会经济的快速发展和科技的进步，刑事犯罪的特征也发生了显著变化，其复杂性日益凸显。犯罪活动的多样性和流动性成为新的特点，流窜型犯罪逐渐成为主流。犯罪嫌疑人可能在 A 地实施犯罪，B 地销赃，C 地藏匿，形成了跨地区甚至跨国

---

① 任惠华：《新时代侦查治理模式革新——以新中国犯罪演进规律为起点》，载《中国刑警学院学报》2021 年第 5 期，第 5~12 页。

界的犯罪形态。随着犯罪活动的跨地域性，他们的犯罪预谋更为周密，犯罪行为更加隐蔽，传统的区域性侦查模式已不再适应新的犯罪形势，跨区域乃至跨国的侦查协作逐渐成为常态。在这样的背景下，侦查机关在侦破案件和缉捕犯罪嫌疑人时，往往需要投入大量的人力和物力，进行细致入微的调查工作。

随着 21 世纪的到来，网络技术的普及和发展彻底改变了犯罪的形态，非接触型犯罪开始成为新的犯罪趋势。与传统犯罪相比，网络犯罪有个突出特点，就是不受地域限制。在便捷的信息传递渠道和移动互联网技术的支撑下，人类活动体现了普遍的虚拟化与跨地域性特征。作为人类犯罪活动之一的新型网络犯罪，从产生之日起便具有了跨地域、跨专业领域的"特质"。

一、传统跨地域犯罪的特点

在网络欠发达的时代，跨地域犯罪受到当时技术条件、社会认知、社会结构等多方面因素的影响，其特点更多体现在物理性较强、犯罪组织结构相对简单、信息流通受限等方面。

（一）物理性较强

在网络并没有兴起的时代，跨地域犯罪更加依赖于实地行动和物理接触。如传统的流窜侵财、走私、贩卖毒品、偷渡等。这些犯罪活动需要犯罪分子在不同地区之间进行实际的移动和物品的物理转移。例如流窜侵财是跨地域犯罪中较为常见的形式，犯罪分子往往需要跨区域流动，寻找作案目标。这种犯罪形式包括抢劫、盗窃、诈骗等，犯罪分子可能在一个地方策划犯罪，然后前往另一个地方实施，以逃避当地执法机关的追捕。这种物理性的移动要求犯罪分子具备较强的适应能力和生存技能，同时也增加了他们的犯罪成本和风险。

（二）犯罪组织结构相对简单

由于通信手段的限制，犯罪分子之间的信息交流和信息传递受到一定的制约，难以形成复杂而庞大的犯罪网络。因此，跨地域犯罪的组织往往相对较小，成员数量有限，且成员间的层级关系相对简单，不像现代网络犯罪那样具有高度的组织化和分工细化。在网络欠发达的背景下，跨地域犯罪集团往往依赖于牢固的人际关系和地域网络来维持其运作。犯罪分子可能通过家族、老乡、旧同事等社会关系来建立信任和合作，这些关系成为犯罪活动能够顺利进行的重要基础。然而，这种依赖也使得犯罪集团更容易受到内部背叛和外部打击的影响。

（三）犯罪成本和风险较高

由于依赖于较为原始和有限的犯罪手段，犯罪分子在追求非法收益的同时，往往需要承担更高的风险和成本。犯罪分子为了在不同地区间实施犯罪，不得不投入更多的人力资源和物质资源，如策划复杂的行动方案、租赁或购买交通工具、建立隐蔽的联络渠道等。这些投入不仅增加了犯罪的成本，也使得犯罪过程更加容易被执法机构察觉和追踪。

（四）作案快速、逃跑迅速、销赃便捷

在作案时，犯罪分子往往精心选择作案地点，常常在不同地区流窜作案，以迷惑警方的视线。他们深谙地形地貌，擅长利用各地的交通网络进行快速转移。一旦作案成功，他们会立即将赃物转移到其他地区，甚至是通过跨国渠道进行销赃，使得警方在追踪和追缴赃物时面临巨大困难。此外，由于跨地域犯罪涉及多个地区，甚至可能涉及跨国犯罪，这导致案件的侦查和追诉工作变得更为复杂和繁琐。不同地区的警方需要相互协作，共同搜集证据、追踪线索，但由于沟通不畅、信息共享不及时等问题，往往难以形成有效的合力。这使得跨地域犯罪的犯罪分子有了更多的可乘之机，他们可以利用这些漏洞，继续实施犯罪活动，给社会带来极大的危害。

（五）信息流通受限

在网络尚未普及的年代，信息的流通方式与今日大相径庭。当时，电话、传真、传呼和邮寄等是传统的主要通信手段，它们在速度和效率上远远不能与现今的网络通信相提并论。这些传统方式不仅传输速度慢，而且容易受到各种外界因素的干扰。对于跨地域的犯罪活动而言，这种信息流通的受限状况无疑是一个巨大的制约因素。

21

二、网络异化后的新特点

随着交通的便利和网络技术的飞速发展，犯罪组织的结构和运作方式发生了根本性的变化，使得跨地域犯罪呈现出更加复杂的特征。目前，技术性和职业性成为了新的趋势。

(一)组织化和职业化

跨地域犯罪日益呈现出组织化和职业化的趋势，这已成为一个不容忽视的现象。这些犯罪组织不同于传统的单打独斗的犯罪模式，它们往往组织严密，分工明确，成员间配合默契，形成了一个高效运转的犯罪网络。跨地域犯罪组织通常拥有严密的组织结构，具有明确的层级和部门分工。有的负责策划和组织犯罪活动，有的负责实施具体的犯罪行为，有的则负责技术支持和资金流转等。随着犯罪组织化的加深，其成员的行为也越来越职业化。犯罪分子可能全职从事犯罪活动，他们接受专门的培训，掌握一系列犯罪技能，如网络攻击、金融诈骗、跨国走私等。这种职业化的犯罪行为使得犯罪组织的作案手法更加专业和难以防范。在现代科技手段日益发展的今天，网络技术、通信技术、金融技术等都可能被犯罪分子用来实施犯罪。并且，为了维持其犯罪活动的持续性和有效性，跨地域犯罪组织不断进行技术创新和适应。他们跟踪最新的科技发展，利用新兴的网络平台和金融工具来改进犯罪手段。

(二)隐蔽性增强

跨地域犯罪的隐蔽性是其最为突出的特点之一，这种隐蔽性源自犯罪分子对各种资源和条件的精心利用。犯罪分子通常会选择地形复杂、监管松懈的地区作为作案地点，利用这些地区的自然屏障和监控盲点来隐藏自己的行踪和犯罪活动。在交通方面，犯罪分子可能会利用复杂的交通网络和运输系统来掩盖其犯罪路径。他们可能会通过多次换乘不同的交通工具，或是利用非法渠道进行人员和物品的跨境运输，使得犯罪行为的追踪和定位变得极为困难。网络技术的发达也为犯罪活动在隐蔽性上带来了质的变化。他们会使用加密通讯软件、虚拟专用网络(VPN)等技术来隐藏自己的在线身份和通信内容，使得执法机关难以通过传统的通讯监控手段来获取犯罪证据。这些手段不仅使得案件的侦查工作变得复杂，也给司法审判带来了额外的挑战。

(三)逐步产业化

跨地域犯罪的产业化特征是其发展到一定阶段的必然结果。随着犯罪活动的不断演变和升级，一些犯罪组织已经超越了单纯的个体或小团体作案，转而形成了覆盖犯罪全链条的复杂网络。这种产业化的犯罪模式不仅提高了犯罪的效率和收益，也给执法机关带来了前所未有的挑战。具体体现在：一是产业链条的完整性。跨地域犯罪组织构建的产业链条涵盖了从犯罪计划的制订到赃物的最终转移和资金的洗白等各个环节。这种产业链条的建立使得犯罪活动可以像合法企业一样高效运作，每个环节都有专门的团队负责，形成了一种分工明确、协同作业的犯罪模式。例如，一个犯罪组织可能专门负责网络攻击和数据窃取，而另一个团伙则负责将窃取的数据变现，再有其他团伙负责将非法所得通过复杂的金融交易洗白。二是组织形式的多样化。为了掩盖犯罪本质，跨地域犯罪组织常常利用公司、集团等合法的组织形式进行犯罪活动。这些犯罪组织可能在法律上注册为正规企业，拥有完善的组织结构和运营模式，从而在社会上进行合法的商业活动，同时在背后进行非法的犯罪行为。这种表面上的合法性为犯罪活动提供了掩护，使得外部难以发现其犯罪本质。跨地域犯罪组织构建的犯罪网络极为复杂，涉及多个国家和地区，甚至可能包括不同行业的多个犯罪组织。这些网络中的各个环节和团伙之间通过一系列隐秘的通信和交易方式保持联系，使得整个网络既灵活又坚韧。即使某个环节被执法机关摧毁，其他环节仍可利用网络中的其他资源和联系继续运作，这大大增加了打击的难度。这种"打而不死、死而不僵"的特点使得跨地域犯罪更加难以被彻底根除。

第二章 跨地域犯罪的诱因分析

跨地域犯罪的诱因是多元且复杂的，经济因素是诱发跨地域犯罪的核心原因之一。在经济欠发达地区，人们可能因为缺乏合法的收入来源和改善生活的机会而转向犯罪。此外，贫富差距的扩大和社会经济地位的不平等也可能导致个人或团体为了追求经济利益而跨越地区进行犯罪活动。现代交通工具的发展，如高速铁路、高速公路和航空网络，极大地提高了人们的流动性，也为犯罪分子提供了快速跨越地区作案的条件。这种高度的流动性使得犯罪分子能够迅速逃离作案现场，增加了执法机关的追捕难度。

第一节 单一型流窜侵财犯罪

我国现行刑事法律中并没有对流窜作案进行过准确的定义，只有1989年公安部、最高人民法院、最高人民检察院、司法部发布的《关于办理流窜犯罪案件中一些问题的意见的通知》中对于"流窜作案"的解释略有涉及。根据该通知精神，流窜犯是指跨市、县管辖范围作案的犯罪分子。凡构成犯罪且符合下列条件之一的，属于流窜犯罪分子：一是跨市、县管辖范围连续作案的；二是在居住地作案后，逃跑到外省、市、县继续作案的。有下列情形之一的，不视为流窜犯罪分子：一是确属到外市、县旅游、经商、做工等，在当地偶尔犯罪的；二是在其居住地与外市、县交界处边沿接合部进行犯罪的。所以"流窜作案"的本意应该是"在两地以上流窜且连续分别作案",要求具有异地性、连续性两个基本特征。2011年最高人民法院、最高人民检察院、公安部等出台《关于办理流动性团伙性跨区域性犯罪案件有关问题的意见》,其中指出,"流动性犯罪案件",是指跨县级行政区域连续作案,或者在居住地作案后逃跑到其他县级行政区域继续作案;这里将"流窜作案"归属为"流动性犯罪案件"。实践中,侵财型跨区域犯罪一直占比较大,主要包括流窜盗窃、流窜抢劫、流窜抢夺、流窜诈骗等犯罪。尽管各地在打击侵财类犯罪的力度上持续增强,犯罪数量呈现下滑态势,但总体来看,犯罪活动依然频繁,其占比超过各地案件总数的一半以上。这些犯罪活动表现出系列化、职业化、智能化、组织化以及暴力化的显著特点。以往单一区域内作案的情况逐渐减少,而跨地域流窜作案已经逐渐成为主流模式。特别是一些地域性职业犯罪群体,其流窜作案的特征愈发明显,对社会治安构成严重威胁。在侵财类犯罪中,部分犯罪者采用"甲地居住,乙地作案,丙地销赃"的作案模式,显示出极高的灵活性和隐蔽性。同时,交通网络的迅猛扩张,也为跨地域提供了物理上的便利,地域性职业犯罪群体的流动性增强,他们随着作案线路的变化不断调整策略,不同地方、不同种类的犯罪现象相互交织,呈现出一种复杂的融合态势。在这样的背景下,惯犯和累犯参与作案的情况愈发突出,他们所实施的犯罪不仅频率高,而且危害巨大,使得案件侦破难度进一步加大。这种单一型的传统流窜型侵财类犯罪处于高发状态的原因主要体现在:

1. "见效快"——技术含量不高但收获可观是根本因素

经济的高速发展与个人财富的增长不成正比,拉大了贫富差距,导致部分人形成了扭曲的人生观、价值观,侵财犯罪成为首选挣钱手段。一方面,青少年侵财犯罪较为突出,并具有团伙化、智能化、低龄化的特点,同时伴有暴力性、盲目性、模仿性、冲动性和偶发性。这些人一般无固定职业,无家庭负担,没有责任感,容易受外界不良影响而步入歧途,犯罪不计后果,对社会、家庭危害极大。另一方面,熟人社会关系的联结,催生了流窜作案的职业犯罪组织。一些重点地区的犯罪分子，按照血缘、地缘关系勾结成职业化的犯罪组织，大肆跨区域流窜作案，并且有意识地设计犯罪环节、延长犯罪链条，以逃避监管和打击。不同犯罪组织之间还互相交织配合，呈现出产业化的特征。

2. "风险低"——异地作案无人认识是关键因素

之所以会选择多地域作案，犯罪行为人一般是从增加犯罪成功的几率和减少被发现的风险两方面考虑。流窜作案这种方式能够显著降低他们被公安机关打击的风险。在同一个地区连续作案后，他们的人身特征和犯罪手段往往会逐渐暴露，进而引起当地公安机关的警觉和重视。如果继续在原地作案，他们面临的被抓捕的风险会大幅增加。因此，为了规避这种风险，犯罪行为人选择流窜到其他地方继续作案，以图逃脱法网。正如坎特所说的那样："在某种意义上，我们试图学习像犯罪人那样进行思考，将犯罪的地点看成是能够最大限度地增加犯罪成功的机会，同时又能够最大限度地减少危险的地点。如果我们假定该犯罪人有基地，那么他很可能对这个基地附近地区有某种程度的了解，但是因为怕被人认出来或是因为有被纳入警察调查视线的危险，他不可能在离家很近的地点进行犯罪。"①为此，出于降低犯罪成本、规避犯罪风险的考量，犯罪行为人往往会策划空间（地域性）转移、时间转移、目标转移、策略转移和功能（活动）转移。

随着犯罪行为人在某一特定区域内多次实施犯罪，当地群众的防范意识会逐渐增强。以诈骗为例，当群众多次遭遇此类骗局后，他们会对此类犯罪手段产生警觉，并逐步了解和熟悉其套路，从而有针对性地采取一系列防范措施。这种群众自发形成的防范意识和行动，无疑会在一定程度上降低犯罪行为人的作案成功率，迫使他们不得不转向其他地区继续作案。犯罪心理画像专家迪·金·罗斯姆认为："地理或空间的转移多发生在犯罪人觉察到自己可能被发觉或成功率降低时从而对作案地点重新进行调整。这种空间上的转移可能发生在街区之间，也可能发生

---

① ［英］戴维·坎特著：《犯罪的影子——系列杀人案的心理特征剖析》，吴宗宪等译，中国轻工业出版社2002年版，第119页。

在城市之间。"①又得益于现代交通工具的高效性,犯罪分子在策划、实施犯罪行为以及销售赃物的地点常常分散在不同地区。特别是在那些高铁网络发达、高速公路互通以及城市化水平较高的区域,犯罪分子更容易跨区域进行犯罪活动。以机动车盗窃案为例,犯罪分子在得手之后,常常会迅速将车辆转移至其他城市进行藏匿或与事先串通的买家完成交易。有时,犯罪发生地与销赃地点之间的距离相隔甚远,这种跨地域的犯罪模式为警方的侦查和破案工作带来了前所未有的挑战。

3. "防范弱"——综合防范能力不强是客观因素

社会防控体系不健全、个人防范意识淡薄等原因,也是侵财型流窜犯罪高发的因素。如部分老旧社区防控体系建设发展相对迟缓、滞后,小区管理机制不健全、缺乏严密的安全保卫措施,助长了一些人犯罪的冒险性,增加了犯罪分子的作案成功机会。又如个人防范手段、防范意识不强,居民对安全重视程度不够,小商贩将移动推车、孩子将脚踏车随意搁置在路边或楼道等,都致使管理漏洞长期存在,给嫌疑人可乘之机。

4. "人缘近"——地缘性团伙的形成是主要因素

地缘性犯罪作为一种特殊的犯罪形态,其形成和发展与社会经济结构、地区发展不平衡以及人口流动等因素密切相关。这种犯罪通常以地域性关系为纽带,犯罪分子往往利用同乡、亲戚或邻里等社会关系,结成犯罪网络,在特定领域或行业内实施犯罪活动。这些犯罪团伙往往在外地城市中长期从事非法活动,随着时间的推移,逐渐形成了具有地域特色的犯罪模式。地缘性犯罪的形成,很大程度上是由于城乡之间日益扩大的收入差距。在一些经济欠发达地区,个别人通过侵财类犯罪活动获得巨额利益,这种高收益的非法行为很快在同乡中产生示范效应,诱使更多的人加入犯罪活动中。这种以地缘关系为基础的犯罪团伙,往往具有较强的凝聚力和隐蔽性,给打击和预防工作

---

① [美]迪·金·罗斯姆著:《地理学的犯罪心理画像》,李玫瑾译,中国人民公安大学出版社2007年版,第139页。

带来了不小的挑战。

例如，在一些城市中，我们可以看到来自某地的技术开锁入室盗窃团伙、某地的撬盗保险柜团伙、某地的盗窃高速公路货车物资团伙等，这些犯罪团伙利用地域性的特殊技能和知识，在外地实施犯罪，形成了具有地域特色的犯罪手法。这些犯罪团伙的存在，不仅对当地的社会治安构成了威胁，也对法律的权威性提出了挑战。随着社会经济的快速发展，人员的流动性将进一步增强，财物的流动也将更加频繁。在这样的背景下，外来人口在"盗抢骗"等案件中的作案比例可能会持续居高不下。

第二节　复杂的有组织犯罪

进入 20 世纪以后，随着人类社会组织化程度的不断提高，犯罪的组织化趋势也日渐显著，有组织犯罪成为人们关注的焦点，也成为各国和国际社会打击与防范的重点。有组织犯罪作为一种社会现象，并不是孤立存在的，而是随着社会的经济、政治、文化的发展而变化，具有鲜明的时代特征。无论是暴力性犯罪，还是侵犯财产性犯罪，一旦犯罪个体无力单独实施犯罪行为以达到其犯罪目的，就会本能地寻求"帮助"，与他人共同实施犯罪，于是，在经济利益或功利原则的驱动下，有组织的犯罪或者形形色色的犯罪组织（如结伙犯罪、团伙犯罪、犯罪集团、犯罪团体、黑社会组织等）也就应运而生了。[1] 随着改革开放和社会的深刻变革，境外黑社会组织渗透，境内诱发犯罪的因素大量增长，有组织犯罪急剧增多。我国对黑恶势力犯罪的治理最早开端于 1983 年的首次"严打"，并先后出台了《办理黑社会性质组织犯罪案件座谈会纪要》《全国部分法院审理黑社会性质组织犯罪案件工作座谈会纪要》《关于开展扫黑除恶专项斗争的通知》《关于办理黑恶势力犯罪案件若干问题的

---

① 卢建平主编：《有组织犯罪比较研究》，法律出版社 2004 年版，第 4 页。

指导意见》《关于办理恶势力刑事案件若干问题的意见》《最高人民法院关于审理黑社会性质组织犯罪的案件具体应用法律若干问题的解释》等相关法律文件。2018 年 1 月，中共中央、国务院发出《关于开展扫黑除恶专项斗争的通知》，为期三年的"扫黑除恶"在司法实践中得到了充分体现。三年来，全国公安机关共打掉涉黑组织 3644 个，涉恶犯罪集团 11675 个，抓获犯罪嫌疑人 23.7 万名，打掉涉黑组织是前 10 年总和的 1.3 倍。

　　尽管在国内外层面上已经通过了多层级立法来打击有组织犯罪，但这些法律的实际效果并不如预期，有组织犯罪的扩张趋势并未得到有效控制。相反，随着全球化的加速，这类犯罪活动开始呈现出更加明显的跨国特征。为了应对这一跨越时代的挑战，20 世纪 90 年代末期，国际社会对有组织犯罪进行了广泛且深入的探讨。例如，国际刑法学协会在其 1999 年的布达佩斯第 16 届大会上，就特别聚焦于跨国有组织犯罪问题。进一步地，2000 年 12 月，超过 100 个联合国成员国的代表在意大利巴勒莫聚集，共同签署了《打击跨国有组织犯罪国际公约》。2021 年 12 月 24 日第 13 届全国人民代表大会常务委员会第 32 次会议审议通过了《中华人民共和国反有组织犯罪法》，其中将有组织犯罪定义为刑法第 294 条规定的组织、领导、参加黑社会性质组织犯罪，以及黑社会性质组织、恶势力组织实施的犯罪。其中黑社会性质的组织是指三人以上不特定多数人按照企业化或帮会等方式，以获取非法的经济、政治利益为目的，用暴力、威胁或者其他手段，称霸一方，为非作恶，欺压、残害群众，严重破坏经济、社会生活秩序的犯罪组织。恶势力组织，是指经常纠集在一起，以暴力、威胁或者其他手段，在一定区域或者行业领域内多次实施违法犯罪活动，为非作恶，欺压群众，扰乱社会秩序、经济秩序，造成较为恶劣的社会影响，但尚未形成黑社会性质组织的犯罪组织。例如 2022 年"唐山打人案"被告人陈继志等人就被定性为恶势力组织。有组织犯罪产生原因是错综复杂的，是各种因素相互作用综合的结果。但最主要的还是集中在经济和社会方面。具体地说，有以下几点：

1. 社会结构的变化

在社会变革和转型的过程中，社会结构往往会发生显著的变化。这种变化不仅涉及经济、政治和文化等多个方面，而且会对社会中的各个群体产生深远影响。有时，这些变化可能导致部分群体在社会中的地位相对下降，感受到被边缘化或排斥。这些群体可能包括精神空虚人员、刑满释放人员、失业者、贫困家庭成员等。在这种情况下，当这些群体无法通过合法手段改善自己的生活状态时，他们可能会感到沮丧和失望。同时，他们也可能对社会的不公和不平等现象感到愤怒和不满。这种情绪状态可能使他们更容易受到犯罪组织的吸引。犯罪组织通常承诺为成员提供快速获取财富和权力的途径，这对于那些生活在社会底层、缺乏资源和机会的群体来说，无疑是一种巨大的诱惑。

2. 经济利益的驱动

经济利益往往是有组织犯罪的核心动因之一。在犯罪的世界里，非法经济活动成为了一种快速积累财富的手段，吸引着无数人投身其中。这些活动包括但不限于黑社会性质的暴力威胁、毒品的生产与销售、走私各种违禁品、利用金融体系进行洗钱、开设非法赌场、放高利贷以及敲诈勒索等。这些活动带来的经济利益往往是巨大的，能够在短时间内为犯罪组织带来丰厚的回报。

对于某些追求快速致富的人来说，这种通过非法手段获得的财富具有极大的诱惑力。在一些地区，特别是经济不景气或贫困地区，合法的就业机会可能非常有限，生活压力巨大，导致一些人选择铤而走险，投身于有组织犯罪中。在这些地方，有组织犯罪可能被视为一种"生存策略"，尽管这种策略是非法且危险的。此外，有组织犯罪集团内部往往形成了一套复杂的利益分配机制，使得团伙成员能够从中获得一定的经济利益。这种利益分配机制不仅激励了团伙成员继续参与犯罪活动，还吸引了更多的人加入其中。

3. 社会控制力的弱化

社会控制力的弱化是有组织犯罪滋生和蔓延的另一个关键因素。在某些地区或特定领域，由于政府管理不善、腐败问题严重或执法力度不够，正常的社会控制机制可能被削弱或失效。这种情况下，犯罪组织便有机会趁虚而入，利用这些漏洞和薄弱环节进行非法活动。

当社会控制力弱化时，犯罪组织往往能够更容易地建立自己的"势力范围"。它们可能通过威胁、贿赂或其他手段影响当地的政治、经济和文化和其他社会资源，形成自己的非法利益网络。一旦犯罪组织在这些地区或领域内建立了足够的权力和影响力，它们就可能进一步腐蚀政府机构，使其成为自己的"保护伞"。这些组织可能会利用金钱、权力和暴力等手段，与政府官员建立不正当的利益关系，确保自己能够在这些地区或领域内自由活动而不受限制。这种腐败现象不仅破坏了政府的公信力和法治原则，还为有组织犯罪提供了更多的机会和空间。社会控制力的弱化还可能导致公众对犯罪活动的容忍度增加和对政府公信力认可度的丧失。这种社会氛围的变化也会为有组织犯罪提供了更多的生存空间。

4. 犯罪亚文化因素的影响

犯罪亚文化在有组织犯罪中扮演着重要角色，它不仅是有组织犯罪产生的土壤，也是其持续存在和发展的重要推动力。犯罪亚文化通常指的是与主流社会价值观和行为规范相悖的一种亚文化现象，它包含了一套特定的价值观、信仰、行为模式和生活方式，这些元素往往与非法活动紧密相关。①

（1）形成和维持犯罪组织的社会基础。犯罪亚文化为有组织犯罪提供了一套非正式的社会规范和行为准则，这些准则在犯罪组织内部被广泛接受和遵循。它们帮助犯罪组织成员建立共同的身份认同，增强了组织内部的凝聚力和忠诚度。

（2）促进非法活动的合理化和正当化。在犯罪亚文化中，非法活动往往被合理化或正当化。例如，某些亚文化可能强调通过任何手段生存和成功的价值观，这使得犯罪行为在组织成员看来是可以接受甚至是必要的。

---

①　吴宗宪著：《犯罪亚文化理论概述》，载《比较法研究》1989 年第 1 期，第 6 页。

（3）提供犯罪技能和知识的传承。犯罪亚文化中，犯罪技能和知识往往通过非正式的教育和学习得以传承。年轻成员通过观察和模仿经验丰富的成员，学习如何进行非法活动，从而维持和发展犯罪组织的能力。

（4）增强犯罪组织的适应性和生存能力。犯罪亚文化中的价值观和行为模式有助于犯罪组织适应不断变化的社会环境和法律打击。犯罪组织能够根据亚文化中的适应性策略来调整其犯罪手段和运作方式。

（5）影响犯罪组织的结构和运作。犯罪亚文化中的某些特定信仰和价值观，如对"家族荣誉""忠诚"和"内部纪律"的强调，可能直接影响犯罪组织的结构设计和运作机制。例如，某些犯罪组织可能采用家族式的管理结构，以强化成员间的忠诚和牺牲精神。

（6）推动犯罪活动的创新和发展。犯罪亚文化中的创新思维和对风险的接受度可能促使犯罪组织不断探索新的犯罪手段和市场，从而使得有组织犯罪活动更加多样化和复杂化。[1]

犯罪亚文化对有组织犯罪的形成、发展和持续存在具有深远的影响。它不仅为犯罪组织提供了社会基础和心理支持，还促进了犯罪技能的传承和犯罪手段的创新。因此，理解和打击犯罪亚文化是预防和控制有组织犯罪的关键环节。

第三节　新型网络犯罪

随着互联网技术的不断发展，人们越来越依赖网络，形成了所谓的网络社会。这为传统犯罪提供了更广阔的空间和机会，犯罪分子可以利用网络技术实施更加隐蔽和高效的犯罪。网络空间的匿名性、开放性使得犯罪分子能够轻易跨越地域界限实施犯罪活动。网络诈骗、网络盗窃、网络洗钱等犯罪活动可以通过电子方式在任何地点实施，这为犯罪

---

[1]　孙跃著：《从社会结构的角度分析我国犯罪的社会原因》，载中国法学网，http：//iolaw. cssn. cn/zxzp/201603/t20160329_4639665. shtml，2024-03-18访问。

分子提供了新的作案手段和逃避法律打击的途径。网络犯罪破坏了人们之间的信任关系，影响了正常的网络交流和商业活动，降低了社会的整体信任水平。网络犯罪的频发的原因主要体现在：

一、低成本、高收益的驱动

社会经济发展的推动无疑为网络技术的高速普及和广泛应用提供了强大动力，同时也为网络犯罪提供了更多的目标和机会。网络犯罪与传统犯罪相比，在实施成本和潜在收益方面呈现出显著的差异。随着互联网技术的飞速发展，网络犯罪的实施成本不断降低，而潜在的非法收益却呈现出增长的趋势。这种低成本、高收益的特性，使得网络犯罪成为了许多犯罪分子的首选。

（一）网络犯罪具有犯罪成本优势

传统犯罪往往需要犯罪分子投入大量的人力、物力和财力，如购买作案工具、策划行动方案、逃避警方追捕等。然而，网络犯罪则大大降低了这些成本。犯罪分子只需一台联网的电脑或手机，便能实施各种犯罪行为。他们可以利用各种黑客工具、病毒软件等，轻松破解他人账户密码、窃取敏感信息或篡改数据。这种低成本的特点使得网络犯罪变得更为普遍和易行。网络空间的匿名性也为犯罪分子提供了一层保护伞，他们可以隐藏自己的真实身份，通过虚拟的网络身份进行犯罪活动，大大降低了被发现和抓捕的风险。同时，网络空间的匿名性和开放性也为犯罪分子提供了便利。

（二）网络犯罪潜在非法收益高

在网络空间中，犯罪分子可以轻易地获取大量的个人信息、商业秘密和国家机密等敏感数据。这些数据具有极高的价值，可以被用于实施各种非法活动，如电信诈骗、身份盗窃、勒索软件攻击等。例如，一次网络诈骗可能同时影响到成千上万的受害者，而一次成功的网络攻击可能导致数百万甚至数十亿的经济损失。而网络犯罪的匿名性和跨地域性也使得追回被害人的财产损失更加困难，犯罪分子往往能够将非法所得迅速转移到境外，长期占有非法收益。这些高收益的特点使得网络犯罪成为许多犯罪分子追逐的目标。

(三) 网络犯罪无须物理接触

在传统犯罪中，犯罪分子通常需要与受害者或目标进行某种形式的直接接触，这不可避免地会涉及一系列物理层面的成本。比如，为了实施抢劫或盗窃，犯罪分子可能需要前往特定的地点，这中间可能涉及交通费用的支出；如果犯罪发生在异地，还可能涉及住宿费用的开销。而对于网络犯罪而言，这样的物理接触变得不再必要。在网络犯罪的语境下，犯罪分子与受害者或目标之间的距离不再是阻碍。他们只需要借助电脑或其他智能设备，通过互联网进行远程操作，便能实施犯罪行为。无论是窃取个人信息、进行网络诈骗，还是传播恶意软件，这些犯罪活动都能够在不改变物理位置的情况下完成。这极大地降低了实施犯罪的物理成本，使得网络犯罪变得更为经济实惠。此外，无需物理接触的特点也使得网络犯罪更加难以追踪和打击。由于没有直接的人员接触和现场痕迹，警方在调查网络犯罪时往往需要面对更多的技术难题和线索的缺失。这也为犯罪分子提供了一定的逃避法律制裁的机会。

最后，网络的广泛覆盖性和便捷性进一步加剧了网络犯罪的猖獗。随着互联网的普及，网络已经渗透到人们生活的方方面面。无论是购物、支付还是社交，都离不开网络的支持。这种普及性为犯罪分子提供了广阔的作案空间。他们可以利用网络平台的漏洞或用户的疏忽，实施各种犯罪行为。同时，网络的便捷性也使得犯罪分子能够迅速、大规模地实施犯罪活动。他们可以通过网络快速传播病毒、散播虚假信息或组织网络攻击等，对他人和社会造成严重影响。

二、技术手段更新换代的加持

随着科技的飞速发展，尤其是云计算、区块链、人工智能等前沿技术的不断成熟和普及，网络犯罪的手段也在经历着前所未有的更新换代。这些技术的进步不仅为社会发展带来了深远的影响，也为网络犯罪分子提供了新的犯罪工具和平台，使得网络犯罪手法更加多样化和复杂化。他们可以利用云计算资源进行大规模的数据窃取、分析和滥用，甚至通过云服务实施跨国界的网络攻击。此外，云计算的匿名性和可扩展性也使得追踪犯罪源头变得更加困难。区块链技术以其去中心化、不可篡改的特性，为网络犯罪提供了新的匿名交易和资金流转手段。犯罪分子可以利用加密货币进行非法资金的洗钱和转移，而区块链的复杂性使得监管和追踪变得更加困难。同时，智能合约等区块链应用也可能被犯罪分子利用，进行新型的欺诈和诈骗活动。人工智能技术的发展，尤其是深度学习的应用，使得网络犯罪分子能够制造出高度逼真的虚假内容，如通过深度伪造（deepfake）技术制作的换脸视频，这些内容可以用于政治抹黑、商业诈骗甚至个人身份盗窃。此外，人工智能还可以被用于自动化的网络攻击，如自动化的钓鱼邮件生成和发送，大大提高了犯罪活动的效率和隐蔽性。

网络的便捷性和即时性为犯罪分子提供了极大的便利。他们可以利用网络的广泛覆盖和高速传输特性，在短时间内向大量用户发送钓鱼邮件或设置虚假网站，以诱骗受害者泄露个人信息或转账汇款。网络的即时性还使得犯罪分子能够实时监控受害者的反应，迅速调整犯罪策略，以规避法律的打击和受害者的警觉。这种快速反应能力和高度的适应性，使得网络犯罪比传统犯罪更加难以防范和打击。

三、地下黑灰产业的支持

在网络犯罪生态圈中，各个环节紧密相连，形成了一条完整的犯罪链条。上游环节主要由技术提供者和信息收集者组成。他们利用先进的技术手段，开发出各种用于网络攻击和欺诈的工具，如木马病毒、网络钓鱼工具、数据窃取软件等。同时，他们还通过各种非法途径收集个人信息，包括但不限于黑客攻击、网络爬虫、社交工程等，为中游的犯罪实施者提供"原材料"。中游环节则是网络犯罪的实施者，他们利用上游提供的技术和信息，进行具体的犯罪活动。这些活动包括网络诈骗、身份盗窃、网络赌博、非法销售违禁品等。这些犯罪分子通常具有较强的网络技术背景，他们通过各种隐蔽手段，如虚拟私人网络（VPN）、代理服务器、暗网等，来隐藏自己的真实身份和地理位置，从而逃避法律的制裁。而下游环节，则是这个犯罪生态圈中的"洗钱机器"。即将非法所得的资金通过各种复杂的金融交易和支付通道转化为合法资金。这些"洗钱"服务可能包括使用加密货币进行资金转移、通过第三方支付平台进行资金结算、甚至利用国际金融市场的复杂性来掩盖资金流向从而完成了整个犯罪过程的"闭环"。这个地下黑灰产业的存在，无疑为网络犯罪提供了强大的支持。它不仅提供了犯罪所需的技术和资源，还形成了一个完整的犯罪生态圈，使得网络犯罪变得更加高效、隐蔽和难以打击。

针对网络犯罪的频发，我国出台了《中华人民共和国网络安全法》、《中华人民共和国数据安全法》、《中华人民共和国反电信网络诈骗法》《中华人民共和国个人信息保护法》《关键信息基础设施安全保护条例》等，以维护网络空间的秩序，保护公民和组织的合法权益，保障国家安全和公共利益。最高人民法院、最高人民检察院等司法机关也发布了一系列关于网络犯罪的司法解释和规定，如《关于办理利用信息网络实施诽谤等刑事案件适用法律若干问题的解释》、《关于办理网络犯罪案件适用刑事诉讼程序若干问题的意见》、《人民检察院办理网络犯罪案件规定》等，对网络犯罪的定罪量刑、证据收集审查、案件管辖等问题进行了具体规定。尽管执法机关在打击网络犯罪方面取得了一定的成效，但犯罪分子的技术手段更新迅速，使得网络犯罪更加隐蔽，难以追踪和取证。这些技术手段包括但不限于加密通讯、匿名网络浏览、虚拟货币交易等，它们为犯罪分子提供了强大的匿名性和隐蔽性。此外，网络犯罪链条化和有组织化的趋势日益加剧，犯罪组织之间的分工更加明确，合作更加紧密。这种组织化的特点不仅使犯罪活动更加规模化和系统化，而且加大了执法部门对犯罪发现和打击的力度。

第三章　跨地域犯罪的发展趋势

第一节　影响犯罪发展的因素

犯罪不断演进的原因分析在犯罪学领域中占据核心地位，它不仅是学者们深入研究的焦点，更是制定有效犯罪预防策略的直接依据。这一分析对于改善国家的社会治安状况具有至关重要的指导意义。要深入探究犯罪现象的成因，需要从三个层次来理解：犯罪根源、犯罪基本原因以及犯罪具体原因。

一、犯罪根源

犯罪根源作为最本质、最深层次的原因，可以被视为犯罪存在于人类社会的终极原因。它涉及人类行为的本质、社会结构的固有矛盾以及文化价值观的冲突等方面。这些根源性因素是人类社会普遍存在的，不受特定时代或社会形态的限制。

（一）人类行为的本质

首先，犯罪根源与人类行为的本质紧密相连。人类作为社会动物，其行为受到多种因素的影响，包括遗传、环境、文化、教育等。然而，在所有这些因素中，有一种内在的力量，即人类的欲望和冲动，是推动犯罪产生的关键因素之一。欲望是人类与生俱来的天性，它驱使我们追求满足和快感。然而，当欲望得不到满足或受到阻碍时，一些人可能会选择通过非法手段来实现自己的目标，从而产生犯罪行为。这种欲望的驱动力可能来自个人的贪婪、权力欲、报复心理等，也可能是社会环境的压迫和刺激。此外，人类的冲动也是犯罪产生的重要原因。冲动是一种突发的、强烈的心理反应，它使人失去理智，难以控制自己的行为。在一些极端的情况下，冲动可能会导致人们采取极其暴力、残忍或破坏性的行为，这些行为往往是犯罪的一种表现形式。

（二）社会结构的固有矛盾

除了人类行为的本质外，社会结构的固有矛盾也是犯罪根源的重要组成部分。社会结构是指一个社会中不同群体之间的关系和互动方式，它涉及经济、政治、文化等多个方面。在这些方面中，经济因素是影响犯罪产生的关键因素之一。一方面资源的有限性和分配不均是导致犯罪产生的根本原因之一。在人类社会中，资源的稀缺性和不均等分配是不可避免的现象。当一些人无法获得足够的资源来满足自己的基本需求时，他们可能会选择通过非法手段来获取这些资源，从而产生犯罪行为。例如，盗窃、抢劫、诈骗等犯罪行为往往与资源的有限性和分配不均密切相关。另一方面，社会不平等和权力斗争也是导致犯罪产生的重要因素。在一个不平等的社会中，不同群体之间的贫富差距、权力差距以及机会差距都可能导致社会紧张和冲突。当一些人感到被剥夺、被压迫或无法获得公平的机会时，他们可能会选择通过犯罪来寻求自己的利益或表达自己的不满。

（三）文化价值观的冲突

文化价值观的冲突也是犯罪根源的一个重要方面。文化价值观是指一个社会或群体所共有的价值观念、道德准则和行为规范。在不同的文化背景下，人们对于善恶、是非、对错的判断标准可能存在差异和冲突。当两种或多种文化价值观发生冲突时，可能会导致一些人在道德上感到迷茫、混乱或无法适应。在这种情况下，一些人可能会选择通过犯罪来寻求自己的出路或表达自己的不满。例如，在一些社会中，传统的道德观念与现代的价值观念可能存在冲突，这可能导致一些人在道德上感到困惑和迷茫，从而增加犯罪的风险。

最后，全球化和技术进步也为犯罪根源的探讨带来了新的视角。全球化使得世界各地的人们和资源更加紧密地联系在一起，但同时也带来了新的犯罪形式，如跨国犯罪、网络犯罪等。技术进步虽然极大地促进了社会发展，但也为犯罪提供了新的工具和平台，如高科技犯罪、网络诈骗等。

二、犯罪的基本原因

犯罪的基本原因，相较于犯罪根源，更侧重于分析特定时期和特定社会背景下，影响犯罪现象形成和变化的关键因素。这些因素往往与某一时期、某一社会的犯罪现象紧密相关，它们对犯罪的形成与变化具有全局性、决定性的作用。犯罪的基本原因是一个复杂而多元的动态体系，这些因素在不同社会和文化背景下可能表现出不同的特点和趋势，深入探究这些基本原因，对于理解犯罪现象的发展和演变，以及制定针对性的犯罪预防对策，具有重要的实践意义。

(一)经济条件

经济不景气是犯罪基本原因之一。经济衰退或停滞往往导致失业率上升、贫富差距加大，这些社会经济问题为犯罪现象的滋生提供了温床。例如，在经济不景气时期，一些人可能因为失业或贫困而走上盗窃、诈骗等犯罪道路。此外，经济不景气还可能加剧社会紧张氛围，导致人们之间的冲突和矛盾增多，从而增加犯罪的可能性。

(二)社会结构和文化环境

社会结构的合理性、公正性和稳定性直接关系到社会的治安状况。当社会结构存在不公、不平等、权力斗争等问题时，往往会导致社会成员的不满情绪上升，犯罪率增加。社会不公是导致犯罪现象普遍增长的重要因素。社会不公包括收入分配不均、教育资源分配不公、就业机会不均等现象。这些不公现象长期存在，会导致一些人产生对社会的不满和抵触情绪，从而选择通过犯罪手段来寻求某种程度的平衡或报复。例如，在一些贫困地区，教育资源匮乏，导致一些孩子无法接受良好的教育，这些孩子长大后可能因为缺乏就业机会而走上犯罪道路。

（三）社会控制弱化

社会控制是指社会通过各种机制和机构来规范个体行为的过程。当社会控制弱化时，个体可能更容易从事犯罪行为。社会控制的弱化可能表现为社会凝聚力的下降、社会监督的不足、法律执行的不力等。这些因素可能导致犯罪行为得不到有效的遏制，从而在社会中蔓延。这也是导致犯罪现象普遍增长的原因之一。

（四）法律制度的不完善

法律制度是维护社会秩序和公平正义的重要保障，法律制度的完善程度直接影响犯罪的预防和控制。如果法律制度存在漏洞，或者法律执行不严格，就可能为犯罪行为提供可乘之机。例如，对某些犯罪行为的惩罚过轻，或者法律对新兴犯罪类型的规制不足，都可能导致犯罪率的上升。此外，法律制度的不公正也可能导致公众对法律的不信任，从而削弱法律的威慑力。

三、犯罪条件

犯罪条件则是在更加具体、微观的层次上对某类犯罪现象的发生起作用的因素。这些因素可能包括个人层面的心理特征、家庭背景、教育经历等，以及社会层面的犯罪机会的提供、犯罪组织的存在、法律执行的漏洞、社会监督的缺失等。这些因素是犯罪行为发生的直接触发因素。

（一）个人层面

犯罪条件往往与个人的心理特征、家庭背景、教育经历等因素紧密相关。首先，个人的心理特征，如攻击性、反社会情绪、自我控制能力不足等，可能增加个体实施犯罪的风险。这些心理特征可能受到遗传、环境等多种因素的影响，使得个体更容易受到犯罪行为的诱惑或驱动。其次，家庭背景也是影响个体犯罪风险的重要因素。家庭是个体成长的重要环境，父母的教育方式、家庭经济状况、家庭氛围等都可能对个体的心理和行为产生深远影响。例如，家庭经济困难可能导致个体在成长过程中面临更多的压力和挫折，从而增加其实施犯罪的可能性。此外，家庭暴力、父母离异等负面因素也可能导致个体产生心理创伤和行为问题，进而增加其犯罪风险。最后，教育经历对个体的犯罪风险同样具有重要影响。良好的教育可以提高个体的知识水平和道德观念，帮助个体建立正确的价值观和行为准则。相反，缺乏教育或教育水平低下可能导致个体缺乏必要的社会技能和自我控制能力，使其更容易受到犯罪行为的诱惑。

（二）社会层面

在社会层面，犯罪条件主要涉及犯罪机会的提供、犯罪组织的存在、法律执行的漏洞以及社会监督的缺失等因素。首先，犯罪机会的提供是犯罪行为发生的重要条件。例如，社会治安状况不佳、监管措施不力等可能导致犯罪行为的成本降低、风险减小，从而增加犯罪的发生。此外，一些特定的社会环境和情境，如贫困、失业、社会不公等也可能为犯罪行为提供机会。其次，犯罪组织的存在对犯罪现象具有推动作用。犯罪组织往往具有组织结构、分工明确、作案手段熟练等特点，它们通过相互勾结、共同作案等方式降低了个体犯罪的风险和成本。此外，犯罪组织还可能对个体产生心理和行为上的诱导和压迫，使其更容易走上犯罪道路。再次，法律执行的漏洞也是犯罪条件之一。法律是维护社会秩序和保障人民权益的重要工具，但如果法律执行不力、存在漏洞或腐败等问题，就可能为犯罪行为提供可乘之机。例如，司法不公、执法不严等情况可能导致犯罪分子逃脱法律制裁，从而助长其犯罪气焰。最后，社会监督的缺失也是犯罪现象发生的重要原因之一。社会监督是对个体和社会行为进行有效制约和约束的重要手段。如果社会监督缺失或不足，就可能导致犯罪行为得不到及时发现和制止，从而加剧犯罪现象的蔓延。

（三）技术层面

随着科技的飞速进步，特别是信息技术领域的日新月异，犯罪活动也迎来了前所未有的变革。技术进步带来的犯罪条件不仅为犯罪分子提供了新的手段和平台，还包括了对新兴技术的滥用和误用，在一定程度上改变了犯罪的本质和形式。这一趋势给全球安全带来了严重的挑战，要求社会各界、尤其是执法机构和安全专家必须时刻保持警惕，不断创新和完善打击犯罪的策略和方法。

首先，互联网和移动互联网的普及，为网络犯罪提供了肥沃的土壤。网络犯罪包括黑客攻击、网络钓鱼、恶意软件传播、网络诈骗等多种形式。犯罪分子利用先进的网络技术和工具，可以轻易地窃取个人信息、破坏计算机系统、篡改数据，甚至实施勒索软件攻击等。这些行为不仅对个人用户构成威胁，还对企业的数据安全和国家安全造成了严重威胁。

其次，大数据和人工智能技术的发展，使得犯罪分子能够更精准地实施犯罪。通过对海量数据的挖掘和分析，犯罪分子可以获取目标对象的行为习惯、喜好、社会关系等敏感信息，进而进行有针对性的诈骗、盗窃等犯罪活动。同时，人工智能技术在犯罪活动中的应用，如自动化诈骗电话、智能盗窃设备等，也进一步提高了犯罪活动的智能化和隐蔽性。

此外，数字货币和区块链技术的兴起，为洗钱、贩毒等犯罪活动提供了新的渠道。数字货币具有匿名性、去中心化等特点，使得犯罪分子能够更容易地隐藏资金来源和流向，从而逃避法律的监管和打击。区块链技术虽然在一定程度上能够提高交易的安全性和透明度，但同时也为犯罪分子提供了进行非法交易和洗钱的新手段。

最后，技术进步还带来了一些新型犯罪形式，如身份盗窃、在线欺诈等。犯罪分子通过窃取他人的身份信息、伪造虚假网站等手段，诱骗用户泄露个人信息或进行非法交易。这些行为不仅给受害者带来了巨大的经济损失和心理压力，还破坏了社会的信任体系和市场秩序。

第二节　跨地域犯罪发展的趋势

改革开放以来，中国的社会经历了一场深刻而广泛的变革。在这场变革中，商品经济的蓬勃发展成为了推动社会进步的重要动力。随着市场经济的逐步确立和完善，原有的相对稳定的社会结构开始发生剧变，传统的社会阶层和群体之间的界限变得模糊，取而代之的是一个更为多元、开放和动态的社会结构。在这一过程中，人、财、物的流动成为了新的社会现象。人口流动是当代社会一个不可忽视的现象，随着城市化的推进、经济结构的调整以及社会资源的再分配，人们为了寻求更好的生活机会、教育资源或工作环境，纷纷流向经济更为发达的城市或其他地区。这种大规模的人口流动不仅改变了人们的生活方式和思维模式，也在一定程度上影响了犯罪的类型和模式。与此同时，资本和物资也在全国范围内进行大规模的流动和重新配置，以满足市场需求和促进经济增长。这种大流动的局面不仅改变了人们的生活方式和社会关系，也对社会的稳定和安全带来了新的挑战。同时，产业结构的升级和转型也使得劳动力需求发生了变化，传统行业和新兴行业之间的竞争加剧。这种快速的城市化和经济结构调整为跨地域犯罪提供了滋生的土壤。到了20世纪90年代末，中国社会的治安形势变得愈发严峻，跨地域犯罪呈现出明显的增长趋势，犯罪分子开始利用现代交通和通信技术，在不同地区之间实施抢劫、诈骗、贩毒等犯罪活动。这些犯罪行为不仅危害了人民群众的生命财产安全，也严重破坏了社会的稳定和秩序。

近20年来，人类社会经历了信息化、智能化的迅猛发展，这种变革的速度和深度已经远远超出了人们的预期和想象。随着科技的日新月异，人们的生产生活方式发生了深刻的变革，享受着由此带来的便捷与高效，与此同时，刑事犯罪手段也在不断地演变和升级，不仅体现在犯罪的网络化、高科技化、跨地域化，还表现在犯罪分子的反侦查能力得到了前所未有的加强。这些新型犯罪手段与传统犯罪的"人对人、点对点、事对事"等单一性模式相比，具有更强的隐蔽性、复杂性和危害性。最高人民检察院的工作报告指出，近20年来我国刑事犯罪的演变，犯罪结构变化明显，严重暴力犯罪减少，被追诉的刑事案件当中，超过85%是被判三年以下有期徒刑。在发案和追诉的数量上，一直占发案和被追诉第一位的盗窃罪于2019年开始退到第二位。网络犯罪日益增加，2021年以后，网络犯罪已经占据犯罪总数的第三位。例如电信诈骗、非法吸存、非法集资、网络传销等犯罪活动层出不穷，它们往往利用互联网等信息技术手段进行广泛传播和快速实施。各种"套路贷"、网络赌博、网络贩卖毒品、网络组织卖淫等犯罪行为也屡见不鲜，严重破坏了社会的公序良俗和法治秩序。更为严重的是，一些传统犯罪也开始与网络犯罪相互交织，利用网上网下协同实施的方式，使得犯罪行为的危害性进一步加大。例如，拐卖妇女儿童的犯罪行为，在网络的掩护下更加难以被发现和打击。目前跨地域犯罪开始呈现出以下趋势：

一、犯罪产业链条延伸

在全球化的浪潮之下，犯罪活动已然不再局限于某一特定地域，而是逐渐演变成为跨国、跨区域的庞大犯罪链条。这些犯罪链条错综复杂，往往涵盖多个紧密相连的环节，包括但不限于生产、运输、销售等。每一个环节都有专门的犯罪分子精心策划和操作，他们利用高度发达的现代交通和通信技术，将犯罪行为巧妙地编织进日常生活的方方面面，使得犯罪活动能够在更广阔的地理空间内肆意蔓延。新型犯罪流动性更强、流窜范围更广。犯罪嫌疑人为了逃避侦查打击，特意选择那些刑事司法合作难度大的国家或地区作为他们的犯罪窝点。跨国犯罪链条还往往涉及洗钱、资金流转等金融犯罪活动。犯罪分子利用复杂的金融手段和隐秘的资金通道，将非法所得转化为合法资产，以逃避执法机关的追查和打击。这种跨国、跨区域的犯罪模式不仅极大地增加了犯罪的隐蔽性和复杂性，而且还涉及不同国家和地区的法律体系、执法标准以及司法程序等复杂因素，使得执法机关在侦查和打击过程中面临前所未有的挑战。

二、组织分工体系精细

随着现代社会的快速发展，犯罪活动也在逐渐演变，呈现出专业化和组织化的特点。犯罪组织的内部结构日益严密，成员之间的分工明确，形成了一个高效的犯罪运作体系。在这种组织结构中，分工的精细化是提高犯罪效率的关键。这种结构通常包括领导层、执行层和支持层。首先，在犯罪组织中，有专门的领导者或组织者负责策划犯罪活动、指挥协调和资金分配。他们通常具有丰富的犯罪经验和组织能力，能够精心策划并组织实施各种复杂的犯罪活动。这些领导者或组织者往往隐藏在幕后，通过遥控指挥等方式操纵整个犯罪组织的行动。其次，除了领导者或组织者外，犯罪组织中还有直接实施犯罪行为的执行层。这些人通常具备一定的专业技能和实战经验，负责具体的犯罪实施过程。他们可能是熟练的扒手、黑客、诈骗犯等，各自擅长不同的犯罪领域和技能。在执行层的背后，往往还有专门的技术支持者为他们提供必要的技术支持和帮助。此外，犯罪组织中还有专门的后勤保障人员，如提供资金支持、物资采购、藏匿地点等的人员。这些后勤保障人员为犯罪组织的顺利实施提供了重要的物质保障和资金支持。他们可能是富有的投资者、商人或者其他有经济实力的人士，通过为犯罪组织提供资金支持来获取非法的利益。同时，还有一些人员专门负责洗钱、转移资产等金融活动，为犯罪组织的非法所得提供合法化的渠道。每个成员都按照自己的职责和任务行动，各司其职，形成了严密的组织结构和明确的分工体系。这种分工不仅使得犯罪行为更加专业，也使得每个成员可以专注于自己的任务，提高了整个团伙的运作效率。

以毒品犯罪为例，制毒犯罪逐渐呈现出地域分散化、规模小型化、流程分段化等特点。犯罪流程被巧妙地分割为若干个碎片化的环节，每一个环节的人员之间互不见面、互不相识，彼此之间的联系仅限于完成特定的任务。在这样的犯罪模式下，犯罪嫌疑人利用现代通讯技术的匿名性和金融支付系统的便捷性，以及物流网络的广泛覆盖，使得犯罪行为跨越地域界限，难以追踪。他们可能在不同的地区甚至国家进行犯罪活动，通过网络平台进行协调和指挥，而实际的犯罪行为则由分散在各地的执行者完成。

这种分工的精细化给执法机关带来了极大的挑战。因为犯罪组织内部成员之间的职责分工明确且相互独立，每个人只负责自己的一部分工作，很难从单个成员身上获取整个犯罪组织的信息和线索。这使得执法机关在侦查和打击过程中难以全面掌握犯罪组织的情况，增加了打击的难度和复杂性。

三、网络犯罪趋势明显

以网络为代表的新技术极大改变了犯罪手段方式，最大的改变就是由传统的犯罪人和受害人面对面接触式实施犯罪改变为非接触式实施犯罪。涉网新型案件占比大幅上升，传统"盗抢骗"案件占比不断萎缩。不少前科人员弃赌从诈、弃盗从诈、因毒从诈，作案群体呈几何式增长。① 2014年起电信网络诈骗犯罪就超过了传统诈骗犯罪，成为诈骗犯罪的主要方式，并呈逐年上升趋势。2023年最高人民检察院工作报告中指出，近五年来，各级检察机关对利用信息网络实施诈骗、赌博、传播淫秽物品等犯罪提起公诉的有71.9万名被告人，与之关联的罪名在案件数量上亦显著增长，因非法买卖电话卡和银行卡("两卡")、帮助提款转账而被起诉的被告人(上述人员多涉嫌帮助信息网络犯罪活动罪及掩饰、隐瞒犯罪所得、犯罪所得收益罪)从2018年的137名增长至2022年的13万名。如今，帮助信息网络犯罪活动罪已经成为司法实践中的第三大罪名。以电信网络诈骗、传播淫秽物品(牟利)、网络赌博、侵犯公民个人信息、帮助信息网络犯罪活动、洗钱、掩饰、隐瞒犯罪所得及其收益等为代表的犯罪类型，仍会继续成为司法机关打击的重点目标。②

这些犯罪行为往往利用网络的匿名性和全球性，进行跨国、跨区域的非法活动，使得传统的地域性执法手段难以适应。网络犯罪的特点主要表现在以下几个方面：

1. 危害的严重性：网络犯罪的严重性远超传统犯罪。由于网络的普及和互联互通，网络犯罪往往同时危害到大量的受害者，如大规模的个人信息泄露或DDoS攻击导致的服务中断等，个人数据、商业秘密乃

---

① 王劼：《新型犯罪结构性变化引发侦查格局变革的思考》，载《上海公安高等专科学校学报》2021年第6期。

② 从2023年"两高"工作报告看当下刑事司法的现状与趋势，https：//roll.sohu.com/a/654327338_121123750，访问日期：2024-3-21。

至国家安全都受到极大威胁。例如，个人信息泄露可能导致金融欺诈，而企业的敏感信息泄露可能损害其竞争力，甚至影响国家安全。

2. 行为的隐蔽性：与传统犯罪相比，网络犯罪的隐蔽性更高。网络犯罪分子可以利用互联网技术，在不与被害人直接接触的情况下，远程实施犯罪行为。这种非接触性使得犯罪行为可以跨越地理界限，甚至跨国界进行。犯罪人可以在世界任何一个角落进行网络犯罪活动，并使用虚假身份或技术手段来隐藏自己的真实身份。这种匿名性使网络犯罪的调查和定罪变得更加困难。

3. 主体的智能性：大多数网络犯罪是利用计算机或网络知识进行的，因此需要较高的智力水平。这种智能性体现在对技术的运用和创新上，使得网络犯罪成为一种"知识型犯罪"。

4. 预防与控制的困难性：网络的开放性和全球化特征使网络犯罪很容易跨越国界，但是这种跨国性不仅使各国在网络犯罪的管辖权上产生冲突，也给预防和控制工作带来了巨大的挑战。此外，网络犯罪法律的滞后和不完善也是预防和控制网络犯罪的困难之一。

在当今网络飞速发展的时代，刑事犯罪手段也在不断地演变和升级。其中，传统犯罪向网络领域的渗透和转型尤为引人注目。犯罪嫌疑人巧妙地利用网络的匿名性、跨地域性和便捷性等特点，将原本线下的犯罪活动逐渐转移至线上，形成了网上网下协同实施的新型犯罪模式。网络赌博、网络贩卖毒品、网络组织卖淫等传统犯罪活动的网络化趋势日益明显。犯罪嫌疑人通过搭建非法网站、利用社交媒体和加密通讯工具等手段，大肆进行宣传、招募和交易活动。他们不仅能够迅速扩大犯罪规模，还能够更加隐蔽地逃避法律的制裁。这些网络化的犯罪行为不仅严重侵害了人民群众的合法权益，也严重破坏了社会的和谐稳定。除了上述网络化趋势明显的传统犯罪外，拐卖妇女儿童这一严重犯罪活动也在网络时代呈现出了新的形式。犯罪分子利用网络平台发布虚假信息，诱骗受害人上当受骗。他们往往打着"高薪招聘"、"免费旅游"等幌子，通过聊天室、论坛、社交媒体等途径与受害人取得联系，然后以各种理由将其骗至指定地点实施拐卖。这种新型的拐卖方式不仅更加隐蔽和难以防范，而且受害人的年龄、性别、地域等特征也更加广泛，给打击工作带来了极大的挑战。

第三节　跨地域犯罪的网络异化带来的挑战

从法律的角度来看，跨地域犯罪是指犯罪行为的发生、实施、结果等要素跨越了不同的地域或司法管辖区，涉及多个法律体系和司法制度的犯罪活动。在数字化时代，网络技术的快速发展深刻改变了人们的生活方式和社会结构，同时也催生了犯罪的新形态。其中，犯罪空间的网络异化是一个尤为突出的现象。然而，随着网络的普及和深入，网络犯罪不再受地域限制，犯罪分子可以在全球范围内实施犯罪活动，使得犯罪空间呈现出无限扩展的趋势。这种犯罪空间的异化不仅增加了犯罪活动的复杂性和隐蔽性，也给打击网络犯罪带来了前所未有的挑战。

一、传统取证手段与电子数据特性的冲突

网络犯罪中，伴随犯罪行为产生的大都属于电子数据，作为一种"技术性证据"，电子数据在法律层面的客观真实性不仅取决于数据本身，更在于其收集、固定、传输及保管等各个环节是否符合既定标准和严格的操作规程。简而言之，唯有确保取证流程的完整性和准确性，才能孕育出真正意义上客观真实的证据之果。[1] 网络犯罪的匿名性和隐蔽性导致了证据的虚拟性、易灭失性和难固定性，从而增加侦查取证的难度。

提取电子数据的终极使命是为法庭审判提供合法有效的证据。在其生命周期内，电子数据不仅涉及法律标准的严格界定，还需依托先进的技术手段和工具进行精准处理。传统的侦查手段，诸如现场勘查、指纹

---

[1]　刘建华：《网络陷阱与数据侦查》，武汉大学出版社 2020 年版，第 171 页。

比对以及 DNA 鉴定等，在刑事定罪中发挥着举足轻重的作用，特别是在 DNA 信息方面，它能够精准地锁定至具体个人。然而，当我们进入虚拟的网络世界，情况便变得复杂起来。网络中的电子信息，以二进制数字的形式储存在计算机硬盘中，这些数字本身无法直接读取和获取，必须经过特定的翻译程序转换成我们能够理解的形式。电子数据并没有物理形态，犯罪嫌疑人会通过加密、伪装或隐藏技术将证据嵌入看似正常的文件或数据流中。在这个翻译过程中，难免存在潜在的误差，这导致了所得到的电子信息可能失去其原有的唯一性和确定性，呈现出无形的特质。同时，犯罪嫌疑人还可能采用加密技术、虚拟货币等手段来隐藏犯罪证据和资金流向，一旦犯罪行为结束，相关的电子数据可能会立即被删除或更改。

此外，电子信息在存储过程中也存在着丢失或损坏的风险，其完整性难以得到完全保障。目前，尽管数字检验技术不断发展，但仍未能达到完全可靠的程度。在打印出的文件与原始存储文件之间，我们难以确保其一致性，因为这些文件可能已被修改或篡改。更为复杂的是，相同的信息可能在多个不同的计算机中留下痕迹，缺乏唯一的可验证性。电子数据从最初的提取、收集到最终在庭上的出示，中间会经过许多移送、流转环节，"快播案"中辩护人的质疑点之一就在于涉案服务器被北京市海淀区文化委员会扣押后，交由北京市版权局进行鉴定，随后又被北京市公安局海淀分局接管，这一系列流转路径并没有证据证明电子数据由谁转移、程序是否合法、保管是否恰当、有否监督录音录像这一过程，由此引申出"电子数据是否具有同一性""鉴真规范性如何证明"等争议焦点。这种路径式的证明始于第一次收集、扣押，止于庭审出示，它最大的作用就在于通过记录证明电子数据从提取收集开始一直处于有效监管状态之下，不管是存储条件、存储环境、保管状态以及接触人员信息等外部因素都不会导致电子数据发生任何实质性的改变。①

---

① 刘蜜：《论电子数据的同一性》，载《湖北警官学院学报》2019 年第 6 期，第 57~65 页。

二、犯罪地的"沾边就管"与地域管辖的冲突

随着时代的进步和科技的发展，犯罪形态也在不断演变，特别是网络犯罪的快速兴起，对传统的刑事司法管辖体系提出了新的挑战。为了有效应对这一变化，确保对犯罪行为的高效打击，传统的刑事管辖原则已经逐渐放宽，特别是在网络犯罪领域，管辖权的界定趋向于更加广泛和灵活。前述提及管辖从有所限制发展到如今的普遍管辖，极大地扩展了对网络异化下跨地域犯罪的管辖范围，体现了对网络犯罪特点的深入理解和法律适用的适应性。《高法解释》进一步将电信网络诈骗的特殊规定扩展到了所有涉网络犯罪，明确了针对或主要利用计算机网络实施的犯罪，犯罪地的界定应当包括服务器所在地、网络服务提供者所在地、被侵害的信息网络系统及其管理者所在地等多个方面。这一规定进一步强化了网络犯罪管辖的普遍性和广泛性，标志着网络犯罪的犯罪地管辖已经达到了一个前所未有的广度，几乎实现了"沾边就管"的状态。

在传统的犯罪地规范中，被害人的角色往往没有得到足够的重视。犯罪地的确定主要是围绕犯罪分子的行为和犯罪发生地进行的，这是因为公安司法机关的主要职责是打击犯罪行为，确保社会秩序的稳定。在这种观念下，只要能够便于有关机关办案，任何与犯罪行为有关的地点都可以被认定为犯罪地。然而，随着我国法治建设的不断深入和完善，对被害人权益的保护逐渐成为法律体系中的一个重要方面。法律开始更多地关注被害人的立场和需求，尤其是在网络犯罪日益增多的现代社会背景下。因此，在确定犯罪地时，被害人的因素也被纳入考虑范围。例如，被害人使用的计算机信息系统所在地、被害人被骗时所在地等，这些与被害人密切相关的地点现在也被赋予了管辖权。这样的规定不仅方便了被害人报警立案，而且有利于办案机关及时发现犯罪行为、进行调查取证。这种做法的好处在于，被害人作为犯罪的直接受害者，他们更有动力去寻求法律帮助，维护自己的合法权益。当他们的权益受到侵害时，通常会选择在所在地就近报案，这样办案机关可以更快地介入，及时采取措施，减少犯罪造成的损失。同时，这也有助于提高办案效率和

第三节 跨地域犯罪的网络异化带来的挑战

案件处理的公正性，因为办案机关可以更直接地了解案件情况，更全面地收集证据。

客观来看，扩充管辖范围能够更好地应对跨地域犯罪案件相关地域要素繁多且分散的情况，避免出现管辖真空而影响网络犯罪打击效果。但是，这也直接导致司法实践中多地公安机关对同一案件或关联案件都具有管辖权，进而易引发网络犯罪案件的管辖争议，例如多地都享有犯罪案件管辖权时应归属何地管辖？立案材料来源的差异是否会对犯罪案件的管辖产生影响？被告人人数的多寡会如何影响犯罪管辖地域的选择？一旦网络犯罪案件涉及多个地区，跨区域的办案机关之间的协调就变得尤为困难，往往需要经历一系列冗长和复杂的审批程序。① 办案机关可能会因为缺乏明确的指导和协调机制而感到无从下手，或者在处理案件时草率行事。这种情况不仅拖延了办案的最佳时机，也不利于对网络犯罪的有效打击和遏制。

三、惩罚犯罪与法律适用的冲突

跨地域犯罪的本质特征在于其"跨地域性"。从法律角度看"跨地域"，不仅是物理空间上的跨越，如从一个地区到另一个地区，或者从一个国家到另一个国家，更是司法管辖区的跨越。不同国家或地区在司法管辖权上都有其独特的法律体系、法律规则和司法制度，这导致跨地域犯罪在国际法律适用上常常面临复杂的问题。例如，同一犯罪行为在不同地域可能构成不同的罪名，或者同一罪名在不同地域可能受到不同程度的刑罚。这种法律定性的差异主要表现在对网络跨境犯罪的刑法空间适用范围上的界定上。虽然属地管辖原则和属人管辖原则作为刑法适用的两大基本原则，在国际范围内得到了普遍认可，但在保护管辖原则等补充性管辖原则的适用上，各国之间存在显著差异。

保护管辖原则是指一个国家对于侵害其国家利益或公民利益的犯罪行为拥有管辖权，无论犯罪行为发生地或犯罪嫌疑人的国籍如何。然

---

① 史航宇：《我国跨区域网络犯罪中管辖监督问题探析》，载《四川警察学院学报》2019年第2期。

51

而，在实践中，某一主权国家或地区可能依据保护管辖原则确定其刑法适用空间，而犯罪行为实施地所在的主权国家和地区可能并不认为该行为构成犯罪。这种合法性判定的不一致，使得利益受损害国难以对这类网络跨境犯罪行为实施刑罚制裁。在中国的司法实践中，网络赌博犯罪就是一个典型的例子。特大网络跨境赌博犯罪不仅涉及金额巨大，犯罪手段隐蔽，而且由于不同国家和地区对于博彩业的合法性判定标准不一，给公安机关的侦查工作带来了极大的困难。在一些国家和地区，博彩业可能是合法的，而在另一些国家和地区则可能是非法的。这种差异为犯罪分子提供了逃避法律制裁的机会，形成了所谓的"避风港"和"真空带"，使得犯罪分子能够在法律的边缘地带活动，从而对延伸发展的保护管辖原则的主张和适用构成了司法实践上的挑战。①

值得注意的是，即使在全球打击犯罪的合作日益密切的背景下，依然存在着许多导致执法行动受阻的因素。由于犯罪行为跨越多个地域或司法管辖区，往往需要不同地区的执法机构和司法部门之间进行密切协作，共同打击犯罪活动。然而，不同地区的法律文化、司法传统和执法标准可能存在差异，这给司法协作带来了一定的难度。最后，一些国家或地区出于自身利益的考虑，可能会为犯罪分子提供避风港，拒绝与其他国家分享关键性的犯罪信息或拒绝协助侦查。在网络安全与隐私保护的口号下，许多高科技公司和通信服务商也对用户的数据进行严密的保护，甚至在一些极端的情况下，这些保护措施会成为犯罪分子逃脱法网的屏障。如何在维护个人隐私和网络安全的保障下有效地打击犯罪，也是执法机关亟须解决的难题。

---

① 李涵笑：《异化与规制：新型网络跨境犯罪刑事管辖权问题研究》，载《刑法论丛》2022 年第 1 卷。

第二篇　管　辖

第四章 地域管辖的相关规范评析

犯罪的管辖作为惩罚犯罪的开端，成为解决跨地域犯罪问题中首要且亟需解决的关键问题。随着经济的蓬勃发展和社会的快速进步，交通工具的日益便捷不仅极大地促进了人们的出行和地区间的交流，同时也为犯罪分子提供了新的作案途径。这种变化导致了刑事管辖面临新的挑战，传统的以地理区域为基础的犯罪侦查模式正在逐步向适应跨区域流动性犯罪的新模式转变。在过去，犯罪活动往往局限于犯罪分子所在地的较小范围内，侦查工作相对集中和容易管理。然而，现在随着交通工具的便捷，犯罪嫌疑人可以轻松地跨县区、跨市甚至跨省进行流窜作案，使得犯罪活动的地域性特征变得模糊，给刑事司法活动带来了前所未有的复杂性。同时，传统的管辖模式以行政区划为中心，刑事管辖权的行使受到物理边界的限制。然而，网络空间的特殊性质使得其边界抽象且模糊，这与行政区划的物理边界属性形成了鲜明的对比。这种属性上的差异导致了网络跨地域犯罪在实施空间上的界定困难，以及在刑事追责上的界限模糊，使得打击网络跨地域犯罪面临重重挑战。

在数据时代，跨地域犯罪呈现出新的特点和挑战。随着互联网和通信技术的飞速发展，犯罪行为已经从传统的物理空间扩展到了网络空间，形成了与传统跨地域犯罪截然不同的新型犯罪类型。这些犯罪行为利用网络空间的跨地域抽象属性，使得原本局限于一个地区、一个国家领域内的普通犯罪行为，如诈骗、盗窃等，通过网络平台的无限性和流通性，转变为具有跨地域性质的犯罪行为，其危害性也随之呈几何倍数增长。网络空间的跨地域犯罪打破了传统犯罪中对单一犯罪对象的限制，犯罪分子可以针对网络中的任何一个环节或者所有环节实施犯罪，这使得犯罪对象变得更加广泛和不确定。网络犯罪的匿名性和技术性使得追踪和打击变得更加困难，犯罪分子可以轻易地隐藏自己的身份和行踪，从而逃避法律的制裁。在刑事诉讼法中，"管辖"是一个核心概念，它规定了哪些机关有权受理和处理刑事案件，以及这些机关在处理案件时的权限和责任。管辖的明确划分对于确保刑事司法程序的正当性和效率至关重要。它不仅涉及公安机关、检察院和法院等不同司法机关之间的职责分配，还包括了在特定情况下对案件处理权的转移和协调。不难发现，跨地域犯罪的管辖十分复杂，关联的犯罪地非常宽泛，已经突破了传统的地域管辖规则，引发了一系列的突出问题。

第一节　地域管辖的扩张

地域管辖关注的是不同地区公安机关在处理刑事案件时的职权划分。这种划分基于地理位置和行政区域，旨在确保案件能够在最适宜的地点得到有效处理。地域管辖的确定通常遵循案件发生地原则，即刑事案件由犯罪地的公安机关管辖，如果由犯罪嫌疑人居住地的公安机关管辖更为适宜的，可以由犯罪嫌疑人居住地的公安机关管辖。这样做的目的是便于收集证据、保护现场、及时采取措施以及便于当事人和其他诉讼参与人参与诉讼。为了适应日益变化的犯罪形势，两高一部等颁布了一系列司法解释和程序操作规则，扩充法定犯罪地的范围，[1] 避免出现管辖真空而影响网络犯罪打击效果。

---

[1]　参见《刑事诉讼法》第25条，《程序规定》第15、16条，《经济犯罪案件规定》第9、11、12条，《公安机关办理危害税收征管刑事案件管辖若干问题的规定》第1至第8条，《关于严厉打击假币犯罪活动的通知》第2条，《信息网络犯罪案件意见》第2条，《电信网络诈骗案件意见》（二）第1、2条，《网络赌博犯罪案件意见》，《毒品犯罪案件意见》第1条，《跨区域性犯罪案件意见》第1、2条。

一、影响"犯罪地"确定的因素

传统地域管辖是建立在属地管辖为主的基础之上的，主要以"行为地"或"人所在地"作为犯罪地的关联点，但由于网络犯罪呈现出的虚拟性和隐蔽性，现行网络犯罪刑事管辖的关联点除开前述两个，还包括"设备所在地"，例如《高法解释》中规定网络犯罪的犯罪地包括用于实施犯罪行为的网站服务器所在地、犯罪嫌疑人、被害人使用的计算机信息系统所在地、被侵害的计算机信息系统或其管理者所在地、网络接入地等作补充规定。但是"设备所在地"的规定在实践中并未发挥太大的作用，更多还是以犯罪人行为时所在地作为犯罪地。

网络犯罪的特性，如跨地域性、虚拟性和隐蔽性，使得传统的管辖原则难以直接适用。网络犯罪的这些特性导致犯罪行为可能涉及广泛的地区和众多不确定的犯罪嫌疑人，这给刑事管辖权的确定带来了新的挑战。为了解决这一问题，立法者在制定网络犯罪的管辖规定时，试图在网络空间与现实世界的地理位置之间建立联系。这种努力体现在将"设备所在地"作为认定网络犯罪的犯罪地的标准之一。所谓"设备所在地"，主要是指与犯罪行为有关的网络设备，如服务器、计算机等所在的地理位置。立法者试图通过这种方式，将网络中的虚拟行为与现实世界中的物理位置相联系，从而将网络犯罪纳入传统的属地管辖框架内。然而，这种做法虽然在理论上看似合理，但在实际操作中存在一定的问题。网络用户在上网过程中，其网络请求往往需要经过多个服务器的中转才能完成，而这些服务器可能分布在不同的地区，甚至跨越国界。这意味着，单纯依据"设备所在地"来确定网络犯罪的管辖地，可能会导致管辖权的冲突和不确定性。

此外，随着科技的不断进步和网络犯罪手段的日益多样化，可能作为管辖地的地点会不断增加，这将使得法律规定变得越来越复杂，而且实施起来也会面临越来越多的困难。这种列举式的法律规定虽然在短期内可能有助于填补法律的空白，但从长远来看，它可能无法适应网络犯罪快速发展的现实。因此，将"设备所在地"作为确定网络犯罪管辖地的标准，虽然在一定程度上反映了立法者试图适应网络时代的需求，但这种做法存在局限性。它可能无法全面覆盖网络犯罪的所有情形，也可能因为过于依赖技术细节而导致法律适用上的困难。

二、"犯罪地"扩张的趋势

(一)关注犯罪行为的全过程

起初，犯罪地的概念相对简单，它直接关联到犯罪行为的发生地点和犯罪结果的产生地点。这是因为犯罪行为的实施和犯罪结果的产生是犯罪行为的两个基本要素，它们共同构成了犯罪行为的完整过程。在这个初步的理解中，犯罪地被限定在犯罪行为开始和结束的具体地理位置上，即行为地和结果地。

随着法律实践的深入和犯罪形态的多样化，犯罪地的概念逐渐发生了变化。人们开始认识到，犯罪行为并非孤立的点状事件，而是一个包含多个阶段和环节的动态过程。这个过程中，犯罪嫌疑人可能会在不同的地点进行预谋、实施、逃避追捕、转移赃物等一系列活动。因此，犯罪地的概念也随之扩展，不再局限于行为地和结果地，而是沿着犯罪行为人的动态轨迹延伸，涵盖了预谋地、途经地、销赃地等与犯罪有关的各个地点。

以毒品犯罪为例，其犯罪过程可能涉及多个环节和地点。首先，毒品的预谋地，即犯罪分子策划和准备实施毒品犯罪的地点，是犯罪地的一部分。其次，毒品的运输途经地，即毒品从生产地到销售地的途中所经过的地区，也被视为犯罪地。此外，毒品的转移地，即毒品在运输过程中的中转站或临时存放地，同样属于犯罪地。最后，犯罪分子可能还会涉及销赃地，即毒品最终被销售和分发的地点。这些地点共同构成了毒品犯罪的完整路径，每个环节的地点都是犯罪地，都拥有相应的管辖权。

网络犯罪的犯罪地概念则更为复杂，因为网络犯罪往往不受地理空间的限制，犯罪行为可以在网络的任何节点发生，影响也可能波及网络的任何角落。因此，司法解释中关于不同类型网络犯罪的犯罪地可以多达60余个，例如，"诈骗行为持续发生的途径地"，这个概念可以将犯罪地无限增加，因为网络诈骗行为可能通过多个服务器、多个网络节点进行，每个节点都可以视为犯罪地。这样的规定对于打击跨地域犯罪具有重要意义，有助于公安机关及时立案侦查，因为犯罪地的扩大使得公安机关可以在任何一个与犯罪有关的地点进行侦查，并有助于形成各地区的打击合力，这对犯罪嫌疑人也是一种强有力的威慑。

（二）注重被害人的权益保护

传统的犯罪地规范中，犯罪地的确定主要是以犯罪行为的发生地为核心，关注的焦点集中在犯罪分子的行为和犯罪结果上。这种规范的出发点是公安司法机关的职责，即打击犯罪、维护社会秩序。因此，在早期的法律实践中，犯罪地的界定主要是为了方便公安司法机关办案，确保犯罪行为能够得到及时有效的处理。然而，随着我国法治建设的不断深入和社会文明的进步，人们逐渐认识到，法律不仅要打击犯罪，还要保护每一位公民的合法权益，特别是犯罪中的直接受害者——被害人。这种认识的转变促使法律规范开始关注被害人的权益，将被害人的立场和需求纳入犯罪地的界定中。在这样的背景下，法律开始赋予被害人所在地以管辖权。例如，被害人使用的计算机信息系统所在地，被害人被骗时所在地等，都成为了犯罪地的一部分。这样的规定不仅体现了对被害人权益的尊重和保护，也有助于提高法律的实施效率。被害人作为犯罪的直接受害者，他们对于犯罪行为的感受最为直接和深刻。当他们的权益受到侵害时，通常会选择就近报案，寻求法律的帮助和保护。如果被害人所在地被认定为犯罪地，那么他们就可以在当地的公安机关报案，这无疑大大方便了被害人的报警立案过程。

（三）重视对网络犯罪的打击

随着互联网技术的飞速发展和大数据时代的到来，网络犯罪逐渐成为刑事犯罪领域的一个重要组成部分，其数量和危害性呈现出日益增长的趋势。与传统的物理空间犯罪相比，网络犯罪具有一系列独特的特点，如跨地域性、技术性、分工合作性等，这些特点使得传统的办案程序和法律规定在应对网络犯罪时显得力不从心。两高一部相继出台了一系列规范性文件，如关于网络犯罪、电信网络诈骗、网络赌博如何办理的等相关法律法规，旨在对网络犯罪的犯罪地进行尽可能全面的列举和界定。

网络犯罪的跨地域性意味着犯罪行为可能在一个地点发起，但其影响却遍及全国乃至全球。这种跨地域的特点使得传统的以地理位置为基础的犯罪地确定方法变得不再适用。在网络空间中，犯罪行为的发生和结果的产生往往难以用传统的物理空间概念来界定，通过明确规定网络犯罪的犯罪地，法律赋予了办案机关更大的灵活性和适应性，使其能够更加有效地应对网络犯罪带来的挑战。

第二节　地域管辖的竞合

刑事诉讼法中关于犯罪地的法律规定，从传统的"有所限制"到现代的"沾边就管"的扩张解释，反映了法律适应社会发展和犯罪形态变化的需要。这种扩张解释的趋势，一方面体现了法律对犯罪行为打击力度的加强，特别是对于跨地域、技术性强的犯罪行为，如网络犯罪，能够提供更为广泛的法律适用空间，从而增强了法律的威慑力和实效性。另一方面，这种扩张解释也带来了一系列争议和疑问，尤其是关于管辖权冲突的处理问题。

一、地域管辖竞合的一般规定

根据《刑事诉讼法》第 26 条的规定，当几个同级人民法院都有权管辖某一案件时，原则上应由最初受理的人民法院进行审判。这一规定旨在确保案件处理的连续性和效率，避免因管辖权的不确定性而造成的司法资源浪费。然而，在实际操作中，最初受理的人民法院可能并非最适合办理该案件的机关，因为对应侦查机关的侦查能力、侦查条件等各方面可能存在限制。这种情况下，为了更好地查清犯罪事实和及时处理案件，可以将案件移送至主要犯罪地的人民法院审判。所谓"主要犯罪地"，不仅包括案件涉及多个地点时对犯罪成立起主要作用的行为地，也涵盖了一人犯数罪时主要罪行的实行地。此外，它还可以指对查清主要犯罪事实以及及时处理案件更为有利的地点。这种界定有助于确保案件能够在最有利于查明事实和公正审判的地点得到处理。

在跨地域犯罪的情况下，管辖权的确定尤为重要。公安机关的管辖不仅影响自身的侦查工作，还决定了后续检察机关和审判机关的管辖。不同地区的司法机关对于复杂的新型信息网络犯罪的认识可能存在差异，甚至可能存在地域保护的情况，这些都可能影响案件的公正处理。传统的刑事犯罪通常发生在一个或少数几个地点，管辖冲突的情况较为简单，可以通过"最初受理地优先"原则或"以主要犯罪地为主"的原则进行解决。但在网络犯罪中，由于其跨地域性和犯罪地的广泛性，可能导致一个案件拥有多个管辖地。这种"沾边就管"的原则虽然在一定程度上优化了对犯罪地的定义，使得法律能够更全面地覆盖网络犯罪的各种可能形态，但也带来了管辖权冲突的问题。网络犯罪的犯罪地可能非常广泛，不同地区的办案机关可能会对同一案件同时立案，提出管辖要求，并且就犯罪侵害的法益来说，也没有明显的主次之分。在某些网络犯罪案件中，可能会出现数十家甚至上百家位于全国各地的公安机关都具有管辖权的情况，这种情况不仅增加了办案机关的工作负担，还可能导致办案效率的降低，出现互相推诿责任或争相抢夺案件的情况。这不仅影响了案件的顺利办理，也可能对司法公正产生负面影响。

二、"最初受理地"的确定

(一)"最初受理地"的标准

"最初受理地"到底是犯罪地还是受诉法院地，理论界和实务界有不同标准。举个例子，犯罪嫌疑人甲因盗窃罪被 a 地的公安机关抓获后，因身体原因被取保候审。取保后甲又在 b 地盗窃被 b 地公安机关抓获。b 地的盗窃案移送 b 地法院起诉后一个月 a 地的盗窃案也移送到 a 地法院。现在 a 地和 b 地的法院都认为案件应该并案审理。因为该被告人所涉罪名都是盗窃罪。但是，a 地法院认为案件应该移送到 b 地法院处理，理由是 B 地法院先受理了盗窃的案件。B 地法院认为案件应该移送到 a 地处理。理由是 a 地的公安机关先受理了盗窃的案件。也就是说 a 地和 b 地的法院对《高法解释》第 24 条第 3 款"最初受理地"的理解不一致，造成了管辖无法达成一致意见。如果 a 地和 b 地不在一个省，如果协商不一致，层报指定管辖的话需要层报到最高院，周期将会更长。所以，该案到底是 a 地法院管辖还是 b 地法院管辖？

我国诸如盗窃罪等涉及财产的犯罪在定罪和量刑时，往往采用如"数额较大""数额巨大""数额特别巨大"等概括性的数额表述。由于刑法本身并未对这些表述给出具体的适用标准，最高人民法院通常会通过发布司法解释来界定这些概括性数额的参考范围。各地区的司法机关又会根据本地的具体情况，在最高人民法院给出的数额范围内确定具体的数额标准，由于各地经济发展水平、收入状况和生活成本存在显著差异，这可能导致相邻地区之间的数额标准存在较大定罪差异。一般来说各地基本是在参考当地的实际生活水准的基础上，如平均工资水平、最低生活标准等因素来具体确定犯罪数额标准。这样做的理由是，犯罪数额标准必须基于犯罪行为的社会危害性程度来确定，而一个科学的犯罪数额标准应当能够准确反映犯罪的社会危害性。此外，随着量刑规范化工作的推进，各地司法机关根据最高人民法院的量刑指导意见，制定了各自的量刑规范化实施细则，这进一步加剧了量刑标准的差异性。

前述案例中，如果两次盗窃数额均达到 a、b 所属 A、B 省"数额较大"标准，但因 A 省量刑规范化实施细则的规定更有利于被告人，法院适用 A 省量刑标准对被告人量刑，宣判后，检察机关以本案盗窃也发生在 B 省，应适用 B 省量刑规范化实施细则为由提起抗诉，法院能否支持检察机关的抗诉？自 2014 年 1 月 1 日起，最高人民法院在全国法院正式实施量刑规范化工作，授权各省、自治区、直辖市高级人民法院根据《最高人民法院关于常见犯罪的量刑指导意见》制定实施细则，报最高人民法院审查备案后实施。盗窃罪，在确定量刑起点的基础上，可以根据盗窃数额增加刑罚量，比如相邻的贵州省、四川省和重庆市，贵州省是每增加 1000 元，增加一个月刑期；重庆市是每增加 2000 元，增加一个月刑期；四川省是每增加 1500 元，增加一到二个月刑期。在处理跨地区连续犯罪的情况下，不同地区的法院，如果仅考虑本省的情况，最终一定会因地区差异而导致的法律适用不同。

1. 犯罪地标准

持这种观点的学者认为，在处理跨地区犯罪案件时，如果受诉法院所在地的数额标准与犯罪地的数额标准存在不一致的情况，应当优先考虑犯罪地的数额标准来认定案件。因为对于侵财犯罪的社会危害性评价，最客观的方法应该是在行为发生地进行。这是因为行为发生地的社会危害性程度与刑法规制此类行为所要求的可罚程度是直接对应的，应当将犯罪行为给被害人社会生活造成的实际影响作为确定数额标准的主要依据。在行为发生地确定数额标准，能够更准确地反映犯罪行为对当地社会秩序和公民个人权利的实际影响，从而确保法律的适用更加公正和合理。

那么在处理跨地域犯罪时，为了避免在多个犯罪地标准中进行选择的困难，可以参考各地定罪量刑标准引入比例或倍数的方法来解决数额标准不一致的问题。这种方法可以同时也能够在一定程度上保证法律适用的连贯性和一致性。这种做法的目的是确保案件处理的一致性和公正性，避免因地区差异而导致的法律适用不公。

2. 受诉法院地标准

在处理跨区域犯罪案件时，应当遵循刑事诉讼法中关于地域管辖的规定来确定适用的数额标准。具体而言，一旦确定了刑事案件由特定地区的法院管辖，那么就应当采用该法院所在地的省、直辖市或自治区所制定的数额标准。否则，被告人因跨区域犯罪先在一个地区被定罪量刑，然后移送至另一个地区再次定罪量刑并进行并罚，不仅与我国刑法中关于罪数的理论相违背，而且将导致诉讼成本的大幅增加。此外，从刑事诉讼法立法体系逻辑来看，侦查管辖应当服从于审判管辖的原则，侦查工作是刑事诉讼的重要组成部分，其目的在于为审判阶段提供充足的证据和事实基础。在刑事诉讼中，首先需要确定的是管辖法院，随后才是根据该法院所在地的法律规定对被告人进行定罪和量刑。因此，B

省的法院自然应当遵循 B 省的法律规定，而不能采用 A 省司法机关发布的司法解释性文件来处理案件。这样做能够保证诉讼程序的逻辑性和法律适用的一致性。

3. 有利于被告人的标准

在司法实践中，为了确保法律适用的公正性和合理性，一般采取的原则是以犯罪地的标准作为优先考虑。具体来说，如果受诉法院所在地与犯罪地相同，并且行为人在其他地区也有多次盗窃行为，不论受诉法院所在地是采用较低还是较高的数额标准，都应当依据受诉法院所在地的标准来定罪。这样做的目的是保证案件处理的一致性和连贯性。在量刑时，可以参考其他地区的低标准，以确保量刑的公平性。然而，如果犯罪地与受诉法院地不一致，那么应当根据犯罪地的社会危害性标准来定罪。这是因为犯罪地的社会危害性程度更能直接反映犯罪行为的严重性，同时也是法律制定和执行的基础。

在行为人在不同数额标准地区多次实施盗窃的情况下，应当遵循"就高不就低"的原则。这意味着，如果行为人在多个地区的盗窃行为中，任何一个地区的盗窃数额达到了当地法律所规定的"数额较大"、"数额巨大"或"数额特别巨大"的标准，那么在量刑时应当采用最高的标准，以确保对犯罪行为的严厉打击和社会秩序的有效维护。

此外，如果受诉法院地的法律能够使法律适用的结果对当事人更为有利，例如在量刑上更为宽松或者有利于保护当事人的合法权益，那么可以考虑优先适用受诉法院地的法律。这种观点不仅强调了在法律适用过程中对当事人权益的保护，而且体现了在不同法律标准之间进行选择时的灵活性和适应性，有助于实现个案公正和法律效果的最优化。这种法律适用的方法旨在平衡法律的严格性和个案的公正性，既考虑了犯罪行为的社会危害性，也兼顾了当事人的合法权益。①

最后要说明的是，在处理跨地域犯罪案件时，如果能够明确犯罪

---

① 袁野：《跨区域盗窃案件的定罪量刑标准研究》，载最高人民法院刑事审判第一、二、三、四、五庭编，《刑事审判参考总第 128 辑》，人民法院出版社 2021 年版，第 257~270 页。

地，则应当依据犯罪地的标准来判定案件；若犯罪地无法确定，则应采用受诉地的标准进行判决。例如在跨地区运行的公共交通工具上发生的盗窃案件中，如果盗窃的具体地点难以查证，那么判断盗窃数额是否构成"数额较大"、"数额巨大"或"数额特别巨大"的标准，应当依据受理案件所在地的省、自治区、直辖市高级人民法院和人民检察院所确定的数额标准来认定。这种方法体现了法律适用的灵活性和实际可操作性，确保了案件能够得到公正合理的处理。

（二）对标准的评析

在处理跨区域犯罪案件时，对于"犯罪地"标准的适用，其合理性在于它能够紧密结合犯罪行为发生时的具体时空环境，从而对社会危害性作出更为准确的评估。犯罪地的数额标准反映了该地区对于特定犯罪行为的社会容忍度和法律制裁力度，这有助于确保法律适用的地域性和针对性。然而，当犯罪行为跨越多个省份、直辖市或自治区时，确定适用哪个地区的数额标准就成为了司法实践中的一个难题。不同地区的经济水平、生活成本以及社会治安状况的差异，都可能导致数额标准的不一致，从而影响到案件的定罪和量刑。

另一方面，"受诉法院地"标准的提出，虽然在操作上简便易行，能够解决跨区域犯罪案件的定罪问题，但它可能与我国的刑事司法理念存在偏差。刑事司法理念强调的是根据犯罪行为本身的性质和社会危害性来定罪量刑，而不仅仅是依据案件受理的地点。如果单纯以受诉法院地的标准来定罪，可能会忽视犯罪行为实际发生地的社会危害性，导致法律适用的不公正。此外，这种标准也未能全面考虑量刑的问题，仅解决了定罪的数额标准，而量刑的合理性和公正性同样重要，需要综合考虑犯罪行为的社会危害性、被告人的主观恶性、犯罪后果等多种因素。

跨地域犯罪的特点在于犯罪行为的发生地、结果地以及犯罪嫌疑人和被害人的居住地可能分布在不同的省份、市、自治区，这些地点的经济水平、法律标准和社会状况可能存在显著差异。在这种背景下，选择适用"有利于被告原则"来解决跨区域多次盗窃案件的定罪问题，虽然在一定程度上能够保护被告人的权益，但也引发了对刑法秩序保障功能的担忧。"有利于被告原则"应当严格限定在事实认定的范畴内，而不适用于法律解释。这是因为法律解释的目的是明确法律的真正含义和适用范围，而不是为了在每个案件中都寻找对被告人最有利的结果。这一原则体现了刑法的人权保障功能，旨在确保被告人不会因为法律的不明确而受到不公正的对待。然而，这一原则并不是无限制的，当法律存在疑问或争议时，应当通过合理的解释方法来消除疑问，而不是不加区分地倾向于对被告人有利的解释。①

综上，面对跨区域犯罪案件的司法实践，确实需要一种综合性和平衡性的方法来确定适用的数额标准。由于跨区域犯罪的特殊性，犯罪行为可能涉及多个省份、市、自治区，这些地区的经济发展水平、生活成本、法律环境和社会风俗都可能存在差异，这些因素都可能影响犯罪行为的社会危害性和法律的适用。

在确定定罪标准时，如果能够明确犯罪地，则应优先考虑适用犯罪地的数额标准，因为这样更能准确反映犯罪行为的实际社会危害程度和当地社会对此类犯罪的容忍度。然而，如果犯罪地无法查明，或者犯罪行为跨越了多个地区，那么可以考虑采用受诉法院地的数额标准，以确保案件能够顺利进入司法程序并得到公正处理。在量刑方面，应当综合考虑犯罪行为的性质、行为人的主观恶性、犯罪后果以及对社会秩序的破坏程度。如果行为人多次实施同种犯罪，这表明其具有较大的主观恶性和人身危险性，因此在量刑时可以适当从重，以体现刑法的威慑和预防功能。对于未经处理的多次同种犯罪行为，如果数额累计计算后按照较低的数额标准定罪，既能体现对被告人的公平对待，又能确保法律的严肃性和权威性。

在量刑标准的适用上，无论是犯罪地能够查明还是不能查明的情况，无论行为人是否多次犯罪，只要不违反我国刑法和相关司法解释的规定，原则上应当适用受诉法院地高级人民法院制定的量刑标准进行法

---

① 袁野：《跨区域盗窃案件的定罪量刑标准研究》，载最高人民法院刑事审判第一、二、三、四、五庭编，《刑事审判参考总第 128 辑》，人民法院出版社 2021 年版，第 257~270 页。

律评价。这样做既能保证法律适用的一致性，又能确保对被告人的权益给予适当的保护。

三、"主要犯罪地"的确定

将犯罪地的定义进行宽泛的解释，实际上扩大了具有管辖权的司法机关的范围。随着拥有管辖权的机关范围的扩大，出现管辖权竞合和冲突的可能性也随之增大，这可能会对案件的处理造成不利影响。因此，在实际操作中，避免无限制和单方面的扩张解释，关键在于平衡扩张的程度，实务中主要犯罪地应排除那些与案件无实质关联的地点。换句话说，一个地点要被认定为犯罪地，必须与案件本身存在紧密的联系，否则就不应将其视为犯罪地，也不应赋予其地区管辖权。

(一)考察与被侵害法益的关联度

刑法的根本宗旨在于维护法律所保护的利益，而刑事司法管辖权的确立也应当以这一宗旨为核心。一直以来，在犯罪的刑事管辖权认定中，"实害联系标准"得到了广泛的认可。这一标准主张，一个地区是否对特定的网络犯罪行为拥有刑事管辖权，应当基于该地区与犯罪行为的实际损害之间的联系来判定。然而，仅仅依据"实害联系标准"可能还不足以全面解决问题，还应当考虑实害的程度。例如，在流窜侵财案件中，被害人 A、B、C 分别在甲、乙、丙三个不同地区报案，根据现行规定，这三个地区都可能拥有刑事管辖权。但是，这是否意味着这三个地区都是最佳的管辖选择呢？或许应当根据被害人受骗的金额来确定。

对于"实害联系标准"，这一原则更适用于那些可以进行具体实害判断的犯罪类型，如结果犯和具体危险犯。对于其他类型的犯罪，这一标准可能并不完全适用。此外，"实害"本身有时是一个较为抽象且难以具体判断的概念，在实际操作中也可能存在一定的困难。因此，更合适的做法可能是，以法益侵害的关联地为基础，适当提高"犯罪地"的认定门槛，然后再通过其他规则进行限制，以便更加准确和合理地界定信息网络犯罪的犯罪地。这种方法不仅有助于确保刑事司法管辖权的确立更加科学合理，而且也有助于提高跨地域犯罪案件的处理效率和公正性。通过这种方式，可以更好地实现刑法保护法益的目的，同时也能够适应网络时代犯罪形态的新特点。

（二）考察犯罪行为的核心环节

跨地域犯罪案件通常涉及地域广泛，不仅犯罪行为地和犯罪结果地往往处于不同法域，而且犯罪行为人和犯罪行为也有可能处于不同法域。以毒品犯罪为例。2008年，《全国部分法院审理毒品犯罪案件工作座谈会纪要》（以下简称《大连会议纪要》）的发布，对毒品犯罪案件的地域管辖原则进行了更为明确和细致的规定。这一规定体现了刑事诉讼法的基本原则，即以犯罪地管辖为主、被告人居住地管辖为辅，同时也充分考虑了毒品犯罪的特殊性作了较为宽泛的解释。在毒品犯罪案件中，"犯罪地"的定义得到了极大的扩展。它不仅包括了犯罪行为的直接发生地，如预谋地、筹集毒资地、交易进行地、运输途径地以及毒品生产地，还涵盖了与毒品犯罪密切相关的其他环节，如毒资、毒赃和毒品的藏匿地、转移地、走私或贩运毒品的目的地等。这种全面的界定有助于确保毒品犯罪案件能够得到有效的追诉和打击，同时也为司法机关提供了更为明确的办案指导。此外，"被告人居住地"的概念也得到了相应的扩展。除了传统的常住地和户籍所在地，临时居住地也被纳入管辖范围。这样的规定有助于解决被告人在不同地区流动时可能出现的管辖争议，确保案件能够及时进入司法程序，保障司法效率和公正。这种宽泛的解释确保了与毒品犯罪相关的各个环节，如行为人、毒品、毒资、毒赃等，都能在其连接点的地方得到司法机关的关注和处理，从而加强了对毒品犯罪的打击力度。然而，尽管《大连会议纪要》对"犯罪地"进行了扩张解释，但在实际操作中，这种扩张解释应当有一定的边界，不能无限制地沿着毒品流转的渠道无限延伸。否则，可能会导致司法资源的浪费和司法效率的降低，同时也可能影响到案件审理的公正性。因此，对于跨地域犯罪案件确定管辖权时，不仅要考虑犯罪行为侵害法益的关联程度、对案件的实际控制程度，还要考虑当地公安机关管辖的可能性和方便诉讼，以司法效率最终确定犯罪地。

实践中可以参照认定自首情节的"主要犯罪事实"标准来确定。2010 年 12 月最高院《关于处理自首和立功若干具体问题的意见》规定，"犯罪嫌疑人多次实施同种罪行的，应当综合考虑已交代的犯罪事实与未交代的犯罪事实的危害程度，决定是否认定为如实供述主要犯罪事实。虽然投案后没有交代全部犯罪事实，但如实交代的犯罪情节重于未交代的犯罪情节，或者如实交代的犯罪数额多于未交代的犯罪数额，一般应认定为如实供述自己的主要犯罪事实。"在处理跨地域犯罪时，确定主要犯罪地是实现有效司法管辖的关键。主要犯罪地的认定通常应考虑犯罪行为涉及的人数、次数和数额等多个维度的比较分析。这一地点应当作为确定管辖权的首选，因为它往往与犯罪行为的核心环节最为紧密相关，能够为案件的侦查和审理提供最有力的支持。即便如此，当某一公安机关首先受理案件时，也应当基于主要犯罪地与次要犯罪地不易区分或者两者之间差异不大的情况来建立管辖权。这种判断类似于在认定犯罪嫌疑人是否如实供述主要犯罪事实时所采用的标准。如果已交代的犯罪情节与未交代的犯罪情节在严重程度上难以区分，或者已交代的犯罪数额与未交代的犯罪数额大体相当，那么就应该审慎考虑是否将案件继续交由最先受理的公安机关管辖。如果某一地区的犯罪事实只占整个案件的一小部分，而该地的公安机关即使最先受理案件，如果继续坚持管辖可能会导致查清犯罪事实的困难，从而不利于诉讼的顺利进行。在这种情况下，应当考虑移送至更具条件和资源的主要犯罪地进行管辖，以确保案件能够得到更为公正和有效的处理。这种做法有助于避免司法资源的浪费，提高司法效率，并最终实现对跨地域犯罪的有效打击。

（三）考察犯罪案件的实际查证程度

鉴于跨地域犯罪案件的特殊性质，相关证据的保护和管辖权的确定显得尤为重要。特别是由于计算机存储介质的特性，信息网络犯罪的证据容易遭受破坏或篡改，本身就给案件的侦查和审理带来了额外的挑战。同时，这类犯罪的行为地和结果地往往具有不确定性和随机性，可能涉及广泛的地域和众多的人员，使得法益受到侵害的关联地规则在初步认定犯罪地后，可能面临多个地区对同一案件的管辖权竞争和冲突。

为了解决这一问题，考察实际查证程度因素可以应用于犯罪地的限缩。这一规则强调对案件的实际查证程度，包括对电子证据的控制和对涉案人员的控制两个关键方面。通过实际查证优先的规则来确定管辖权，可以更有效地收集和保护信息网络犯罪的相关证据，从而有利于侦查机关顺利开展调查工作，实现对犯罪行为的全面追查和打击。①

从侦查路径的角度来看，这种以实际查证程度为基础的管辖权确定方式，不仅有助于提高侦查效率，还能够确保案件的公正处理。通过这种方式，可以最大限度地发挥侦查机关的作用，有效地维护法益，同时也为后续的诉讼程序打下坚实的基础。

第三节　实务案例参考

一、共同犯罪"犯罪地"确定

在共同犯罪案件中，确定管辖权是一个关键的法律问题，它直接关系到案件的审理效率和公正性。根据法律规定，如果共同犯罪中的任何一个罪犯的犯罪地或居住地位于受诉法院所在地，那么该法院对整个案件具有管辖权。这是因为共同犯罪案件中的所有被告都应对共同犯罪行为承担责任，而不受其个人犯罪地或居住地的限制。然而，在实际操作中，可能会出现共同犯罪案件分案处理的情况。这种情况下，如果分案后的案件被告人的犯罪地和居住地都不在受诉法院所在地，是否意味着受诉法院失去了对该案件的管辖权呢？答案是否定的。即使在分案处理后，被告人的犯罪地和居住地均不在受诉法院所在地，受诉法院仍然对该分案处理的案件具有管辖权。

这一规定的原因在于，共同犯罪案件中的各个被告人虽然可能在地理位置上分散，但他们的行为是相互联系、共同构成一个犯罪的整体。

---

① 丁净玉：《信息网络犯罪案件"犯罪地"的确定规则》，https://www.chinacourt.org/article/detail/2023/10/id/7571984.shtml 访问日期：2024-1-23。

因此,任何一个被告人的犯罪行为都可以视为整个共同犯罪行为的一部分。当其中一个被告人的犯罪地或居住地与受诉法院所在地相符时,该法院就有权对整个共同犯罪案件进行审理,包括分案处理的部分。此外,犯罪地的定义不仅仅局限于单个自然人犯罪的地点,它还包括共同犯罪中所有被告人的犯罪地。这意味着,共同犯罪案件中的任何一个环节发生的地点都可以被视为犯罪地。因此,即使分案后的被告人不在受诉法院所在地,只要他们的行为与受诉法院所在地的被告人的行为存在关联,受诉法院就有权利对这些案件进行管辖。

在共同犯罪案件中,由同一法院审理所有犯罪分子能够确保案件在统一的法律框架和量刑标准下进行审理。这种做法有利于实现量刑的公平性和一致性,避免因为不同法院的审理而产生的量刑差异,从而确保每个罪犯都能得到公正的对待。量刑的均衡性是刑事司法公正的重要组成部分。如果不同的法院对类似的案件作出不同的量刑裁决,可能会导致公众对司法公正产生质疑,影响法律的权威性。此外,量刑上的畸轻畸重也可能对罪犯产生不利影响,使得他们在心理上感到不公平,影响其改造和回归社会的可能性。

因此,为了促进量刑的均衡和一致性,有必要由同一个法院对共同犯罪案件中的所有罪犯进行管辖。这样做可以确保所有罪犯都受到相同的法律适用和量刑标准,使得量刑结果更加合理和公正。同时,这也有助于提高司法效率,减少因为量刑不均衡而产生的上诉和申诉,节省司法资源。

[案例参考]

刘某桂非法采矿刑事附带民事公益诉讼案

最高人民法院指导性案例 212 号

(一)基本案情

事前谋划

2021 年 9 月 5 日,刘某 1 将其所有的运力船租赁给刘某 2(已判刑),后二人商定共同在长江盗采江砂。采砂前,刘某与何某

71

（已判刑）事前通谋，由何某低价收购盗采的江砂。

作案分工

刘某1三次伙同刘某2盗采江砂约4500吨卖给何某；

何某在江砂中掺杂机制砂对外出售；

熊某负责提供车辆运输，获利1.5万元；

杨某受刘某2雇请负责监督卸货，获利三千余元；

案发抓获

2021年9月30日零时许，长江航运公安局水上分局九江派出所接群众举报后，在长江黄梅段横河口水域将正在进行盗采作业的鄂银河518号运力船查获。经过磅称重，鄂银河518号运力船装有盗采江砂1443.09吨。

经江西省九江市发展和改革委员会认定，盗采的江砂市场交易价为80元/吨。几人非法采砂5943.09吨，价值47万余元。其中，造成的长江生态服务功能损失3万余元，长江生态环境损害所需修复费用2万余元，共计6万余元。

另查明，上述4名嫌疑人因非法采矿罪已被江西省瑞昌市人民法院先行判决。剩余1人刘某1于2022年6月8日被抓获归案。

九江市中级人民法院指定江西省瑞昌市人民法院审理本案。

（二）裁判结果

经审理，法院判决：

1. 被告人刘某1犯非法采矿罪，判处有期徒刑三年，并处罚金人民币11万元；

2. 责令刘某1等人退赔国家矿产资源损失13.5万元；

附带民事公益诉讼判决：

1. 刘某1等人赔偿长江生态服务功能损失3万余元、长江生态环境损害修复费用2万余元，共计6万余元；

2. 刘某1在判决生效后十日内在九江市市级新闻媒体上刊登公告，向社会公众赔礼道歉。

（三）裁判理由

1. 裁判要点：

(1)跨行政区划的非法采砂刑事案件，可以由非法开采行为实施地、矿产品运输始发地、途经地、目的地等与犯罪行为相关的人民法院管辖。

(2)对于采售一体的非法采砂共同犯罪，应当按照有利于查明犯罪事实、便于生态环境修复的原则，确定管辖法院。该共同犯罪中一人犯罪或一环节犯罪属于管辖法院审理的，则该采售一体非法采砂刑事案件均可由该法院审理。

2. 本案管辖权问题

刘某1犯罪行为实施地及其居住地均不在江西省九江市，但共同犯罪中同案犯的行为发生在九江市辖区范围内，且同案犯已先行被江西省瑞昌市人民法院判决。共同犯罪中一人犯罪行为或一环节犯罪属于管辖法院审理的，则该构成共同犯罪的采售一体采砂刑事案件均可由该法院审理。考虑到实践中非法采砂行为的系统破坏性，基于有利于查明犯罪事实、便于生态环境修复的原则，九江市中级人民法院指定本案由瑞昌市人民法院审理，符合法律规定。

3. 刘某1直接安排实施采砂行为，在共同犯罪中起主要作用。

刘某1在庭审中如实供述了其犯罪事实，具有坦白情节，依法可以从轻处罚。但其曾因非法采矿受过刑事处罚，现又犯非法采矿罪，酌情从重处罚。刘某桂部分退赔国家矿产资源损失，酌情从轻处罚。刘某1等人在长江非法盗采江砂的犯罪行为，造成国家矿产资源损失，应共同予以退赔。

4. 非法采砂还要承担民事侵权责任

附带民事公益诉讼被告刘某1应与另案被告人刘某2、熊某、何某东、杨某等人共同承担非法采矿造成的生态功能损失、生态修复费用，并负连带赔偿责任。

犯罪地不仅包括单个自然人犯罪的犯罪地，也包括共同犯罪中所有被告人的犯罪地。共同犯罪案件中，因罪犯中有一人的犯罪地或居住地在受诉法院所在地，则受诉法院对整个案件具有管辖权；如果分案处理，即使被控的同案犯犯罪地及居住地均不在受诉法院所在地，受诉法院对分案处理的案件仍然具有管辖权。

[案例参考]

王文革盗窃案

人民法院案例选 2012 年第 2 辑（2011）锡刑二他字第 0029 号

（一）基本案情

公诉机关：无锡市北塘区人民检察院

被告人：王文革，男，1966 年 9 月 8 日出生于辽宁省抚顺市，汉族，住抚顺市望花区本溪路东段。

公诉机关指控：被告人王文革于 2009 年 11 月 19 日至 20 日间，伙同孙健、田忠东、林海、王威（均另案处理）经预谋，先后在浙江省宁波市江东区、海曙区等地，采用拎包的方法盗窃作案 3 次，窃得人民币 5200 余元、笔记本电脑 1 台、手机 2 部等物。

无锡市公安局北塘分局西新派出所在抓获被告人王文革后，因无法核实其在无锡的盗窃犯罪事实，曾就本案管辖问题与浙江省宁波市海曙区人民法院进行过探讨，宁波方称王文革同伙孙健、田忠东、王威、林海等人在无锡境内实施的犯罪先前均已由北塘区人民法院审理后判决，且浙江省和江苏省就盗窃罪的定罪量刑标准有所区别，考虑王文革同案犯均已由无锡法院作出处理，为保证案件的及时有效审理和对罪犯定罪量刑的平衡，故宁波海曙区人民法院建议王文革盗窃一案仍由无锡法院进行审理。

（二）裁判结果无锡市北塘区人民法院审查后认为：虽有证据证明被告人王文革曾伙同孙健等人员在宁波境内犯罪，但并无证据认定其曾在无锡境内实施盗窃犯罪。被告人王文革的犯罪地、居住地、户籍所在地均不在该院管辖范围内，对本案没有管辖权。但是该案与北塘法院受理并已审理终结的被告人孙健、田忠东、林海、王威等人盗窃一案相关联。根据《中华人民共和国刑事诉讼法》第二十四条有关地域管辖的规定,请求无锡市中级人民法院指定管辖。无锡市中级人民法院经研究决定,指定由无锡市北塘区人民法院审理该案。

(三)裁判理由

无锡市中级人民法院在审理过程中,就北塘区人民法院对被告人王文革盗窃一案是否具有管辖权存在不同看法:

第一种意见认为,无锡法院对本案原则上不具有管辖权,但综合考虑案件协调、取证便捷、诉讼成本等因素建议由北塘区人民法院受理。

第二种意见认为,无锡两级法院对此案件具有管辖权。理由如下:从掌握的事实看,王文革的犯罪地均在宁波市境内,宁波法院对分案处理后的案件具有管辖权是没有争议的。但由于王文革和孙健等人同属一个犯罪集团。因这个犯罪集团内的孙健等人曾在无锡市北塘区实施过犯罪行为,无锡法院对这个犯罪集团犯下的全部罪行具有管辖权,进而无锡法院对犯罪集团的任一人的犯罪行为都具有管辖权,因此无锡市北塘区人民法院对此案具有管辖权。

上述两种观点皆认为无锡两级法院均应对此案管辖,但阐述的理由不同,应结合刑事诉讼法学理论来确定无锡两级法院对此案是否具有管辖权。按照我国刑事诉讼法学理论,共同犯罪由同一人民法院管辖主要有三个原因:(1)如果数人的犯罪行为构成共同犯罪,从法律上看这些犯罪行为可以视作一个整体上的犯罪行为,所有单个犯罪行为的犯罪地都属于这个整体上的犯罪行为的犯罪地。这是共同犯罪案件系属于同一人民法院的最主要原因。我国的刑事诉讼法规定一个案件由一个人民法院管辖的条件原则上只有两种情况——犯罪地和被告人居住地的人民法院,并未直接规定管辖是基于诉讼经济原则某法院就可以对一个案件具有管辖权。因此,对于共同犯罪由同一法院管辖的最主要原因或法律依据是犯罪地原则;(2)共同犯罪系属于一个法院管辖的原因从深层次来说也是基于管辖制度的设定原则。管辖制度的设定原则主要有:明确具体管辖机关原则、便于侦破原则、诉讼经济原则和法制宣传原则。就诉讼经济原则而言，如果一个犯罪集团的所有犯罪行为均由同一人民法院管辖的话，无疑会大大提高诉讼效率，有效利用诉讼资源，更有力地打击犯罪；(3)共同犯罪如果系属于同一法院，能够保证案件审理具备司法公信力和使整个共同犯罪的量刑更均衡。一方面，如果一个共同犯罪案件分案由两个法院审理，最终的结果极可能是两个不同内容的判决。这对判决的公信力影响极坏；另一方面，如果类似情况的案件由同一法院审理，法院对各个犯罪人量刑的原则将会是一样的，这也将使整个共同犯罪量刑比较均衡。

结合上述两种意见及刑事诉讼法理论和相关刑事诉讼法规定，无锡两级法院对此案是具有管辖权的，理由如下：

1. 主要原因：无锡应被视为此案的犯罪地

这是无锡两级法院对此案有管辖权的主要原因。如第二种意见所述，两个案件虽然被分案处理，但此案同孙健等盗窃案件具有的关联关系是现实发生的，客观存在的，紧密联系的。这种关联关系不能因为两案被分案处理就予以否定，所以应当对《刑事诉讼法》第 24 条"刑事案件由犯罪地的人民法院管辖。如果由被告人居住地的人民法院审判更为适宜的，可以由被告人居住地的人民法院管辖"规定中的"犯罪地"进行扩大解释：犯罪地不仅包括单个自然人犯罪的犯罪地，也包括共同犯罪中所有被告人的犯罪地，因此，无锡也应被视为此案的犯罪地，无锡两级法院对此案有管辖权。

2. 理论原因：诉讼效率原则

这是无锡两级法院对此案有管辖权的理论原因。在诉讼数量快速增长的今天，怎么样快速、精确、有力地打击犯罪是一个现实的难题。虽说办案的前提是"好"，但是"快"也应当是我们考量一个制度好与不好的重要因素。试想，如果此案最终由宁波市海曙区的侦查、审判机关办理，固然案件的程序正义是毫无疑问的得到保证了，但是难道就能说案件的实体正义不经过这般处理就得不到保证？我们认为不是的。基于前述的主要原因，无锡两级法院对本案也应当具有管辖权，而且由无锡法院对此案进行审理可大大提高案件的审理效率，使诉讼效率得到切实保证。

3. 现实原因：促使量刑均衡

如果共同案件中的每个犯罪分子都能由同一法院审理，无疑会使案件在同一量刑标准下进行，这样对于案件的各个罪犯将不会产生量刑上的畸轻畸重的不利情况，也杜绝了不同法院在类似案件审理上的量刑差异。因此，从促使量刑均衡的角度来看，也有必要由无锡法院对该案进行管辖。

综上，共同犯罪在分案处理后，若同案犯中一人的犯罪地和居住地均不在无锡，无锡法院对分案处理后的案件同样具有管辖权。

二、网络犯罪案件"犯罪地"的确定规则

网络犯罪具有非接触性、匿名性和跨地域性等特点，这使得确定犯罪地成为一个复杂的问题。为了有效打击网络犯罪并保障司法公正，通常需要综合考虑多个因素来最终确定犯罪地。

首先，法益被侵害的关联地是初步确定犯罪地的重要依据。在网络犯罪中，法益不仅包括个人或单位的财产安全，还包括网络安全、公共秩序等更广泛的社会利益。因此，可以根据犯罪行为所影响或侵害的具体法益，初步判断犯罪地。例如，如果网络攻击导致某地区的公共服务系统瘫痪，那么该地区就可以被视为犯罪地之一。

其次，犯罪案件的实际控制地通常被优先考虑以确定犯罪地。实际控制地指的是犯罪分子实施犯罪行为的地点，包括他们操作计算机或其他网络设备的地点。在网络犯罪中，实际控制地往往是犯罪行为的发起点，因此具有重要的法律意义。确定实际控制地有助于追踪犯罪分子，收集证据，以及了解犯罪行为的具体过程。

最后，兼顾司法效率是最终确定犯罪地的关键因素。网络犯罪的跨地域性可能导致涉及多个地区甚至多个国家的法律管辖问题。为了提高司法效率，减少不必要的司法资源消耗，通常会选择一个便于案件审

理、证据收集和执行判决的地点作为最终的犯罪地。这可能涉及对各地法律体系、司法合作机制以及案件处理能力的评估。

综上所述，网络犯罪的犯罪地确定是一个需要综合考量多个因素的复杂过程。通过以法益被侵害的关联地为基础，以犯罪案件的实际控制地为优先，同时考虑司法效率，可以有效地确定犯罪地，为网络犯罪案件的侦查、起诉和审判提供法律依据，确保司法公正和法律的有效实施。

[案例参考]

中国法院 2023 年度典型案例

王某甲等提供侵入、非法控制计算机信息系统程序、工具案

江苏省南通市中级人民法院(2021)苏 06 刑终 30 号刑事裁定书

(一)基本案情

某软件公司未授权任何单位和个人使用"××软件"从事自动下单，为防止用户使用"××软件"进行自动下单，该公司采取了一系列安全防护措施，其中包含滑块手动验证和手机特征码验证等。

被告人王某甲为了牟利，编写可以在某软件网上抢购商品名为 HiRoot(以下简称"HR")的××软件，该软件通过避开某软件网站手动滑块操作身份验证的安全保护措施，可以在预设时间内以自动下单的方式，抢购某软件网站上的指定商品。王某甲于 2017 年 9 月至 2018 年 10 月，通过群聊先后向被告人单某某、王某乙、陈某某等多人出售"HR"秒抢软件，从中非法获利合计人民币 569569 元。

被告人单某某、王某乙、陈某某、张某某、王某丙、刘某在明知"HR"秒抢软件具有避开计算机信息系统安全保护功能的情况下，分别从被告人王某甲处购买该软件，并于 2017 年 9 月至 2018 年 9 月分别出售给沈某某(系江苏省海安市人)、王某丁、黄某甲、纪某、黄某乙、谢某某、沈某某、肖某某、朱某等 100 余人次使用，

从中非法获利人民币 1000 元至 77850 元不等。

2018 年 7 月中旬，公安机关先后接到某软件公司和海安市居民沈某某的报案称有一款名为"HR"的软件可以在网络平台上抢购商品，公安机关经侦查发现该款软件的作者王某甲有提供侵入、非法控制计算机信息系统程序、工具的嫌疑，并且其通过聊天软件向多人出售该软件。2018 年 10 月 24 日，公安人员将被告人王某甲抓获。归案后，王某甲如实供述了其编写"HR"软件，并向多人出售的事实。公安机关在侦办本案过程中发现被告人张某某、刘某、王某乙、单某某、王某丙有作案嫌疑，先后将其抓获归案。陈某某经公安人员电话通知主动至公安机关，并如实供述了上述事实。除王某甲之外的其他六名被告人归案后均如实供述了上述犯罪事实。

案件焦点：侦查机关江苏省海安市公安局对本案是否具有管辖权。

（二）裁判结果

江苏省海安市人民法院经审理认为：被告人王某甲、单某某、王某乙提供专门用于侵入、非法控制计算机信息系统的程序、工具，情节特别严重，被告人陈某某、张某某、王某丙、刘某提供专门用于侵入、非法控制计算机信息系统的程序、工具，情节严重，其行为均已构成提供侵入、非法控制计算机信息系统程序、工具罪。江苏省海安市人民法院依照《中华人民共和国刑法》第二百八十五条第三款、第七十二条、第六十四条、第六十七条第一款、第六十七条第三款，《最高人民法院〈关于处理自首和立功具体应用法律若干问题的解释〉》第一条第一项，《中华人民共和国刑事诉讼法》第二百零一条以及《网络安全法》第六十三条第三款之规定，作出如下判决：

1. 被告人王某甲犯提供侵人、非法控制计算机信息系统程序、工具罪，判处有期徒刑三年，缓刑五年，并处罚金人民币 50000 元；

被告人单某某犯提供侵人、非法控制计算机信息系统程序、工具罪，判处有期徒刑三年，缓刑三年六个月，并处罚金人民币25000元；

被告人王某乙犯提供侵入、非法控制计算机信息系统程序、工具罪，判处有期徒刑三年，缓刑三年，并处罚金人民币20000元；

被告人陈某某犯提供侵入、非法控制计算机信息系统程序、工具罪，判处有期徒刑一年，缓刑一年六个月，并处罚金人民币10000元；

被告人张某某犯提供侵入、非法控制计算机信息系统程序、工具罪，判处拘役六个月，缓刑九个月，并处罚金人民币5000元；

被告人王某丙犯提供侵入、非法控制计算机信息系统程序、工具罪，判处拘役六个月，缓刑九个月，并处罚金人民币5000元；

被告人刘某犯提供侵入、非法控制计算机信息系统程序、工具罪，判处有期徒刑六个月，缓刑一年，并处罚金人民币6000元；

2. 被告人王某甲的违法所得人民币569569元，被告人单某某的违法所得人民币77850元，被告人王某乙的违法所得人民币25102元，被告人陈某某的违法所得人民币11610元，被告人张某某的违法所得人民币1000元，被告人王某丙的违法所得人民币1700元，被告人刘某的违法所得人民币3100元，均予以没收，上缴国库；

3. 扣押在案的作案工具手机、组装台式机、电脑主机均予以没收；

4. 上述七名被告人终身不得从事网络安全管理和网络运营关键岗位的工作。

王某甲持某软件公司伪造报案材料、江苏省海安市公安局对本案不具有管辖权等理由提起上诉。江苏省南通市中级人民法院经审理认为：刑事案件由犯罪地的人民法院管辖，犯罪地包括犯罪行为发生地和犯罪结果发生地。本案系因某软件公司、海安网民沈某某先后报案而案发，沈某某的证言、涉案人员王某乙的供述、交易记录等证据能够证实王某乙通过群聊向沈某某销售涉案秒抢软件的事实。某软件公司出具的报案材料、安全人员李某某的证言证实某软件公司在该时间段发现海安辖区范围内有人使用该秒抢软件并呈请海安公安立案侦查。举报材料并未指向举报人沈某某,举报材料中的两个 IP 地址与沈某某的 IP 地址不同并不能否定该材料的真实性。上述证据不存在矛盾之处,相互印证足以证实本案的发破案经过正常且符合逻辑,江苏省海安市公安局对本案具有侦查上的管辖权。故上诉人王某甲的该上诉理由,不能成立,应予驳回。江苏省南通市中级人民法院依照《中华人民共和国刑事诉讼法》第二百三十六条第一款第一项的规定,作出如下裁定:

驳回上诉,维持原判。

(三)裁判理由

本案属于制作、销售"抢购软件"的新型网络犯罪案件,由于网络空间的跨区域性和无限延展性,本案面临的首要问题是最初受理的公安机关江苏省海安市公安局对案件是否具有侦查上的管辖权。海安市公安局对案件是否具有侦查上的管辖权。

根据刑事诉讼法第二十五条的规定,刑事案件实行"犯罪地为主、被告人居住地为辅"的地域管辖规则。对于"犯罪地",《最高人民法院关于适用〈中华人民共和国刑事诉讼法〉的解释》(以下简称《解释》)第二条予以明确规定。《解释》第二条采取了"定性+列举"的方式确定网络犯罪案件的"犯罪地"。考虑到网络犯罪案件的特殊性,《解释》在该条中列举犯罪地的具体情形后专门增加了"等"字。本案中,七名被告人的居住地、实施网络犯罪使用的服务器所在地、网络服务提供者所在地、信息网络系统所在地均在江苏省外。被害人系某软件公司及其平台上被抢购的商家,住所地亦在江苏省外。报案人沈某某是"抢购软件"的购买者,意图通过使用"抢购软件"抢购商品获取非法利益,并非受害人。在案证据难以证实被害人被侵害时所在地和被害人财产遭受损失地位于江苏省海安市。在《解释》第二条所列举的网络犯罪"犯罪地"被逐一排除之后,需要思考的是,在案件所涉物理地点高度泛化的情况下,究竟应当依据何种规则判断信息网络犯罪的"犯罪地",如何理解《解释》第二条中的"等"字,江苏省海安市公安局能否据此取得侦查上的管辖权? 本文认为确定网络犯罪案件的"犯罪地",可以遵循以下规则:

1. 以法益被侵害的关联地初步确定犯罪地。刑法的是保护法益,刑事司法管辖权的确定应当贯彻这一目的。多年来,"实害联系标准"在网络犯罪刑事管辖权的认定中得到较为广泛的认可。对于"实害联系标准",首次提倡该标准的学者通过反思认为该原则更多地适用于结果犯、具体危险犯等可以进行具体实害判断的犯罪类型,对于其他犯罪类型不一定完全适用。本案所涉的罪名属于情节犯,要求达到情节严重的程度才构成犯罪。行为人向单个购买者提供"抢购软件"虽然并未达到"实害"的程度标准,但在法益被侵害关联地的射程之内,亦不超出行为人在行为时所认识到的可能发生地点。以法益被侵害的关联地适当扩大"犯罪地"的认定门槛,再由后续其他规则加以限制,有利于准确合理地界定网络犯罪案件的犯罪地。

2. 以犯罪案件的实际控制地优先确定犯罪地。在法益被侵害的关联地规则对犯罪地进行初步认定后,网络犯罪案件管辖权往往存在着竞争和冲突,需要根据实际控制地规则予以限缩。从侦查路径看,按照实际控制地优先的规则确定管辖,便于收集网络犯罪相关证据,可以最大限度地实现调查犯罪的侦查目的。对案件的实际控制包括对证据的实际控制和对人的实际控制两个方面。本案中,江苏省海安市是刑事证据最为集中的地方。当地网民沈某某在报案时向公安机关提供了其向单某某购买的"抢购程序"以及其与卖家的聊天记录,某软件公司在报案时亦提供其安全人员的证言、分析报告及名词解释、证明材料等证据。海安市公安局因沈某某、某软件公司报案而最先立案侦查,在侦办过程中先后将王某甲等抓获归案,本案由该局侦查有利于保持侦查工作的连续性,有利于调查收集证据和查明事实。

3. 以兼顾司法效率最终确定犯罪地。网络犯罪案件的行为地和结果地具有随意性和偶然性，往往牵涉地域广泛、人员众多。此外，网络犯罪案件不仅犯罪行为地和犯罪结果地可能处于不同法域，而且犯罪行为人和犯罪行为也有可能处于不同法域。对于网络犯罪案件确定管辖权时，不仅要考虑网络犯罪行为侵害法益的关联程度、对案件的实际控制程度，还要考虑当地公安机关管辖的可能性和方便诉讼，以司法效率最终确定犯罪地。

综上，网络犯罪案件"犯罪地"的确定应当遵循以法益被侵害的关联地为初定门槛、以犯罪案件的实际控制地为优先、最终兼顾司法效率的裁判规则，进而为网络犯罪案件确定一个梯度合理、较为周全、严密的地域管辖范围，避免出现因无权管辖导致放纵网络犯罪或者因指定管辖滥用导致管辖权不确定的双重困境，达到维护公平、公正和平衡管辖的制度目的。

三、对量刑标准不同的适用

前述也提及，由于我国地域辽阔，各地区经济发展水平和治安状况各有不同，相同的犯罪数额所体现的社会危害性及人身危险性也有所不同，因此在对跨地域犯罪进行定罪量刑时，会因为法定刑升格标准存在地域差异。立法上犯罪地的标准是静态确定的，但是在实际运用时候，跨地域多地犯罪的情形下，最终管辖法院往往取决于哪个法院最先受理，这个"最先受理"具有动态性，并不确定，那么适用管辖地标准会使评价标准处于变化之中，极易导致同案不同判的情形发生。

以敲诈勒索罪为例，故最高人民法院、最高人民检察院《关于办理敲诈勒索刑事案件适用法律若干问题的解释》（以下简称《解释》）中规定，敲诈勒索公私财物价值3万元至10万元以上的，应当认定为刑法第274条规定的数额巨大。各省、自治区、直辖市高级人民法院、人民检察院可以根据本地区经济发展状况和社会治安状况，在前述规定的数额幅度内，共同研究确定本地区执行的具体数额标准。而根据罪责刑相适应原则以及适法统一的考虑，应当按照犯罪地的规定认定其数额标准。对于相同的犯罪金额，在经济较为发达的地区，其对社会的危害性可能相对较低；而在经济相对落后的地区，同样的金额可能代表着更大的社会危害。同样地，在那些犯罪活动频繁且执法打击力度强的地区，犯罪行为的危害性可能会被认为较小；相反，在打击力度不足的地区，犯罪行为可能对社会治安造成更大的威胁。这就会导致跨地域实施的犯罪，案件因审理地点不同、适法标准不一致而导致同案不同判。在经济发达的地区可能不够定罪标准，在经济欠发达的地区已经属于数额较大。实务中经常出现辩护律师运用大数据检索不同地区公开的法院裁判文书和政策规定，判断当地打击力度，运用管辖条款为当事人争取较为有利的管辖法院。为了规避这种情形，部分法院目前采取的做法是，原则上不累计犯罪数额，可根据犯罪地标准分别评价，依照处罚较重事实确定基准刑，较轻事实作为量刑情节。当两次行为均未达所在地升格标准，但累计数额符合升格标准较高省的规定时，应按照累计的数额以该省标准论处。

[案例参考]

杨某雷、郑某强、高某强敲诈勒索案

上海市松江区人民法院（2019）沪 0117 刑初 1062 号

（一）基本案情

公诉机关：上海市松江区人民检察院。

被告人：杨某雷、郑某强、高某强。

2018 年 12 月 27 日晚至次日凌晨，被告人杨某雷、郑某强、高某强经共谋，共同至江苏省无锡市某温泉酒店，由高某强在浴室更衣柜中事先放置摄像头远程连接手机监控，三人相互配合，在拍摄到一名男子开启更衣柜后抓住该名男子，以该男子欲实施盗窃为由对其掌掴、脚踢，后以报警告发威胁该名男子的同伙被害人戴某中，向戴某中敲诈勒索得款 5 万元。

2019 年 1 月 18 日，被告人杨某雷、郑某强、高某强再次共谋至上海市松江区某浴场，以上述方式实施敲诈勒索，并由郑某强联系王某带人撑场。1月19日下午，高某强驾车与杨某雷、郑某强共同至上述浴场，由杨某雷提前进入浴场，在更衣柜中放置摄像头远程连接手机，高某强和郑某强在车内观看手机监控，在监控拍摄到被害人张某胜开柜画面后，郑某强与后到达的王某等人共同进入浴场，高某强留在车内等待配合。杨某雷和郑某强等人汇合后将张某胜带入一房间内，以拍摄到张某胜欲实施盗窃的开柜视频相要挟，对张某胜掌掴、脚踢，向其敲诈勒索5万元，后因张某胜反抗及浴场工作人员介入未得逞。经鉴定，张某胜构成轻微伤。嗣后，杨某雷、郑某强明知他人报警而在现场等待直至民警到场，被告人杨某雷到案后未如实供述自己的罪行，被告人郑某强如实供述上述犯罪事实。次日10时40分许，被告人高某强主动向公安机关投案，并如实供述了上述犯罪事实。审理中，被告人杨某雷、郑某强、高某强在家属的帮助下退出了违法所得共计5万元。

（二）裁判结果

根据被告人犯罪的事实、性质、情节和对社会的危害程度等，依照刑法第二百七十四条、第二十五条第一款、第二十三条、第六十七条第一款、第六十四条、第五十二条、第五十三条的规定，上海市松江区人民法院以被告人杨某雷犯敲诈勒索罪判处有期徒刑2年3个月，并处罚金5000元；以被告人郑某强犯敲诈勒索罪判处有期徒刑1年9个月，并处罚金4000元；以被告人高某强犯敲诈勒索罪判处有期徒刑1年6个月，并处罚金3000元。现该判决已生效。

（三）裁判理由

本案中，三名被告人在江苏省无锡市敲诈勒索5万元（既遂）的行为，按照江苏省的规定应认定为数额较大，但在上海市松江区敲诈勒索5万元（未遂），按照上海市标准应认定为数额巨大。公诉机关指控三名被告人敲诈勒索属于数额巨大，同时认定未遂并建议减轻处罚并无不当。本案中，被告人高某强起积极主要作用；被告人郑某强、高某强具有自首情节，依法可从轻处罚；三名被告人当庭表示自愿认罪，且在家属的帮助下退出了违法所得，均可酌情从轻处罚。

本案两次敲诈勒索分别发生于江苏和上海，数额均为 5 万元。但两省数额巨大的标准不同。根据《江苏省关于执行敲诈勒索公私财物"数额较大""数额巨大""数额特别巨大"标准的意见》（苏高法〔2013〕248 号）的规定，敲诈勒索公私财物价值 6 万元以上的，为数额巨大。而《上海公检法司关于本市适用"两高"敲诈勒索刑事案件司法解释若干问题的工作意见》（沪公法〔2013〕176 号）则规定，敲诈勒索公私财物 3 万元以上不满 30 万元，认定为数额巨大。可见在上海敲诈勒索 3 万元，即适用 3 年以上 10 年以下法定刑，法定刑升格标准较低、处罚较严苛；在江苏敲诈勒索 6 万元才适用该档法定刑，法定刑升格标准较高、处罚较宽缓。所以本案争议焦点有二，一是应否累计两次犯罪的数额，二是应按江苏标准还是上海标准确定数额巨大。围绕上述争议焦点所反映的量刑难题，存在两种解决方案：一种是采用择一标准路径，先累计犯罪数额，再选择一个省份的标准来认定数额巨大，其中又分为管辖地标准（上海）和有利于被告人标准（江苏）两种意见。另一种是采用多重标准路径，原则上不累计犯罪数额，采用犯罪地标准对两次行为分别评价，再以处罚较重的事实确定基准刑，将处罚较轻的事实作为量刑情节。其中，第二种观点具备自恰性及可行性。

（四）法官释明（上海市松江区人民法院樊卓然）

1. 择一标准路径必致适法困境

择一标准路径意味着先累计数额，再择一标准评价。本案两次敲诈勒索行为系同种数罪，一般应累计数额。数额累计应当以数次犯罪行为罪质相同为前提，但本案的两次犯罪行为并不具备：首先，社会危害性密度不同。在江苏省敲诈勒索 6 万元构成数额巨大，在上海敲诈勒索 3 万元构成数额巨大，表明在江苏和上海每单位人民币所代表的社会危害性不同，同样是敲诈勒索 5 万元，在江苏的社会危害性小于在上海的社会危害性。把危害性密度不同的数额相加，不是同单位基础上的叠加，所得出的总额不能准确反映全案危害程度。其次，人身危险性评价标准不同。上海和江苏对该犯罪的打击力度不同，上海市法定刑升格标准较低，说明上海敲诈勒索犯罪发生率更高、打击力度更大、维护公民财产安全的目标更紧迫。行为人在上海敲诈勒索 5 万元，更能反映其无视法律、肆意违反规范的危险人格，带来的社会恐慌更大，应当被严厉评价。相反，在打击力度相对较小的江苏实施犯罪，人身危险性较小，所应适用的评价标准相应较轻。两种评价体系存在差异，也不能直接累加、一并评价。此外，罪疑惟轻原则不调整法律适用问题。择一标准路径中，有观点认为应当从有利于被告人的角度出发，先遵循同种数罪累计数额的惯例，再以江苏标准评价整体数额。因为江苏省数额巨大的标准较高、处罚较轻，用较轻标准来评价犯罪总额，不会加重被告人的刑事责任。事实上，罪疑惟轻原则仅适用于案件事实存疑的情形，并不解决法律适用问题。罪疑唯轻原则以待适用之实体法规范欠缺足够证据而形成之事实不清为前提，该原则同刑事诉讼之证明的关联性决定了其仅适用于事实领域之疑问，而不适用于法律疑问。本案被告人的主观故意、行为方式、犯罪数额、犯罪形态等事实都有相应的证据予以证实，只是在选择适用哪个省的规定方面，在如何用法定刑升格规范涵摄犯罪数额方面存在疑问，属于法律适用领域的问题，不应按罪疑惟轻原则选择江苏标准。

因此，本案两次行为罪质不同，无法累计数额，以累计数额为前提的择一标准说无法适用。

2. 多重标准路径可堪量刑之任

多重标准路径，是按照犯罪地标准，分别评价两次犯罪行为的数额是否升格，二者并行不悖。

(1) 犯罪地标准优于管辖地标准

犯罪地标准具有客观性、稳定性的特征。第一，其稳定性便于保护国民预测可能性。本案中，两次行为的犯罪地是明确恒定的，采用犯罪地标准，可以确保评价标准稳定，保护国民预测可能性。管辖地则不然，我国刑事诉讼法第 26 条规定，"几个同级人民法院都有权管辖的案件，由最初受理的人民法院管辖"。多地犯罪的情形下，管辖法院取决于哪个法院最先受理，并不确定，适用管辖地标准会使评价标准处于变化之中，使公民对法律无所适从。第二，其稳定性利于促进适法标准统一。法律面前一律平等原则要求司法机关对相同犯罪事实作同一处理，如果因审理地点不同、适法标准不一致而导致同案不同判，会影响司法公正，破坏法律的权威性和公信力。而犯罪地标准具备稳定性的特征，无论何地法院管辖，皆可保证适用标准一致。第三，其客观性符合罪刑相适应原则。我国社会经济文化发展水平地域差异较大，《解释》第 1 条规定，"各省、自治区、直辖市高级人民法院、人民检察院可以根据本地区经济发展状况，并考虑社会治安状况，在前款规定的数额幅度内，确定本地区执行的具体数额标准，报最高人民法院、最高人民检察院批准"。由此可见各省制定实施细则的依据主要有两个：一是经济发展状况，二是社会治安状况。同样的犯罪数额，在经济发达地区的社会危害性小于经济落后地区，在犯罪猖獗、打击力度大的地区危害性大于打击力度小的地区。因此地域标准能够更精确地评价本地区犯罪行为的社会危害性和人身危险性，促进法律评价结果的实质公平。

根据犯罪地标准，本案被告人在江苏省敲诈勒索 5 万元，按照江苏省的规定，应认定为数额较大。在上海敲诈勒索 5 万元，按照上海市标准，应认定为数额巨大。

（2）根据择一重处、全面评价的规则量刑

第一，择一重处确定基准刑。从学理上讲，同种数罪体现的是被告人反复实施同一类型犯罪的人身危险性，对该种危险性一并予以评价，才能充分反映这种危险性的程度。在数额不宜累计的情形下，以其中处罚较重的一次行为确定基准刑，能够最大程度反映行为人人格的危险程度和行为的法益侵害程度。

根据前述分析，本案发生在上海的事实为数额巨大，适用较高的法定刑幅度、处罚较重，因此应当以该节事实确定本案的量刑起点及基准刑。根据《上海市高级人民法院〈关于常见犯罪的量刑指导意见〉实施细则》沪高法（审）[2014]2号第十节第2条的规定，"敲诈勒索公私财物，犯罪数额达到数额巨大起点三万元，在三年至四年有期徒刑幅度内确定量刑起点"。本案发生在上海的犯罪事实为敲诈勒索5万元，故依照该节事实确定量刑起点、基准刑，并考虑未遂情节，调整刑罚量。

第二，全面评价确定宣告刑。对发生在江苏的既遂事实，应作为量刑情节予以考虑，酌情增加刑罚量。然后结合3名被告人退出违法所得、自愿认罪、自首等从轻处罚情节，考虑各被告人在犯罪中的实际作用，分别减去相应的刑罚量，最终得出宣告刑。这样两节犯罪事实均能得到评价，做到精准量刑、罪刑一致。

2. 法定刑升格标准地域冲突时不累计犯罪数额之例外

累计犯罪数额影响法定刑幅度的适用，跨省敲诈勒索主要有两种情形：一种是其中一节事实已达当地法定刑升格的标准，因两地升格标准冲突，不累计数额，根据"择一重处"的量刑规则，全案构成数额巨大，适用升格之幅度。本案即属该种情形。

还有一种情形是两次犯罪行为均未达所在地数额巨大标准，但累计的数额达到升格标准较高省（江苏）的规定，此种情形下是否累计犯罪数额值得探讨。假设被告人在上海敲诈勒索2万元（上海3万元构成数额巨大），在江苏敲诈勒索4万元（江苏6万元构成数额巨大），两个行为按照所在地标准都未达数额巨大，但累计为6万元，达到了江苏数额巨大标准。此时累计计算、按照江苏标准认定构成数额巨大具备合理性：第一，不存在刑事责任不当加重的风险。江苏数额巨大的标准较高、处罚较轻，意味着在上海敲诈勒索2万元的危害性明显大于在江苏敲诈勒索2万元，被告人在江苏敲诈勒索6万元，构成数额巨大；那么被告人在江苏敲诈勒索4万元，在上海敲诈勒索2万元，累计后的社会危害性必定超过仅在江苏敲诈勒索 6 万元，此时累计计算不会对被告人行为做出多余评价，可以累计，并按照江苏标准认定为数额巨大。第二，不累计评价易致量刑畸轻。由于两节事实按行为所在地标准都仅为数额较大，若不累计评价，全案只能在 3 年以下有期徒刑、拘役或者管制的法定刑幅度内量刑，而根据上述分析，两节事实的危害性已经超过了江苏省数额巨大所对应的社会危害性及人身危险性，若不予累计，易导致量刑畸轻，轻纵犯罪。

四、地域管辖的扩张导致判决无效

在刑事诉讼法的框架下，对于审判机关的地域管辖有着明确的规定，这确保了刑事案件能够在适当的地理位置得到公正审理。《刑事诉讼法》第 26 条的规定为多法院管辖权竞合的情况提供了明确的指引，即当几个同级人民法院都有权管辖同一案件时，应由最初受理的人民法院进行审判。在某些必要情况下，为了更有效地查清案件事实，可以将案件移送至主要犯罪地的人民法院审判。这一规定体现了刑事诉讼法对于管辖权确定的基本原则和操作流程。

然而，法律却并未对侦查机关的地域管辖作出具体阐述，这导致了在实际操作中对侦查管辖的理解和应用存在一定的模糊性。目前理论界主流观点是，侦查管辖应当服从于审判管辖的原则，侦查工作是刑事诉讼的重要组成部分，其目的在于为审判阶段提供充足的证据和事实基础。因此，侦查机关的地域管辖应当与审判机关的管辖区域相匹配，以确保案件的连续性和一致性。[①] 公安机关等侦查机关在立案侦查时的地域管辖应当遵循与审判机关相同的标准，这是为了体现"以审判为中心"的刑事诉讼理念。在这种理念的指导下，最高人民法院和最高人民检察院（"两高"）以及公安部等司法机关颁布了一系列司法解释和程序操作规则。这些规则在很大程度上涵盖了侦查地域管辖的内容，尽管它

---

① 林雪标：《我国侦查地域管辖制度的反思与重构》，载《山东大学学报（哲学社会科学版）》2023 年第 2 期。

们通常是根据审判地域管辖的原则逆向推导出来的。① 但是在司法实践中，由于侦查通常在起诉和审判之前进行，往往会出现"哪儿侦查就哪儿起诉，哪儿起诉就哪儿审判"的情况，从而实际上使得侦查和起诉阶段的管辖权决定了整个诉讼过程的走向。这种情况下，公安机关在刑事诉讼中的管辖权变得尤为关键。如果既不属于犯罪地，也不属于居住地，原则上没有管辖权，却仅以法益侵害的关联地为基础作为犯罪地的判断标准，就算报请上级部门指定管辖，一旦证明关联性的证据不足，可能直接导致法院判决无效。刑事审判参考第 551 号——闵某、马某、帕某贩卖毒品案，虽然该案经由甘肃省兰州市中级人民法院作出一审判决，甘肃省高级人民法院二审维持原判，在最高人民法院核准死刑时认为兰州中院和甘肃高院虽然以闵光辉系毒品再犯，贩卖毒品数量大，应予严惩为由判处闵光辉死刑，但由于闵光辉等人的犯罪地、户籍地和居住地均不在甘肃省，本案侦查阶段就没有管辖权，故兰州中院和甘肃高院审理本案违反了有关地域管辖的法律规定，不予核准闵光辉死刑。

[**案例参考**]

闵某、马某、帕某贩卖毒品案

刑事审判参考第 551 号

(一)基本案情

被告人闵某，男，农民。曾因犯贩卖毒品罪被判处有期徒刑十五年，后被假释，在假释考验期内因涉嫌犯贩卖毒品罪被逮捕。

被告人马某，男，农民。因涉嫌犯贩卖毒品罪被逮捕。

被告人帕某，女，无业。因涉嫌犯贩卖毒品罪被逮捕。

甘肃省兰州市人民检察院以被告人闵某、马某、帕某犯贩卖毒品罪，向兰州市中级人民法院提起公诉。

兰州市中级人民法院经公开审理查明：

———————————

① 具体参见第一章第二节。

被告人闵某、马某、帕某在广东省广州市租住了白云区时代花园6栋303室的房间后，共同预谋购买毒品向他人贩卖。闵某指使帕某用维吾尔语与他人电话商定购买毒品后，闵某、马某安排帕某与同住该出租房的女子王某(在逃)携带筹集的人民币28万元到广州大厦，从他人处购得海洛因1000克，返回后交给闵某、马某藏匿于租住处。广州市公安人员在该租房内将闵某、马某、帕某三人抓获，当场查获海洛因1282克以及人民币13.8万元。

(二)裁判结果

兰州市中级人民法院认为，被告人闵某、马某、帕某为贩卖而大量购买毒品，其行为均已构成贩卖毒品罪。被告人闵某提供大部分毒资，指使被告人帕某联系和购买毒品，在共同犯罪中起主要作用，系主犯。且曾因贩卖毒品犯罪被判刑，在假释考验期内又贩卖毒品，应数罪并罚。被告人马某参与预谋、出资购买毒品，在共同犯罪中也起主要作用，系主犯，但其在共同犯罪中的地位与作用较被告人闵某轻，在量刑时可酌情予以区别。被告人帕某受指使联系购买毒品，在共同犯罪中处于从属地位，属从犯，可从轻处罚。

依照《中华人民共和国刑法》第三百四十七条第二款第(一)项、第二十五条第一款、第二十六条第一、四款、第二十七条、第四十八条第一款、第三百五十六条、第五十七条第一款、第八十六条第一款、第七十一条、第六十九条之规定，判决如下：

1. 被告人闵某犯贩卖毒品罪，判处死刑，剥夺政治权利终身，并处没收个人全部财产，撤销原判假释，与没有执行完毕的余刑二年十一个月零二天并罚，决定执行死刑，剥夺政治权利终身，并处没收个人全部财产。

2. 被告人马某犯贩卖毒品罪，判处死刑，缓期二年执行，剥夺政治权利终身，并处没收个人全部财产。

3. 被告人帕某犯贩卖毒品罪，判处无期徒刑，剥夺政治权利终身，并处没收个人全部财产。

一审宣判后，被告人闵某、马某、帕某不服。提出上诉。

甘肃省高级人民法院经审理认为，被告人闵某、马某、帕某相互勾结，共同预谋，贩卖毒品海洛因 1282 克，其行为均已构成贩卖毒品罪，且贩毒数量大，依法应予严惩。原审认定的事实清楚，证据确实、充分，定性正确，量刑适当，审判程序合法。

依照《中华人民共和国刑事诉讼法》第一百八十九条第（一）项、第一百九十七条、第一百九十九条之规定，裁定驳回上诉，维持原判，并依法报送最高人民法院核准。最高人民法院复核认为，被告人闵某的犯罪地、户籍地、居住地均不在甘肃省；闵某假释期间犯罪，服刑地也不在甘肃省。兰州市中级人民法院和甘肃省高级人民法院审理本案，违反《中华人民共和国刑事诉讼法》第二十四条和1998《高法解释》第十四条的规定。第一审判决、第二审裁定违反法定诉讼程序。

依照《中华人民共和国刑事诉讼法》第一百九十九条和《最高人民法院关于复核死刑案件若干问题的规定》第五条的规定，裁定如下：

1. 不核准甘肃省高级人民法院（2007）甘刑二终字第 07 号维持第一审判被告人闵某以贩卖毒品罪判处死刑，剥夺政治权利终身，并处没收个人全部财产；撤销原判假释，与没有执行完毕的余刑二年十一个月零二天并罚，决定执行死刑，剥夺政治权利终身，并处没收个人全部财产的刑事裁定。

2. 撤销甘肃省高级人民法院（2007）甘刑二终字第 07 号和甘肃省兰州市中级人民法院（2006）兰法刑二初字第 035 号以贩卖毒品罪判处被告人闵某死刑，剥夺政治权利终身，并处没收个人全部财产；撤销原判假释，与没有执行完毕的余刑二年十一个月零二天并罚，决定执行死刑，剥夺政治权利终身，并处没收个人全部财产的刑事裁定及判决。

3. 发回甘肃省兰州市中级人民法院，依照刑事诉讼法有关管辖的规定办理。

（三）裁判理由

　　本案在侦查阶段，广州市公安局在广州市白云区时代花园 6 栋 303 室抓获马某、闵某、帕某后，公安部认为本案与兰州市公安局破获的牟某(已处死刑)等七人制造毒品案有一定关联，遂指示广州市公安局将本案移交兰州市公安局并案侦查。但作为审判机关，对本案的地域管辖如何确定，有两种意见：

　　第一种意见认为，本案因与兰州市牟某等七人制造毒品案有一定关联，即牟某等制造毒品"麻古"的原料"冰毒"是通过本案第二被告人马某介绍购买的，公安部故指定将两案合并侦查，后由兰州市人民检察院提起公诉。因此兰州市中级人民法院和甘肃省高级人民法院对本案具有管辖权，不需要指定管辖。

　　另一种意见认为，确定管辖权应以刑事诉讼法和最高人民法院的司法解释为依据，而不是以公安部门侦查或并案侦查地及移送起诉地为依据。本案被告人闵某、马某、帕某的犯罪地、户籍地、居住地均不在甘肃省；闵某系假释期间犯罪，服刑地也不在甘肃省。甘肃省兰州市中级人民法院和甘肃省高级人民法院审理本案不符合法律规定，故不具有管辖权。

　　我们同意第二种观点，主要理由如下：

　　1. 刑事诉讼法第二十四条规定："刑事案件由犯罪地的人民法院管辖。如果由被告人居住地的人民法院审判更为适宜的，可以由被告人居住地的人民法院管辖。"毒品犯罪的地域管辖，也应当依照刑事诉讼法的有关规定，实行以犯罪地管辖为主、被告人居住地为辅的原则。考虑到毒品犯罪的特殊性和毒品犯罪侦查体制，"犯罪地"不仅可以包括犯罪预谋地、毒资筹集地、交易进行地、运输途经地以及毒品生产地，也包括毒资、毒赃和毒品藏匿地、转移地、走私或者贩运毒品目的地等。"被告人居住地"，不仅包括被告人常住地和户籍所在地，也包括其临时居住地。

　　具体到本案，三被告人的犯罪预谋地、毒资筹集地、交易进行地及毒资、毒赃、毒品藏匿地均在广东省广州市，三被告人也是在广州市被广州公安机关抓获的。上述事实说明，甘肃省兰州市不是三被告人的"犯罪地"。被告人闵某、马某的出生地、常住地均在新疆维吾尔自治区伊宁县，被告人帕某的出生地、常住地在新疆维吾尔自治区巩留县，三被告人的临时居住地在广东省广州市白云区时代花园，甘肃省兰州市也不是三被告人的"居住地"。据此，甘肃省兰州市中级人民法院和甘肃省高级人民法院审理本案没有法律依据，不具有管辖权。

2. 本案在侦查阶段因认为与甘肃省兰州市牟某等七人制造毒品案有一定的关联，故由公安部指定将两案合并侦查。但经一审法院审查，公诉机关指控牟某等人制造毒品"麻古"的原料"冰毒"是通过本案第二被告人马某介绍购买的证据不足，公诉机关已撤回起诉，并将牟有苏等被告人制造毒品案另行起诉。第一种观点认为本案与牟有苏等人制造毒品案有一定联系，进而认为兰州市对本案有管辖权，已没有事实依据。

3. 1998《高法解释》第十四条规定，"正在服刑的罪犯在服刑期间又犯罪的，由服刑地的人民法院管辖"。被告人闵某 1996 年 6 月曾因犯贩卖毒品罪被广东省广州市越秀区人民法院判处有期徒刑十五年；服刑地在宁夏回族自治区石嘴山市，2004 年 9 月 28 日被石嘴山市中级人民法院裁定假释。闵某系在假释期间犯罪，属于正在服刑的罪犯，根据《最高人民法院关于执行〈中华人民共和国刑事诉讼法〉若干问题的解释》第十四条的规定，被告人闵某服刑所在地宁夏回族自治区石嘴山市中级人民法院可以有管辖权，而甘肃省兰州市中级人民法院和甘肃省高级人民法院对本案没有管辖权。

4. 对于已进入审判程序而没有管辖权的毒品犯罪案件如何处理。对此，最高人民法院法（2008）324 号《全国部分法院审理毒品犯罪案件工作座谈会纪要》第十一条提出明确意见："对于已进入审判程序的案件，被告人及其辩护人提出管辖异议，经审查异议成立的，或者受案法院发现没有管辖权，而案件由本院管辖更适宜的，受案法院应当报请与有管辖权的法院共同的上级法院依法指定本院管辖。"具体到本案，广东省广州市、宁夏回族自治区石嘴山市中级人民法院对本案具有管辖权，甘肃省兰州市中级人民法院如果认为案件由本院管辖更适宜，应当报请与有管辖权的法院共同的上级法院依法指定其管辖，即应当层报最高人民法院指定管辖。

　　综上，本案中，三被告人的犯罪地、户籍地、居住地均不在甘肃省；被告人闵某的服刑地也不在甘肃省。兰州市中级人民法院和甘肃省高级人民法院审理本案，违反了有关地域管辖的法律规定，据此，最高人民法院依法裁定撤销原审裁判是正确的。

第五章 指定管辖的相关规范评析

司法解释中对"犯罪地"规定的十分细致完备，但对管辖权竞合、牵连管辖等在办理网络犯罪案件中尤为常见多发的管辖难题规定得相当粗疏简略，例如对指定管辖的适用情形、具体流程、对后续诉讼程序的效力等皆语焉不详，这在一定程度上导致了实践中指定管辖的滥用。同时，我国地域辽阔，如果一起网络犯罪案件涉及多个地区，跨区域的办案机关之间往往难以协调，通常会涉及冗长繁杂的审批手续。在实践中，这些办案机关通常无从着手，或者是草草了事，这拖延了办案的最佳时机，不利于对网络犯罪的打击。① 如果按照地域管辖的立法思路，法条将会越来越冗长，实践效果却不会越来越理想，反而是冲突不断加剧，使得犯罪地的规范最终无法发挥应有的功能。

第一节 指定管辖的一般规定

管辖作为诉讼程序启动的开端，对确保审判的公正性和案件裁判的正当性具有决定性影响。刑事审判的公正不仅体现在对案件事实的准确查明和法律的正确适用上，还体现在通过合理的管辖安排，确保每个案件都能在最适合的司法环境中得到审理。

在刑事案件的管辖确定过程中，法院通常会综合考虑案件的多个维

---

① 史航宇：《我国跨区域网络犯罪中管辖监督问题探析》，载《四川警察学院学报》2019 年第 2 期，第 120 页。

度，如犯罪发生的具体地点、案件所涉及的法律问题、犯罪行为的严重性、可能判处的刑罚，以及犯罪行为对社会的影响等因素共同决定法院的审判权。通过这种方式，法律旨在为每个案件提供一个公正的审判平台，从而保障被告人的合法权益，同时也维护社会的整体利益。然而，并非所有情况下管辖权的确定都是明确无误的，在某些复杂或特殊的案件中，可能会出现管辖权不明确或有争议的情况。为了解决这些问题，刑事诉讼法引入了指定管辖的概念。指定管辖允许上级法院在必要时对管辖权进行调整，这种机制是对法定管辖原则的补充，它为处理管辖争议提供了灵活性，确保即使在复杂或不寻常的情况下，案件也能得到妥善处理。指定管辖不仅有助于解决管辖权争议，还能够确保案件的审理质量和效率。通过指定合适的法院来审理案件，可以确保案件得到更加专业化和精细化的处理。此外，指定管辖也有助于避免因地域偏见或资源分配不均等问题影响案件的公正审理。通过这种方式，刑事诉讼法旨在建立一个既公正又高效的司法体系，以实现对犯罪行为的有效打击和对被告人权利的充分保护。

一、适用指定管辖的法定情形

根据刑事诉讼法及其相关解释的规定①，指定管辖适用于"管辖不明、有争议的、特殊情形"的情形。

---

① 《刑事诉讼法》第 27 条：上级人民法院可以指定下级人民法院审判管辖不明的案件，也可以指定下级人民法院将案件移送其他人民法院审判。

《程序规定》第 22 条：对管辖不明确或者有争议的刑事案件，可以由有关公安机关协商。协商不成的，由共同的上级公安机关指定管辖。对情况特殊的刑事案件，可以由共同的上级公安机关指定管辖。

《高检规则》第 20 条：对管辖不明确的案件，可以由有关人民检察院协商确定管辖。

第 22 条：对于下列案件，上级人民检察院可以指定管辖：

（一）管辖有争议的案件；（二）需要改变管辖的案件；（三）需要集中管辖的特定类型的案件；（四）其他需要指定管辖的案件。对前款案件的审查起诉指定管辖的，人民检察院应当与相应的人民法院协商一致。对前款第三项案件的审查逮捕指定管辖的，人民检察院应当与相应的公安机关协商一致。（转下页）

"管辖不明"这种情况可以分为两种类型：由于法律规定不明确导致的管辖不明，以及法律规定明确但在实际适用中仍然存在管辖不明的情况。

第一种情况，"规定不明导致适用中管辖不明"，通常是由于办案机关对法律条文的理解存在偏差。这种偏差可能表现为以下几种情形：(1)办案机关自认有实际无。办案机关可能错误地认为自己对某个案件有管辖权，但实际上根据法律规定，该机关并无管辖权。(2)办案机关自认无实际有。办案机关可能认为自己没有管辖权，而实际上根据法律规定，该机关应当行使管辖权。(3)涉案地是否犯罪地存疑：在某些案件中，虽然法律规定了管辖权的基本原则，但具体到某个案件，是否构成犯罪地可能存在疑问，导致办案机关不确定是否具有管辖权。第二种情况，"规定明确但适用时管辖依然不明"，除了包括上述理解有偏差导致的管辖不明外，还可能包括以下情形：(1)有管辖权的办案机关争抢或推诿管辖：即使法律规定了明确的管辖原则，有时不同的办案机关可能会出于各种原因争抢或推诿管辖权，导致管辖权的归属不明确。(2)涉案地隶属的行政区域界限不明：在一些案件中，涉案地可能位于行政区域的交界处，或者行政区域的划分存在争议，这种情况下，确定具体的管辖机关可能会遇到困难。

"有争议的情形"主要是因为刑事诉讼法对犯罪地的全面规定，导致多地均有管辖权，又无法协商或者能够说服对方造成的管辖权争议情

(接上页)《高法解释》第 18 条：有管辖权的人民法院因案件涉及本院院长需要回避或者其他原因，不宜行使管辖权的，可以请求移送上一级人民法院管辖。上一级人民法院可以管辖，也可以指定与提出请求的人民法院同级的其他人民法院管辖。

第 19 条：两个以上同级人民法院都有管辖权的案件，由最初受理的人民法院审判。必要时，可以移送主要犯罪地的人民法院审判。管辖权发生争议的，应当在审理期限内协商解决；协商不成的，由争议的人民法院分别层报共同的上级人民法院指定管辖。

第 20 条：管辖不明的案件，上级人民法院可以指定下级人民法院审判。有关案件，由犯罪地、被告人居住地以外的人民法院审判更为适宜的，上级人民法院可以指定下级人民法院管辖。

形。又如刑事诉讼法第 26 条规定，若有多个有管辖权的司法机关，由最初受理地的进行管辖，并且在必要时可以移送主要犯罪地司法机关。这一规定旨在确保案件处理的连续性和效率，避免因管辖权的不确定性而造成的司法资源浪费。然而，实践中可能会出现对"主要犯罪地"理解不一的情况。所谓"主要犯罪地"，通常指的是犯罪行为最为集中或犯罪结果最为严重的地区。不同的司法机关可能会基于各自的理解和利益考虑，出现多个机关争夺管辖权或相互推诿的情况，从而影响到案件的顺利进行。为了解决这种管辖权的争议，刑事诉讼法赋予上级司法机关指定管辖的权力。上级机关可以根据案件的具体情况和司法公正的需要，决定将案件移送给其他合适的司法机关进行审判。这种指定管辖的机制，有助于确保案件能够在最有利于查清事实、保障公正审判的地点得到处理。鉴于"管辖不明"容易让人产生"管辖明确就无需指定管辖"的错误认识，建议废去"管辖不明"的说法，而采用包容性更强的"管辖权有争议"的表述。

"特殊情形"是指那些由于案件的特定性质或复杂情况，需要特别考虑的案件。在这些情况下，司法机关拥有一定的自由裁量权，可以根据案件的实际情况采取不同于常规的管辖安排。主要有以下情形：

1. 司法公正、公信的异地管辖：在某些案件中，为了确保司法公正和增强司法公信力，避免地方保护主义或利益冲突对案件审理的影响，可能会采取异地管辖的方式。例如，当案件涉及当地有影响力的个人或集团，或者案件可能受到地方政治、经济因素的影响时，异地管辖可以提供一个更为中立的审判环境。又如某个法院院长与案件有直接利害关系，例如是案件的当事人之一，那么该院长所在的法院就不宜审理此案。因为这种情况下，存在影响审判公正性的风险，可能会损害公众对司法公正的信任。同样，在涉及高级官员的职务犯罪案件中，如果案件在官员任职地审理，可能会受到当地社会关系网和公众舆论的影响，从而影响案件的公正审判。在这些情况下，上级司法机关应当依法指定将案件移送至其他法院管辖，以保证审判的独立性和公正性。

2. 查清事实、便利诉讼的跨区域并案管辖：在跨地域犯罪案件中，基于查清事实、便于诉讼角度考量也会采取指定管辖方式并案管辖，以利于查明事实，提高诉讼效率。比较典型的是针对电信网络诈骗、网络犯罪、涉众型非法集资犯罪等。这类犯罪往往具有跨区域性和隐蔽性，犯罪行为的实施和犯罪结果的发生可能分布在不同的地理位置，涉及多个省份、市、自治区，甚至跨国界。在这种情况下，单一地区的司法机关可能难以全面掌握案件的所有相关信息和证据。通过指定管辖并案管辖，可以将涉及同一犯罪链条或犯罪集团的多个案件集中到一个或几个有能力和资源的司法机关进行统一处理。例如，在网络犯罪案件中，犯罪地的界定可能包括多个与犯罪行为直接或间接相关的地点，如网站服务器的物理位置、网络接入点、网站建立者和管理者的所在地、受害计算机信息系统及其管理者所在的地点、犯罪嫌疑人和被害人使用的计算机信息系统所在地、被害人遭受侵害时的所在地，以及被害人财产损失发生的地方等。这些地点可能分散在不同的行政区域，涉及不同的司法管辖范围。通过指定管辖，上级司法机关可以根据案件的具体情况和司法资源的分布，决定将这些案件集中到一个具有相关专业知识和技术能力的司法机关进行审理。这不仅有助于统一法律适用标准，提高案件处理的效率，还有利于司法机关集中力量，深入挖掘犯罪线索，全面收集和分析证据，从而更有效地查明案件事实，确保司法公正和法律的正确实施。《电信网络诈骗案件意见》明确：对因网络交易、技术支持、资金支付结算等关系形成多层级链条、跨区域的网络犯罪案件，共同上级公安机关可以按照有利于查清犯罪事实、有利于诉讼的原则，指定有关公安机关一并立案侦查，公安机关立案、并案侦查，或因有争议，由共同上级公安机关指定立案侦查的案件，需要提请批准逮捕、移送审查起诉、提起公诉的，由该公安机关所在地的人民检察院、人民法院受理。

3. 案件关联性的指定管辖：当一系列案件之间存在直接的关联，如上下级犯罪关系、共同犯罪关系或者犯罪行为相互牵连的情况，为了便于案件的整体审理和判决，可能会将这些案件指定给同一个司法机关管辖。这样做有助于确保案件处理的连贯性和一致性，避免不同司法机关之间对同一事实的认定出现矛盾。

4. 审判专业化的类案管辖权集中移转：针对某些需要特定法律知识或审判经验的案件，如涉外刑事案件、未成年人犯罪案件、知识产权犯罪案件等，司法机关可能会将这些案件集中到具有相关专业能力的法院进行管辖。这样做有助于提高审判质量和效率，确保法律适用的统一性和专业性。

5. 顺应侦查需要的指定管辖：在某些案件中，为了确保侦查工作的顺利进行，可能需要指定具有特定侦查资源或经验的司法机关来管辖。例如，对于涉及高科技犯罪、毒品犯罪需要特殊侦查手段的案件，可能会指定有相应技术和设备的司法机关来负责。

二、适用指定管辖的原则

从以上情形可以看出，指定管辖主要存在两种情况：一种是针对管辖不明案件的指定管辖；另一种是针对管辖权明确但因存在特殊因素不适宜原具有管辖权法院管辖而移送的指定管辖。指定管辖是法定管辖的例外和补充，过多的指定管辖不符合法的可预测性，势必影响正常诉讼进程，与公正、效率要求相悖。指定管辖是一种特殊的管辖方式，它旨在确保案件能够得到更加公正、高效和便利的处理。为了实现这一目标，指定管辖应当遵循以下基本原则：

（一）必要性原则

指定管辖应当建立在法定理由的基础上，只有在确有必要的情况下才能进行。这意味着，只有在原管辖地区存在利益冲突、办案能力不足或者其他可能影响案件公正审理的情况时，才能考虑指定其他地区管辖。如果指定管辖过于泛滥，将可能导致法定管辖的架空，损害法律的严肃性和权威性。

管辖明确一般不适用指定管辖。对于根据刑事诉讼法能够确定管辖权的案件，原则上不应指定管辖，其他依法能确定管辖的案件，不能随意行使指定管辖，否则是对刑事诉讼法的违反。能够指定管辖的案件，必须严格限定在法律规定的管辖不明情况和存在特殊情形的范围内。

（二）公正性原则

在考虑指定管辖时，应当综合评估可能对办案过程产生的各种影响。这包括办案阻力，如可能存在的地域偏见、证据获取难度等，以及量刑均衡，即指定的管辖地区应当与犯罪地的经济社会发展水平相当，有利于实现量刑的公正和均衡。选择一个有利于案件公正顺利办理的地方管辖，有助于保障当事人的合法权益，维护司法公正。

指定管辖还必须要具有正当理由。这意味着，司法机关在考虑指定管辖时，需要对案件进行全面的评估，包括但不限于案件的特殊性、涉及的利益冲突、当地司法机关的独立性和公正性等。此外，还需要考虑指定管辖是否有助于案件的顺利进行，例如，是否能够更好地收集和审查证据，是否有利于保护当事人的合法权益，以及是否能够提高诉讼效率等。如果案件本身并不存在特殊因素，或者原管辖地的司法机关能够不受干扰地独立公正地审理案件，那么就没有充分的理由进行指定管辖。在这种情况下，随意改变管辖地可能会破坏司法程序的正常进行，损害当事人的诉讼权利，甚至可能引起公众对司法公正性的质疑。

（三）便利性原则

在指定管辖时，还需要充分考虑侦查成本和办案资源等因素。应当尽可能选择一个有利于案件侦查、起诉和审判的地方管辖，同时避免过分增加诉讼资源的负担。这可能涉及办案机关的专业能力、技术水平以及与案件相关的社会资源等因素。通过优化资源配置和降低办案成本，可以提高司法效率，确保案件能够及时、有效地得到处理。

（四）协商性原则

指定管辖必须协商先行。审判阶段的指定管辖是依据刑事诉讼法第27条明确规定的，该条款为上级法院在特定情况下对案件管辖权进行调整提供了法律基础。这种调整通常是为了确保案件能够在最适宜的司法环境中得到公正审理，尤其是在多个法院都有管辖权或者原管辖法院存在影响公正审判的因素时。相对于审判阶段，侦查和起诉阶段的指定管辖则更多依赖于公安部和最高人民检察院的具体规定。这些规定旨在指导公安和检察机关在面对跨区域犯罪、复杂案件或者需要特殊处理的案件时，如何合理有效地确定管辖权。

在司法实践中，侦查和起诉阶段的指定管辖可能会对审判阶段产生影响。有时，前期的指定管辖可能会为后续的审判阶段设定一个预决的框架，这有助于确保案件处理的连贯性和一致性。然而，也存在先期指定管辖可能引起后续环节异议的情况，尤其是在不同司法机关对案件管辖权的理解存在分歧时。为了避免在后续诉讼程序中出现争议，必须在指定管辖前进行充分的协商。这种协商不仅发生在司法系统内部，例如上下级法院之间的沟通，还包括不同司法系统之间的协商，如公安、检察和审判机关之间的协调。通过这种跨系统的协商，可以确保案件处理的各个环节都能够达成共识，从而减少不必要的程序争议，提高司法效率。《程序规定》明确对管辖不明确或者有争议的刑事案件，可以由有关公安机关协商。协商不成的，由共同的上级公安机关指定管辖。

《高检规则》要求对管辖不明确的案件，可以由有关人民检察院协商确定管辖、《高法解释》规定：管辖权发生争议的，应当在审理期限内协商解决；协商不成的，由争议的人民法院分别层报共同的上级人民法院指定管辖。最高人民检察院、公安部《关于公安机关办理经济犯罪案件的若干规定》规定：人民检察院受理公安机关移送审查起诉的经济犯罪案件，认为需要依照刑事诉讼法的规定指定审判管辖的，应当协商同级人民法院办理指定管辖有关事宜。对跨区域性涉众型经济犯罪案件，公安机关指定管辖的，应当事先向同级人民检察院、人民法院通报和协商。

此外，指定管辖需要重视当事人的管辖异议权。指定管辖作为一种特殊的法律机制，其适用可能会改变案件原有的法定管辖安排。这种改变可能会对犯罪嫌疑人、被告人的诉讼权利产生重大影响，因此，法律赋予了当事人对指定管辖提出异议的权利。这一权利的赋予是出于对诉讼参与人诉讼权利保障原则的尊重，确保当事人有机会表达自己的观点，维护自己的合法权益。

在实际操作中，一旦司法机关决定适用指定管辖，必须及时告知犯罪嫌疑人、被告人及其辩护人，保证他们知晓自己的权利，并在法定的时限内提出异议。这种告知不仅是对当事人知情权的尊重，也是确保司法程序透明公正的重要环节。同时，侦查、起诉、审判机关在接到管辖异议后，应当认真审查异议的理由。这种审查应当全面、客观，以确保任何对指定管辖的异议都能得到公正的对待。如果在审查过程中发现当事人提出的异议确实有合理依据，表明指定管辖的决定存在不当之处，司法机关应当及时撤销原有的指定管辖决定，并重新安排案件的管辖。

第二节　指定管辖的滥用与限制

刑事诉讼法中对指定管辖仅作原则性的规定，对具体的操作并未有明确的规定。对于协商规则也未进行具体的规定，因而当出现管辖权冲突时，在不同程序、不同案件中这一规定的实施仍存在漏洞。此外，指定管辖作为管辖制度的例外，主要是为了解决那些具有多层级、跨区域和多个犯罪地的复杂案件，尤其是在处理跨地域网络犯罪时显得尤为重要。这类案件由于其固有的复杂性和分散性，往往涉及多个地区，甚至跨越国界，导致案件呈现多点同时爆发的特点。在这种情况下，不同的公安机关可能会基于各自的地域管辖原则，同时对同一案件进行受理。由于网络犯罪的特殊性，犯罪行为的实施和犯罪结果的发生往往不在同一地点，甚至可能分散在多个服务器、多个网络节点。这使得案件的管辖权划分变得极为复杂。尽管法律规定了地域管辖的原则，但在实际操作中，要确定哪个地区具有优先管辖权，或者哪个地区的公安机关应当主导案件的侦查，往往需要投入大量的时间和精力去查明各地的具体涉案情况。这种做法不仅效率低下，而且可能与诉讼效率原则相违背。此外，即使在理论上可以勉强根据时间先后顺序划分管辖权，但在实际操作中，由于网络犯罪的匿名性和隐蔽性，犯罪关系的脉络往往难以清晰界定，主要犯罪地的确定也变得复杂和模糊。这种情况下，一旦不同地区的公安机关之间出现管辖权的争议，几乎每个地区都能根据指定管辖的标准提出自己的理由。① 故而就实际情况而言，在跨地域案件中，这

---

① 孟杰：《我国网络犯罪侦查管辖优化论》，西南政法大学 2021 年硕士毕业论文。

种模糊的规范几乎已经失去了其有效性。

一、法律条文的抽象与解释的宽泛

《刑事诉讼法》第 27 条首先明确管辖不明的案件，上级法院可以指定管辖，其次指出"上级人民法院可以指定下级人民法院将案件移送其他人民法院审判"，但具体什么情形下指定，并没有明确，这就给司法机关在具体操作中留下了很大的自由裁量空间。《刑事诉讼法》被誉为"小宪法"，由全国人民代表大会制定的，属于基本法律，其他下级法律规范不能与之相抵触，若有抵触的，抵触条款应为无效。因此，一方面对其他依法能确定管辖的案件，不能随意行使指定管辖权，另一方面，对其他可以指定管辖的情形，必须进行限制，否则便是对《刑事诉讼法》这一基本法律规定的违反。

(一)《高法解释》中"更为适宜"的限制

《高法解释》对管辖细化为"管辖不明、管辖争议、管辖不宜"，特别指出"有关案件，由犯罪地、被告人居住地以外的人民法院审判更为适宜的，上级人民法院可以依据"更为适宜"原则指定"适宜"的下级法院管辖。这一规定本身就超越了刑事诉讼法对地域管辖的一般规定，指定犯罪地、被告人居住地以外的人民法院审判，即被指定管辖的人民法院可以是本来就有管辖权的法院，也可以是本来没有管辖权，但是因为更为适宜审理案件而被赋予管辖权的法院。因此为了防止过于随意，甚至泛化，必须将"有关案件"进行限制。

一般而言，"更为适宜"的法院应当具备一些特定的条件，例如：便于取证。被指定的法院所在地可能更接近案件的关键证据，或者更容易接触到证人和相关材料，从而有利于案件事实的查明。便于诉讼参与人。如果案件涉及多个被告人或证人，被指定的法院可能更便于他们出庭，减少诉讼参与人的负担，确保诉讼程序的顺利进行。丰富审判经验。对于一些特殊类型的案件，如网络犯罪，被指定的法院可能拥有更丰富的审判经验和专业知识，能够更有效地处理案件中的复杂法律和技术问题。彰显司法公正。在某些情况下，为了确保案件审判的公正性，可能需要将案件交由一个中立的、没有利益冲突的法院审理。例如，在打击黑恶势力或审理职务犯罪案件时，选择一个没有当地利益纠葛的法院可能更有利于维护司法公正。只有在这些特定条件下，上级法院才能依据"更为适宜"原则指定管辖。指定管辖的权力不是无限制的，必须在确保案件审理的公正性、效率和权威性的基础上谨慎行使。如，广东省人民检察院、广东省高级人民法院联合制定的《关于职务犯罪案件指定管辖的若干规定(试行)》第3条即规定了"地方县处级以上干部或者各级人民法院、检察院、公安、国家安全机关、司法行政机关工作人员涉嫌职务犯罪的案件，由上级人民法院指定管辖"。湖南省人民检察院、湖南省高级人民法院《关于职务犯罪案件指定管辖若干问题的意见》第3条，更是明确规定"副厅级以上人员、县市区党政正职人员、企业事业、开发区等单位属省委管理人员的职务犯罪案件，由湖南省高级人民法院指定嫌疑人任职地、长期工作地、经常居住地、户籍地之外的中级人民法院管辖"。这两份地方性司法法律规定的背后法理，就是"更为适宜"原则。

(二)《高检规则》"需要改变管辖的案件"的限制

《刑事诉讼法》规定的指定管辖主体为人民法院，并未赋予公安机关、检察机关指定管辖的权力，《程序规定》《高检规则》中对于指定管辖条款的规定，本身就缺乏《刑事诉讼法》上的依据，涉嫌"自我授权"。[1]《高检规则》将指定管辖的情形细化为"管辖不明、需要改变管辖、需要集中管辖"等情形，其中"需要改变管辖的案件"极易违法刑事诉讼法中关于级别管辖的规定，例如，某案件由A市公安机关侦查终结，移送至A市人民检察院审查起诉，在审查起诉阶段，A市人民检察院报请省人民检察院，将该案指定A市a区人民检察院管辖，从而改变级别管辖，将案件的诉讼进程、结果控制在本级人民检察院。这种做法表面看符合法律规定，但本质是"违法下放案件管辖权"，明显是对《高检规则》上位法《刑事诉讼法》的违反。

---

① 龙宗智：《刑事诉讼指定管辖制度之完善》，载《法学研究》2012年第4期。

《高法解释》中提出的"更为适宜"原则，虽然在某种程度上对《刑事诉讼法》的管辖规定进行了扩大解释，但其目的是更好地适应司法实践中的复杂情况，确保案件能够在最适合的司法环境中得到审理。这种灵活性在一定程度上是必要的，因为它允许司法机关根据案件的具体情况作出合理的管辖安排，而不是机械地套用一般性规定。然而，《高检规则》中关于"需要改变管辖的案件"的规定，由于缺乏明确的认定标准，可能会在实践中造成一定的困扰。这一规定虽然授权人民检察院在特定情况下提出改变管辖的建议，但它并没有明确指出哪些情况下改变管辖是必要的，也没有规定人民法院必须接受检察院的建议。

在实际操作中，人民法院通常会考虑检察院的建议，并且在很多情况下会采纳这些建议来指定管辖。这种做法虽然体现了司法机关之间的互相合作原则，但也可能引发问题。如果人民法院在没有充分理由的情况下改变管辖，可能会违反级别管辖的原则，这种做法不仅忽视了法律规定的管辖顺序，也可能与《高法解释》中关于指定管辖的明确规定相冲突。

人民法院在对同级人民检察院提请协商指定管辖的案件进行审查时，应严格依据《刑事诉讼法》和《高法解释》的规定，审查是否属于"管辖不明、管辖争议、管辖不宜"的情形需要指定。经审查发现案件并不属于上述情形，人民法院不应仅仅因为检察院的提请而随意指定管辖。《高检规则》是检察机关对刑事诉讼法的细化，它并不直接约束人民法院的审判职能。人民法院的独立性不仅体现在对案件事实的认定和法律适用的独立裁判上，还包括在程序确认方面独立行使权力，如指定管辖等。在指定管辖的问题上，法院应当基于案件的具体情况和法律规定，独立作出判断和决定。这不仅是对法律的尊重，也是对当事人合法权益的保护，有助于提高司法公信力和维护法律的权威。同时，法院在行使指定管辖权时，还要严格遵守《关于建立健全防范刑事冤假错案工作机制的意见》第19条的规定，"不得通过降低案件管辖级别规避上级人民法院的监督"。在行使指定管辖权时，既不得违反级别管辖的规定，还必须考虑指定下级法院管辖是否可能存在降低管辖级别使得案件的审理结果控制在某一地区司法机关手中，导致审判结果丧失公正及缺乏应有的司法监督。

(三) 指定管辖的标准泛化

指定管辖的理由各诉讼程序不同，但指定管辖的标准却没有明确规定，那么管辖设立的立法精神是否依然适用于指定管辖？除《信息网络犯罪案件意见》《电信网络诈骗等意见》要求按照"有利于查清犯罪事实，有利于诉讼的原则"①(即两个有利于原则) 指定侦查管辖外，《刑事诉讼法》等其他规范性文件并未回应这一问题。

跨地域犯罪的行为和影响往往跨越多个地域，这就需要法律在制定时能够提供明确的管辖原则和指导，但立法语言的模糊性虽然在一定程度上有利于适应跨地域犯罪的多变性，但也会进一步增加了指定管辖的恣意性，增加了案件分配的不确定性风险。

在司法实践中，由于缺乏明确的管辖权划分标准，不同地区的公安司法机关可能会对同一犯罪案件主张管辖权，导致管辖权的交叉和重叠。这种情况不仅增加了办案的复杂性，也可能影响到案件的公正处理。管辖权争议可能导致案件处理的延误，甚至出现推诿责任的现象，从而影响对犯罪的有效打击。随后，在确定具体管辖机关时，由于模糊的法律条文缺少具体的法律规范进行约束，其自由裁量权的运用可能带有很强的随意性。这就可能会出现办案机关为了减轻自身的办案压力或者追求其他利益，不仅损害了法律的权威性，也可能侵犯了犯罪嫌疑人或被害人的合法权益。所以这种过于原则性的"有利于"规定并未为指

① 《信息网络犯罪犯罪意见》3. 有多个犯罪地的信息网络犯罪案件，由最初受理的公安机关或者主要犯罪地公安机关立案侦查。有争议的，按照有利于查清犯罪事实、有利于诉讼的原则，协商解决；经协商无法达成一致的，由共同上级公安机关指定有关公安机关立案侦查。需要提请批准逮捕、移送审查起诉、提起公诉的，由立案侦查的公安机关所在地的人民检察院、人民法院受理。

《电信网络诈骗等意见》5. 依法确定案件管辖……(四) 对因网络交易、技术支持、资金支付结算等关系形成多层级链条、跨区域的电信网络诈骗等犯罪案件，可由共同上级公安机关按有利于查清犯罪事实、有利于诉讼的原则，指定有关公安机关立案侦查。

定管辖提供具体的适用标准和条件，最终导致公安机关利用该规定的"过于原则性"漏洞，积极地适用或滥用指定管辖。从某种程度上，理论上本该为机动的指定管辖却在实践中沦为了普遍适用的做法。

分析诉讼便利原则，需要全面考虑多种因素，以确保案件能够顺利进行，同时保障当事人的合法权益。首先，调查取证的便利性是必须考虑的关键因素之一。这包括证据的获取难易程度、证据的类型和分布地点等。如果证据主要集中于某一地区，那么将案件交由该地区的司法机关处理将大大提高调查取证的效率。其次，当事人或者证人出庭的几率及条件也是不可忽视的因素。考虑到证人的可用性和出庭的可行性，选择一个对证人来说交通便利、容易到达的司法机关，有助于确保证人能够顺利出庭作证，从而有利于案件的公正审理。再次，公安司法机关的案件处理水平也是一个重要的考量点。不同地区的专门机关可能在人员配备、办案经验、技术水平等方面存在差异。选择一个具有较高案件处理水平的机关，能够更好地保障案件的质量和效率。最后，证据收集的难度和程序也是需要综合考虑的。一些案件可能涉及复杂的技术问题或者需要特殊的取证程序，这就需要选择具备相应能力的司法机关来处理。在资源成本方面，司法机关在处理案件时需要投入相应的人力、物力和财力。选择一个能够有效利用资源、减少不必要开支的机关，不仅能够降低司法成本，还能够提高资源的使用效率。在确定案件管辖的司法机关时，各机关之间应当进行有效的协商。通过沟通和协调，可以找到一个最符合便利诉讼原则的解决方案，避免不必要的管辖争议，确保案件能够顺利进行。当然，确定管辖的法院时，还必须综合考虑公正的要求。这意味着在追求诉讼便利的同时，不能牺牲案件审理的公正性。确保案件能够得到公正审理是司法工作的首要目标，任何关于管辖的决定都必须以不损害公正为前提。

二、指定管辖的行政化倾向

管辖制度的理论基础在于案前法定法院原则，即立法须事先分配好法院的受案权限，避免案件发生后临时指派法院（法官）引起民众对司法公正的质疑。指定管辖显然是案后确权,是人定法院,而非法定法院。跨地域犯罪中指定管辖出现频次高,没有周详的程序性内容作为载体,指定管辖不可能获得持久的生命力。

(一)指定管辖偏向公安机关的主导性

在刑事诉讼法的框架下,对于审判机关的地域管辖有着明确的规定,这确保了刑事案件能够在适当的地理位置得到公正审理。然而,法律中并未对侦查机关的地域管辖做出具体阐述,这导致了在实际操作中对侦查管辖的理解和应用存在一定的模糊性。普遍的观点认为,公安机关等侦查机关在立案侦查时的地域管辖应当遵循与审判机关相同的标准。这种观点的基础在于,侦查工作是刑事诉讼的重要组成部分,其目的在于为审判阶段提供充足的证据和事实基础。因此,侦查机关的地域管辖应当与审判机关的管辖区域相匹配,以确保案件的连续性和一致性。① 但在互联网背景下的网络犯罪,其无边界性和快速传播性使得犯罪分子能够跨越物理空间,在多个地区实施犯罪行为,隐匿身份行踪,转移财产或犯罪所得,销毁或隐藏关键证据。在这种情况下,犯罪行为地、犯罪结果地、犯罪嫌疑人所在地并不明确,公安机关很难依据审判地域管辖规则来逆推侦查地域管辖。② 所以从诉讼流程来看,侦查和起诉环节是构建审判基础的关键步骤,审判的管辖权往往是基于侦查和公诉阶段的管辖来确定。

《电信网络诈骗案件意见》中规定:公安机关立案、并案侦查,或因有争议,由共同上级公安机关指定立案侦查的案件,需要提请批准逮捕、移送审查起诉、提起公诉的,由该公安机关所在地的人民检察院、人民法院受理。对重大疑难复杂案件和境外案件,公安机关应在指定立案侦查前,向同级人民检察院、人民法院通报。这一规定表明,一般情况下,公安机关内部的指定管辖,决定着后续人民检察院、人民法院的

---

① 林雪标:《我国侦查地域管辖制度的反思与重构》,载《山东大学学报(哲学社会科学版)》2023 年第 2 期。

② 林雪标:《我国侦查地域管辖制度的反思与重构》,载《山东大学学报(哲学社会科学版)》2023 年第 2 期。

地域管辖，如遇重大疑难复杂案件和境外案件，由公安机关通报同级人民检察院、人民法院。"通报"一词决定着公安机关在指定管辖中表现出了高度的主动性，而法、检则被动地接受。然而，这种由公安机关主导的指定管辖机制可能导致司法程序的行政化倾向。

公安机关的侦查管辖与人民检察院的检察管辖、人民法院的审判管辖都不太一样，侦查管辖需要更多地考虑是否有利于侦查工作，是否有利于查清全案。例如，对于跨区域的团伙盗窃汽车案，盗车地、销赃地、犯罪嫌疑人居住地等涉及多个地方，往往以某地公安机关为主立案侦查，其他地方公安机关配合。某地公安机关侦查终结后，移送当地的同级人民检察院审查起诉。此外，公安机关的指定管辖往往对后续的批捕、公诉和审判活动具有预决性影响，一旦指定管辖出现偏差或失误，可能会引发一系列程序性错误，进而影响整个司法程序的正常进行，而法条本身并未对后续的程序问题进行回应。

基于程序合法原则，对于移送审查起诉和提起公诉的案件，如果受理的检察机关、审判机关经审查发现没有管辖权的，应当依法履行指定管辖程序，即指定侦查的效力不能当然延伸到审查起诉阶段和审判阶段。为了确保司法公正和提高司法效率，应当在公安机关、人民检察院和人民法院之间建立更加均衡和透明的管辖协调机制。这包括确保人民检察院和人民法院在案件管辖中的独立性，以及在指定管辖过程中充分发挥司法审查和监督的作用。通过这种方式，可以避免单一行政机关对司法程序的过度影响，确保案件处理既符合法律规定，又能维护当事人的合法权益，促进司法公正的实现。对于跨省、跨境的案件应由公安机关会同同级法院、检察机关共同指定管辖，可以由公安机关制作商请指定管辖函报同级检察机关、法院，同级检察机关法院在收到商请指定管辖函后应及时审查，明确是否同意指定管辖并出具审查意见。

实践中应坚持"法定管辖为原则，指定管辖为例外"，能通过法定管辖确定侦控审机关的，有管辖权机关在没有法律规定的不适宜管辖的情形时，绝不能肆意启动指定管辖程序。启动指定管辖程序应当具备正当理由，只有指定管辖能有效排除不当干预、有利于司法公正时，才能启动指定管辖程序。否则，过于泛滥、没有底线的指定管辖势必架空法定管辖制度，并且，确定指定管辖机关时，要综合考虑办案阻力、办案成本、办案机关的业务能力、诉讼效率等因素，尽量选择不会干扰办案的、与犯罪地经济社会发展水平相当、有利于量刑公正的地区的业务能力强或者具有办理该类型案件丰富经验的办案机关，同时兼顾诉讼便利原则，综合办案成本、办案资源等因素，最终确定指定管辖的办案机关。

（二）指定管辖忽视当事人的诉讼救济权

上级机关做出的指定管辖决定属于行政命令性质的决策事务，并未规定对应的程序性救济措施。其一，法定管辖的确立通常基于明确的法律规定，例如犯罪地、被告人居住地等，而指定管辖的依据则可能更为模糊，因为它涉及上级法院对下级法院的指定，这种指定的依据可能不如法定管辖那样具体和明确。其二，接受指定管辖的法院在获得管辖权的过程中是被动的，它们没有选择权，只能接受上级法院的决定。一旦接到上级法院的指定管辖决定，下级法院通常无法对这一决定的合法性和正当性进行审查。跨地域犯罪涉及多个犯罪地，可能导致多个司法机关均有管辖权。不同主体基于自身利益出发，都会对管辖权有趋利避害的考虑，但要求当事人不论指定是否合适，只能服从指定管辖的决定，而不能提出针对指定管辖错误的异议，因为指定是否合适属于领导决策层面，仅是在法律程序层面就产生救济困难，实际上不只是指定管辖，所有的管辖异议均不能上诉，这必然会对当事人的程序救济权益造成损害，在现实中，往往还有后期被害人参与权受影响的问题，假设一个受害人并不多或金额并不重大的地区，承担了主要的侦查乃至后续的审判，其他区域的被害人的后续权利必然受到影响，也必将损害司法公信力。

即便当事人对指定管辖提出异议，实践中被指定管辖的法院往往以上级法院的决定为最终依据，确认自己拥有管辖权，而不对上级法院的决定进行合法性审查。这种情况下，当事人对指定管辖的救济途径似乎处于一种失灵状态，难以有效维护自己的合法权益。管辖异议与回避申请权作为程序权利，是公正审判权的重要内容。利益无涉其他才能公正司法，而办案单位诸多涉及自身的利益考量，常常不可避免地影响案件的实体处理。

为了解决这一问题，有必要为当事人提供特殊的救济途径。具体来说，指定管辖的，应及时将指定管辖决定书送达当事人，听取其意见，保障当事人的知情权和管辖权异议权，强化外部监督，同时应当允许当事人直接向作出指定管辖决定的法院提出管辖权异议。如果当事人对该院的处理结果不满意，还应当有权向作出指定管辖决定的法院的上级法院申请复议。这样，上级法院可以对下级法院的指定管辖行为进行监督和审查，确保指定管辖的决定是合法和正当的。

（三）指定管辖回避检察院的监督权

针对跨区域网络案件，《电信网络诈骗案件意见》规定了两类特殊案件的指定管辖。一是针对多层级链条、跨区域网络犯罪案件的并案的指定管辖；二是重大网络犯罪案件的指定管辖。这种"直接"指定虽然有利于提高诉讼效率，但在性质上完全属于行政命令，按诉讼法原理，行政权力必须受到制约，才能排除权力的滥用。这种立案管辖主导审判管辖的指定并未受到司法权力的审查，检察机关的监督也形同虚设。

司法实践中，2013 年马来西亚跨国电信诈骗案中大陆犯罪嫌疑人，分别来自福建、广西、广东、湖北等地，公安部指定北京警方管辖。2015 年 9·28、12·22 特大网络电信诈骗案分别指定广东警方、云南警方立案侦查。这突破了以犯罪地为主，以犯罪嫌疑人居住地为辅的原则，甚至与网络犯罪涉罪地点均无交叉。与任何犯罪地、居住地均无牵连的管辖地，虽然保证了公正，但容易失去程序制约，特别是异地公安机关一旦起诉到管辖所在地检察院，按照《高检规则》和《高法解释》检察院、法院仍然需要异地指定审查起诉和审判。《人民检察院办理网络犯罪案件规定》第 5 条第 3 款也赋予了人民检察院在出现跨区域犯罪、共同犯罪、关联犯罪等管辖争议时的指定管辖权。当地方人民检察院之间无法通过协商解决管辖争议时，可以上报至共同的上级人民检察院请求指定管辖。这可能导致在案件的侦查阶段和审查起诉阶段出现不同的指定管辖结果，从而引发侦查管辖和起诉管辖的冲突，这种冲突最直接的表现就是程序倒流现象的出现。当侦查机关在案件侦查过程中发现管辖不当，不得不将案件移送给其他有管辖权的机关时，不仅浪费了已经投入的诉讼资源，还可能导致案件处理时间的延长，甚至可能因移送过程中的疏忽而损坏或丢失关键证据，对案件的公正审理造成严重影响。

《刑事诉讼法》第8条明确规定人民检察院依法对刑事诉讼实行法律监督，但是在指定管辖的机制下，检察机关明显存在监督意识不足的问题。其一，检察监督往往难以与公安机关的侦查活动同步进行，导致监督活动多数情况下是事后的。这种情况下，检察监督的作用受到了极大的限制，无法在侦查过程中及时发现和纠正问题，从而影响了监督效果。为了增强监督的实效性，需要探索建立更为实时的监督机制，使检察机关能够在侦查活动的早期阶段就介入，提供必要的法律指导和监督。其二，现行的检察监督普遍缺乏必要的刚性。尽管检察机关有权对网络犯罪的立案管辖活动进行监督，但这种监督往往只停留在形式上，缺乏足够的制约力。管辖是刑事诉讼活动的开端，检察机关当然可以依法监督，将可能存在争议的管辖权问题解决在前端。具体而言，检察机关应当主动参与侦查管辖争议的解决过程，加强事前监督。发生管辖争议时，检察机关应当要求公安机关在作出最终指定管辖结果或者并案管辖结果之前及时将有关情况通报同级的人民检察院。其三，检察机关在监督网络犯罪立案活动时，关注点往往未能集中在管辖问题上。检察机关更多地关注已经产生明显后果的问题，如侦查过程中的违法行为，而对那些尚未显现出违法后果的"看不见"的问题，如网络犯罪的立案管辖问题，关注较少。尽管侦查机关对管辖地的选择和确定在表面上符合法律规定，但实际上可能存在更合适的管辖方案。不适当的管辖地选择可能会导致不利的司法后果，影响案件的公正审理。因此，人民检察院认为公安机关的管辖决定有问题的，应当及时以书面形式提出，要求作出决定的公安机关说明理由，认为理由不成立的，应当发出检察建议或者纠正违法通知书，要求该公安机关修改决定。

综上，指定管辖作为一种特殊的司法制度安排，在处理跨地域犯罪案件中发挥着重要作用。然而，这一机制在实践中也暴露出一些程序性缺陷，尤其是在避开检察机关的法律监督和造成审判机关被动接受方面。指定管辖的决定通常由上级公安机关作出，而检察机关和审判机关在这一过程中缺乏参与权。这种安排可能导致检察机关的监督职能被削弱，因为它们无法对指定管辖的决策过程进行有效的法律监督。同时，审判机关也因此处于被动地位，必须接受由公安机关指定的管辖安排，即便这一安排可能并非最合理的选择。同时指定管辖的后续效果直接涉及检察机关和审判机关，它们必须承担起审查起诉和审判的职责。这种被动接受的局面可能会影响案件的公正审理，因为检察机关和审判机关可能没有足够的时间和资源来适应由指定管辖带来的变化。

鉴于这些问题，指定管辖应当被视为一种在特殊情况下使用的机动机制，而不是广泛应用于所有情况。为了改进现有的管辖制度，我国应当在保持以审判为中心的管辖模式的基础上，加强检察机关对侦查环节指定管辖的监督作用。同时，法院应当保留审查侦查指定管辖是否适当的权限，并维持其对管辖的最终决定权。此外，应当对指定管辖的程序进行重新设计，确保从启动到完结的整个过程围绕参与主体、议事机制、案卷流转等进行合理规划。明确规定指定管辖前的程序与证据的效力，确保指定管辖决定书中包含充分的说理，并在决定作出后及时送达相关机关和当事人。通过这些措施，可以提高指定管辖的透明度和公正性，确保所有相关方的权益得到充分保护，同时维护司法程序的正当性和法律的权威。

第三节　实务案例参考

在我国刑事诉讼法中，对于审判指定管辖的规定较为简略，仅有一个条文进行规定，而对于侦查、起诉阶段的指定管辖则未作明确说明。这种立法上的疏漏导致了在司法实践中对于指定管辖的理解和操作存在一定的随意性和不确定性。同时，司法解释虽然对指定管辖提出了一些具体的理由和操作流程，但这些规定并不成体系，缺乏协调性，且在内容上也不够明确和细致。这在一定程度上导致了司法实务中指定管辖案件的泛滥，基点不明确，操作失范，监督机制不健全，以及并案管辖适用错误等问题的出现。

一、违法指定管辖导致程序无效

当法律没有为某一违法行为设定相应的制裁机制时，人们可能会因为缺乏对法律后果的担忧而轻易违反它。这种心理状态在指定管辖的问题上同样适用。如果法律对于违法指定管辖的行为没有明确的处罚规定，那么这种行为就可能变得无法无天，难以得到有效遏制。

为了治理指定管辖的乱象，法律应当设立明确的处罚后果。一旦某个指定管辖被认定为违法，首先应对该案件在侦查、审查起诉、审判阶段的所有刑事追诉行为进行无效化处理。这意味着，参与案件的侦查人员和承办人员由于不具备相应的资格，他们所制作的讯问笔录、询问笔录等笔录类证据材料将被视为非法证据并予以排除。然而，对于物证、书证等客观性证据，如果在审查后确定其内容真实可靠，可以视为取证程序存在瑕疵的证据，在满足一定条件下予以附条件采纳。此外，如果管辖权异议得到审判机关的支持，那么在立案审查阶段，案件应当被退回检察院重新审查。在审判阶段，除了退回检察院外，所有已经进行过的审理行为也应当宣布无效。这样的处理方式不仅能够纠正违法指定管辖的行为，还能够为未来的案件审理树立正确的司法导向，强化法律的权威性和严肃性。

[案例参考]

蓝海诈骗案

刑事审判参考第 6 号

（一）基本案情

被告人：蓝某，男，37 岁，原系四川省绵阳市金属材料物业公司经理。因涉嫌诈骗罪，于 1996 年 2 月 9 日被逮捕。

1996 年 11 月 25 日，湖南省长沙市人民检察院以被告人蓝某构成诈骗罪，向湖南省长沙市中级人民法院提起公诉。

湖南省长沙市人民检察院起诉书指控：1995 年 7 月，湖南省轻工业物品进出口公司 A 公司（以下简称国龙公司）与外商签订出口硅铁 660 吨的合同。在组织货源时，A 公司向本省娄底地区对外经济贸易冶金化工公司（以下简称娄底冶化公司）求购硅铁。娄底冶化公司经他人介绍与四川省绵阳市金属材料物业公司（以下简称四川物业公司）经理蓝某取得了联系。蓝某谎称其公司有 360 吨硅铁的现货可供应，娄底冶化公司要求蓝某将货物商检证传真到娄底。收到商检证传真后，娄底冶化公司发现不是蓝某所在公司的货物商检，而是绵阳市外贸五金机械化工公司出售报验的，即对蓝某提出质询。被告人蓝某又谎称，该商检货物是在绵阳市外贸五金机械化工公司报验后自己购买的，并称来款就可提货。据此，娄底冶化公司于同年 8 月 2 日用传真方式与蓝某所在公司签订了 360 吨硅铁的购销合同，约定每吨单价 5100 元，交货地点为上海何家湾火车站。同年 8 月 9 日，A 公司业务员程某携货款 137.7 万元与娄底冶化公司业务员周某一起到四川省绵阳市，找到被告人蓝某要求看货。蓝某将程、周带至绵阳市金江公司等三家公司存放硅铁的绵阳市外贸综合仓库进行所谓的看货，谎称所看货物是他公司的，从而骗取程、周的信任。当天，娄底冶化公司周某见蓝某有货，就代表本公司与蓝某的四川物业公司签订了 660 吨硅铁的购销合同（该合同娄底冶化公司未盖章）。被告人蓝某为进一步骗取程、周的信任，向二人出示了其伪造的"四川绵阳五矿公司收蓝某预付款 100万元"的收款收据，同时将其办理的两个车皮的铁路运输计划伪造成六个车皮。在蓝某的种种手段欺骗下，程、周两人信以为真，分别于同年 8 月 9 日、8 月 18 日、8 月 22 日将货款共计 137.7 万元汇到被告人蓝某公司的账上。蓝某收到货款后，以每吨 5150 元价格从别处购买硅铁 60 吨装一个车皮交 A 公司，用款 30.6 万元，其余货款 107.1 万元被蓝某用于还债和挥霍。

湖南省长沙市中级人民法院经审查认为，被告人蓝某以非法占有为目的，虚构事实、隐瞒真相，利用经济合同骗取他人财物，其行为已构成诈骗罪。

（二）裁判结果

该案被告人蓝某的犯罪地、住所地均在四川绵阳，即不存在刑事诉讼法管辖不明或者需要移送管辖的情况，即不存在需要指定湖南省长沙市中级人民法院管辖的情由，湖南法院对此案无管辖权。最高人民法院于 1997 年 10 月 17 日就此案批复湖南省高级人民法院，湖南法院对此案无管辖权，应由长沙市中级人民法院将案件退回检察机关，由他们按法律规定将此案移送有管辖权的司法机关审理。

（三）裁判理由

本案被告人蓝某的居住地和犯罪地均在四川绵阳，但与蓝某所在公司直接发生关系的是湖南娄底冶化公司。360 吨硅铁购销合同是以传真方式签订的，蓝某所在公司先签，娄底冶化公司后签，合同最后签订地在湖南娄底，而合同交货地又在上海何家湾火车站。本案有管辖权的法院应如何依法确定？

关于刑事案件的审判管辖，刑事诉讼法第二十四条①明确规定："刑事案件由犯罪地的人民法院管辖，如果由被告人居住地的人民法院审判更为适宜的，可以由被告人居住地的人民法院管辖。"1998 年《高法解释》第二条对"犯罪地"作了明确规定，即："犯罪地是指犯罪行为发生地。以非法占有为目的的财产犯罪，犯罪地包括犯罪行为发生地和犯罪分子实际取得财产的犯罪结果发生地"。被告人蓝某为了非法占有他人财物所实施的诈骗行为全部在四川省绵阳市，案件中以传真方式订立的经济合同，虽然接收传真的一方在湖南，但犯罪分子本人未在湖南实施犯罪，取得骗款也未在湖

---

① 案发时适用 1996 年修正的《刑事诉讼法》和 1998 年颁布的最高人民法院《关于执行〈中华人民共和国刑事诉讼法〉若干问题的解释》。

南，而是由湖南将款汇至蓝某的公司所在地。由此不能仅以本案被骗单位在湖南，即认为案件的犯罪地涉及湖南。被告人蓝某的犯罪地在四川省绵阳市，其居住地也在绵阳市，因此，根据上述法律和司法解释，本案应由四川省绵阳市的法院管辖。

在处理本案时，有一种意见认为，考虑到被骗单位是湖南 A 公司，最初受理该案并进行侦查、起诉工作的司法机关又均在湖南省长沙市，为了便利诉讼、打击犯罪，有利于挽回受害单位的损失，请最高人民法院考虑指定此案由湖南省长沙市中级人民法院管辖。

因此，此案由湖南省长沙市中级人民法院请示湖南省高级人民法院，湖南省高级人民法院向最高人民法院请示。

最高人民法院审理本案认为，该案被告人蓝某的犯罪地、住所地均在四川绵阳，即不存在刑事诉讼法第二十六条规定的管辖不明或者需要移送管辖的情况，即不存在需要指定湖南省长沙市中级人民法院管辖的情由，湖南法院对此案无管辖权。

刑事诉讼法关于以犯罪地和被告人居住地确定审判管辖的规定，主要目的就是便于司法机关及时地查明案件事实，有效地打击犯罪。根据刑事诉讼法第二十六条的规定，指定管辖只适用于两种案件：

第一种是管辖不明的案件，即由于特殊情形所致，难以确认应由何地人民法院管辖的案件。对这种案件，需要上级人民法院指定下级人民法院管辖。

第二种是根据案件的具体情由，需要指定移送管辖的案件。所谓"具体情由"，主要是指可能影响案件公正审判等特殊情况。例如，某一法院院长为刑事案件的当事人的，如果案件由该院审判，就可能妨碍作出公正裁决，因此，对该案应指定移送其他法院管辖。蓝海诈骗案既不属于管辖不明的案件，亦不属于需要指定移送管辖的案件，只应由四川省有关法院审判。

最高人民法院于 1997 年 10 月 17 日就此案批复湖南省高级人

民法院，湖南法院对此案无管辖权，应由长沙市中级人民法院将案件退回检察机关，由他们按法律规定将此案移送有管辖权的司法机关审理。

湖南省高级人民法院已按照最高人民法院的批复，通知长沙市中级人民法院将案件退回检察机关，由其移送有管辖权的司法机关审理。

二、指定管辖中的"二次指定"

指定管辖是司法实践中处理管辖问题的一种特殊机制，它旨在解决因管辖不明或管辖争议而无法正常确定管辖权的案件，以及那些情况特殊需要特别处理的案件。作为一种地域管辖的补充，指定管辖必须遵循地域管辖的基本原则，确保管辖权的确定既合理又符合法律规定。

在进行指定管辖时，上级机关必须在自己的管辖区域内进行指定，这是地域管辖原则的基本要求。这意味着上级机关不能超越自己的管辖范围去指定下级机关的管辖权，以保证管辖权的确定有序且符合法律框架。此外，指定管辖也不能违反级别管辖的规定，上级机关不能随意改变案件的审理级别，以确保司法审判的层级性和专业性得到维护。在符合法定情形的前提下，指定管辖可以进行"二次指定"。这种机制允许上级机关在第一次指定管辖的基础上，根据案件的具体情况和司法资源的分布，进一步细化管辖安排。这种"二次指定"可以在级别上进行，例如从省级到市级，再到县级的逐级指定；也可以在地域上进行，如省级机关指定给某个市级机关，然后该市级机关根据自身情况再指定给另一个市级机关。这种机制的灵活性有助于确保案件能够在最适合审理的司法机关中得到公正和有效的处理。

"二次指定"机制的引入，不仅提高了管辖权确定的灵活性和适应性，还能够根据案件的特点和司法实践的需要，优化司法资源的配置。通过这种机制，可以确保案件得到更为专业和精细的审理，同时也有助

121

于提高司法效率，避免因管辖问题导致的案件延误。

[案例参考]

李铭受贿案

[中国裁判文书网] (2017) 吉 24 刑初 25 号

（一）基本案情

2009 年，被告人李某受冯某某请托，利用自己担任长春高新区建委市政公司设施管理处高级工程师的职务之便，在冯某某承揽超达创业园电力改造一标段工程过程中提供帮助。2011 年 11 月，冯某某为表示感谢，在被告人李某的单位附近给予李某人民币 20 万元。

2011 年至 2014 年期间，被告人李某利用自己担任长春高新区建委高级工程师、长德新区建设局副局长的职务之便，在冯某某承揽高新技术产业化基地产业园供电工程过程中提供帮助。于 2013 年 2、3 月份、2014 年 3、4 月份、2014 年下半年，被告人李某在开元名都酒店的工商银行门口停车场、吉粮康郡小区、自己单位附近，收受冯某某给予的人民币 50 万元、100 万元、30 万元（共计 180 万元）。

2017 年 1 月 9 日，被告人李某在海南向敦化市人民检察院主动投案，并如实供述自己收受冯某某 200 万元的犯罪事实。

2017 年 3 月 9 日、4 月 17 日，敦化市人民检察院决定对被告人李某涉嫌受贿案共计人民币 200 万元予以扣押。

吉林省延边朝鲜族自治州人民检察院以延州检刑诉 [2017] 18 号起诉书指控被告人李某犯受贿罪，于 2017 年 8 月 23 日向吉林省延边朝鲜族自治州中级人民法院提起公诉。吉林省延边朝鲜族自治州中级人民法院遵照吉林省高级人民法院指定管辖决定于 2017 年 9 月 18 日立案受理，并依法组成合议庭于同年 10 月 12 日公开开庭进行了审理。

（二）裁判结果

被告人李某身为国家工作人员，利用职务便利，为他人谋取利益，非法收受他人财物，数额巨大，其行为触犯了《中华人民共和国刑法》第三百八十五条之规定，已构成受贿罪，依法应予惩处。公诉机关指控李某犯受贿罪的事实清楚，证据确实充分，指控的罪名成立。李铭具有自首情节，案发后退回全部赃款，有悔罪表现，可以对其从轻处罚。根据李铭犯罪的性质、情节及对于社会的危害程度，依照《中华人民共和国刑法》第九十三条、第三百八十五条第一款、第三百八十六条、第三百八十三条第一款第（二）项、第六十七条第一款、第六十一条、第五十三条、第六十四条及《中华人民共和国刑事诉讼法》第七十四条之规定，判决如下：

1. 被告人李某犯受贿罪，判处有期徒刑四年，并处罚金人民币二十万元。

（刑期从判决执行之日起计算，判决执行以前先行羁押的，羁押一日折抵刑期一日；指定居所监视居住的，监视居住二日折抵刑期一日，即自 2017 年 1 月 20 日起至 2021 年 1 月 14 日止。罚金于本判决生效后十日内缴纳。）

2. 扣押在案的李某犯罪所得人民币 200 万元，予以没收，上缴国库。

（三）裁判理由

本案经庭审举证、质证的证据在案证明，通过吉林省人民检察院指定管辖决定书、吉林省人民检察院再次指定管辖的批复、延边州检察院指定管辖决定书、吉林省人民检察院指定管辖的通知证实：2016 年 12 月 26 日，本案由吉林省人民检察院指定延边州人民检察院管辖后，再指定敦化市人民检察院管辖。2017 年 4 月 26 日，吉林省人民检察院将该案指定管辖至延边州检察院刑事检察部。

指定管辖实务中一般针对两种情形，一是管辖不明或管辖争议的案件经协商不成呈请上级机关指定，二是情况特殊的案件由上级机关直接指定下级机关管辖。指定管辖作为地域管辖的一部分，上级机关在进行指定时必须遵守地域管辖的基本原则。这意味着上级机关只能在自己的管辖区域内进行指定，不能超越自己的管辖范围。同时，指定管辖也不能违反级别管辖的规定，即上级机关不能随意改变案件的审理级别。在符合法定情形的前提下，指定管辖可以进行"二次指定"。这包括从省级到市级，再到县级的级别上的"级别二次指定"，也包括省级机关指定给 A 市级机关，然后 A 市级机关再指定给 B 市级机关的"地域二次指定"。这种"二次指定"的机制有助于进一步细化和优化案件的管辖安排，确保案件能够在最适合审理的司法机关中得到公正和有效的处理。

第六章　并案管辖的相关规范评析

并案管辖是刑事诉讼中的一种特殊管辖形式，它允许将原本属于不同管辖机关的多个案件合并，由同一个司法机关统一处理。这种做法在本质上是对传统管辖权划分的一种合并，旨在提高司法效率，确保案件处理的连贯性和一致性。

并案管辖的出现，是对法定管辖制度的一种变通和突破。在并案管辖的情况下，管辖机关可以不受地域管辖和级别管辖的一般性规定的限制，对多个案件进行程序上的合并处理。这种"绑定"效果使得司法机关能够更加集中地收集证据、审理案件，从而更加高效地查明案件事实，作出公正的判决。

刑事诉讼法虽然并未对并案管辖制度作出详细的规定，并案处理的依据主要为各办案机关的司法解释或文件。为了满足办案实践的需要，最早涉及并案管辖的是 1984 年最高人民法院、最高人民检察院和公安部共同印发的《关于当前办理集团犯罪案件中具体应用法律的若干问题的解答》，该解答对集团犯罪中一人犯多罪的案件如何并案管辖作出了规定。2012 年《六部委规定》第 3 条对此进行了明确。根据这一规定，具有以下情形之一的案件，可以进行并案处理：(一)一人犯数罪的；(二)共同犯罪的；(三)共同犯罪的犯罪嫌疑人、被告人还实施其他犯罪的；(四)多个犯罪嫌疑人、被告人实施的犯罪存在关联，并案处理有利于查明案件事实的。此后，最高人民法院《高法解释》、最高人民检察院《高检规则》、公安部《程序规定》，又分别就并案管辖的某些具体问题如级别管辖等作出了更具可操作性的规定。通过并案管辖，司法机关能够更加有效地整合资源，统一法律适用标准，避免不同机关对相似案件作出不一致的判决，从而维护法律的统一性和权威性。

第一节　并案管辖的一般规定

并案管辖，对于法院、检察院、公安机关而言，具有不同的意义：对于公安机关而言，并案管辖提供了一种有效的手段，使得原本分属不同公安机关管辖的案件能够被统一合并处理。这不仅有助于整合侦查资源，提高侦查效率，还能够确保对相关联案件的统一侦查方向和标准，从而更加深入地挖掘犯罪线索，全面收集和分析证据。对于检察院而言，并案管辖使得检察院能够在职责范围内对公安机关移送的多个案件进行并案起诉，对多个职务犯罪案件进行合并立案、侦查和起诉。这种做法有助于简化诉讼程序，减少重复工作，确保案件处理的连贯性和一致性。对于法院而言，并案管辖允许法院对原本属于不同法院管辖的案件进行合并审判。这不仅有助于提高审判效率，还能够确保对案件事实的统一认定和法律适用的一致性。此外，《高法解释》第324条明确规定："被告人实施两个以上犯罪行为，分别属于公诉案件和自诉案件，人民法院可以一并审理。"这也有助于全面评估被告人的犯罪行为，作出公正的判决。

一、适用并案管辖的法定情形

根据《六部委规定》，法院、检察院、公安机关只能在其"职责范围内"对关联案件进行并案处理。所谓"职责范围"，根据《刑事诉讼法》第3条规定："对刑事案件的侦查、拘留、执行逮捕、预审，由公安机关负责。检察、批准逮捕、检察机关直接受理的案件的侦查、提起公诉，由人民检察院负责。审判由人民法院负责。除法律特别规定的以外，其他任何机关、团体和个人都无权行使这些权力。"据此，并案管辖，只能在公、检、法三机关上述法定职权范围内进行，并案管辖的结果不能超越刑事诉讼法对公、检、法机关的法定授权范围。

（一）并案管辖的法条梳理

公安机关、人民检察院在《六部委规定》范围内对并案侦查、起诉直接作了明确规定。《程序规定》第21条规定：几个公安机关都有权管辖的刑事案件，由最初受理的公安机关管辖。必要时，可以由主要犯罪地的公安机关管辖。具有下列情形之一的，公安机关可以在职责范围内并案侦查：（1）一人犯数罪的；（2）共同犯罪的；（3）共同犯罪的犯罪嫌疑人还实施其他犯罪的；（4）多个犯罪嫌疑人实施的犯罪存在关联，并案处理有利于查明犯罪事实的。《高检规则》第18条第2款规定：对于一人犯数罪、共同犯罪、共同犯罪的犯罪嫌疑人还实施其他犯罪、多个犯罪嫌疑人实施的犯罪存在关联，并案处理有利于查明案件事实和诉讼进行的，人民检察院可以在职责范围内对相关犯罪案件并案处理。

因为审判程序的复杂性，《高法解释》除了对《六部委规定》的并案范围作了回应之外，还结合法院审判实践进行细化。例如，并案管辖遇到轻罪与重罪的处理，《高法解释》第15条规定：一人犯数罪、共同犯罪或者其他需要并案审理的案件，其中一人或者一罪属于上级人民法院管辖的，全案由上级人民法院管辖。这里涉及对部分犯罪嫌疑人可能要突破级别管辖的限制提级审判。第　审程序中如果被告人实施两个以上犯罪行为，分别属于公诉案件和自诉案件的，人民法院也可以分别适用公诉程序和自诉程序一并审理。① 第二审程序遇到需要并案管辖的，《高法解释》第25条规定：第二审人民法院在审理过程中，发现被告人还有其他犯罪没有判决的，参照前条规定处理。第二审人民法院决定并案审理的，应当发回第一审人民法院，由第一审人民法院作出处理。②

---

① 《高法解释》第324条：被告人实施两个以上犯罪行为，分别属于公诉案件和自诉案件，人民法院可以一并审理。对自诉部分的审理，适用本章的规定。

② 《高法解释》第404条第2款：有多名被告人的案件，部分被告人的犯罪事实不清、证据不足或者有新的犯罪事实需要追诉，且有关犯罪与其他同案被告人没有关联的，第二审人民法院根据案件情况，可以对该部分被告人分案处理，将该部分被告人发回原审人民法院重新审判。原审人民法院重新作出判决后，被告人上诉或者人民检察院抗诉，其他被告人的案件尚未作出第二审判决、裁定的，第二审人民法院可以并案审理。

并案管辖如果遇到诉讼效率问题，为了防止审判过分迟延，法条采用"可以"来切合审判实际。①

在处理跨地域犯罪案件时，法院面临的挑战包括被告人人数众多、案情错综复杂，这些特点使得案件的审理变得更加困难，所以《高法解释》综合考虑案件的特点、证据的关联性、被告人之间的关系以及审判资源的分配等因素对分案和并案分别进行了规定。对于共同犯罪或者关联犯罪案件，如果法院认为合并审理能够更有效地查明案件事实、保障诉讼权利，并准确定罪量刑，法院可以选择并案审理。并案审理有助于避免不同案件之间的矛盾判决，确保法律适用的一致性。此外，合并审理还可以减少重复的诉讼程序，提高司法效率，同时为当事人提供一个统一的审理平台，有助于全面评估所有被告人的犯罪行为和责任。但是为了确保庭审的质量和效率，法院在审查案件时，如果认为分案审理能够更好地保障这些目标，也可以选择分案审理。这样能更好集中精力和资源，针对每个案件的特定情况，进行更为细致和深入的审理。这种方法有助于提高审判的针对性和准确性，同时也能够确保当事人的质证权和其他诉讼权利得到充分行使。②

此外，并案管辖也不能突破专门管辖制度的规定。③ 例如，现役军

---

① 《高法解释》第 24 条：人民法院发现被告人还有其他犯罪被起诉的，可以并案审理；涉及同种犯罪的，一般应当并案审理。人民法院发现被告人还有其他犯罪被审查起诉、立案侦查、立案调查的，可以参照前款规定协商人民检察院、公安机关、监察机关并案处理，但可能造成审判过分迟延的除外。根据前两款规定并案处理的案件，由最初受理地的人民法院审判。必要时，可以由主要犯罪地的人民法院审判。

② 《高法解释》第 220 条：对一案起诉的共同犯罪或者关联犯罪案件，被告人人数众多、案情复杂，人民法院经审查认为，分案审理更有利于保障庭审质量和效率的，可以分案审理。分案审理不得影响当事人质证等诉讼权利的行使。对分案起诉的共同犯罪或者关联犯罪案件，人民法院经审查认为，合并审理更有利于查明案件事实、保障诉讼权利、准确定罪量刑的，可以并案审理。

③ 《程序规定》第 31 条：公安机关和军队互涉刑事案件的管辖分工按照有关规定办理。公安机关和武装警察部队互涉刑事案件的管辖分工依照公安机关和军队互涉刑事案件的管辖分工的原则办理。

人和非军人共同犯罪的，地方公安司法机关不能并案管辖，原则上应分别管辖，即现役军人由军队保卫部门立案、侦查，并由军事法院审判，非军人则由地方公安机关立案、侦查，并由地方法院或其他专门法院审判。

(二)法律用语的解释

1. 如何理解关联犯罪

"一人犯数罪"指的是一个人在同一时间内或连续时间内犯下了多个独立的犯罪行为。这种情况下，即使这些犯罪行为在法律上被视为独立的罪行，但如果它们是由同一人所为，法院在审判时可以将这些罪行合并审理。这与实质的一罪(同一行为触犯多个罪名)、法定的一罪(法律明文规定将多个行为视为一个罪名处理)和处断的一罪(司法实践中将多个行为作为一个罪名处理)是不同的。

"共同犯罪"则涉及两人或两人以上共同参与同一犯罪行为的情况。这包括数人共犯一罪(多人共同完成同一犯罪行为)和数人共犯数罪(多人共同参与多个犯罪行为)。在共同犯罪中，即使某些参与者只涉及部分犯罪行为，他们也可能因共犯关系而被追究全部犯罪行为的责任。

"共同犯罪的犯罪嫌疑人、被告人还实施其他犯罪的"情况，指的是在共同犯罪的过程中，某些参与者除了参与共同犯罪外，还单独实施了其他犯罪。例如，一个人在参与共同盗窃案的同时，还单独实施了诈骗罪。这种情况下，法院可能会选择将这些案件并案审理，以便更全面地审查犯罪嫌疑人的犯罪行为。

"多个犯罪嫌疑人、被告人实施的犯罪存在关联，并案处理有利于查明案件事实的"情形，被称为"诉讼法上的共犯"。这是指在程序法上，虽然某些犯罪行为可能不符合刑法上的共犯概念，但由于它们之间存在密切联系，合并审理有助于案件事实的查明。实务中，这种情况通常包括三种情形：(1)上游犯罪与下游犯罪的关联，如贪污罪与洗钱罪、盗窃罪与掩饰隐瞒犯罪所得罪之间的联系。(2)本罪及其派生犯罪的关联，如抢劫罪与窝藏、包庇罪等。(3)连环共同犯罪关联，即犯罪团伙中的成员之间形成一种链条式的犯罪关系，如甲某与乙某共犯一罪，乙某又与丙某共犯另一罪，尽管甲某与丙某之间没有直接的共同犯罪行为，但他们的犯罪活动相互关联，形成了一种类似连环的结构。

2. 如何理解"可以"

根据《六部委规定》《程序规定》《高检规则》《高法解释》，对于关联案件，公、检、法机关"可以"并案处理。一般来说，理解"可以"，意味着对于关联案件并非一律必须并案处理，只有能够并案处理的关联案件才作并案处理。例如，如果一个人在同一时间段内犯了盗窃、抢劫和诈骗三项罪行，且这些罪行都处于侦查阶段，公安机关可以对这些罪行进行并案处理。这样做有助于统一侦查方向，节省司法资源，并确保证据的一致性和完整性。然而，如果盗窃和抢劫罪行已经进入审判阶段，而公安机关在此时发现被告人还涉嫌诈骗罪，由于该罪行与其他两罪行不处于同一诉讼阶段，公安机关就不能直接对三罪进行并案处理。在这种情况下，公安机关需要对新发现的诈骗罪行另行立案侦查。侦查完成后，检察院可以根据新收集的证据对被告人进行追加起诉或补充起诉。之后，法院在审判阶段可以将这些案件合并审理。这样做的目的是确保每个罪行都能得到充分的审查，同时避免因为诉讼阶段的差异而导致的审判迟延。因为有些案件强行要求并案处理，可能导致审理时间过长，判前羁押时间人为加长，反而对被告人不利。

从法理上讲，"可以"一词在公法上表示法律对公权力机关授权时，原则上不能轻易地将其解释为裁量权，因为对于公权力机关而言，法律的授权既是职权也是职责，而职责是不能任意放弃的。例如，《刑事诉讼法》第196条规定："法庭审理过程中，合议庭对证据有疑问的，可以宣布休庭，对证据进行调查核实。"该条确立了法官依职权调查取证原则，但该条中的"可以"一词，并不表示调查取证是法官的一项裁量权，并不意味着法官"可以不"依职权调查取证，而是说在法庭审理过程中，合议庭对证据有疑问的，法官有权力也有职责调查取证。同理，此处的"可以"一词，也应当解释为并案处理是公、检、法机关的一项职权和职责，原则上只要案件符合并案处理的条件，公、检、法机关就应当作出并案处理的决定，而不能随意放弃。那为什么不写"应当"，而表述为"可以"呢？因为司法实践中，并案审理不仅涉及人民法院，还涉及人民检察院。如果前后两案是起诉至同一人民法院的，并案处理相对容易操作；如果起诉至不同法院，特别是不同省份的法院的，并案处理就涉及两地法院、两地检察院的工作衔接和配合，具体操作程序繁杂、费时费力、十分困难。所以并案处理并不是法定的自由裁量权，只是考虑到司法实践中，程序的繁杂可能会导致诉讼拖延，例如证人举证，或者被害人参与诉讼等因素，因此使用了"可以"这一术语，但是只要能并案的，应尽量并案处理。

这里还有必要对《高法解释》第 24 条进一步说明。第 24 条明确规定："人民法院发现被告人还有其他犯罪被起诉的，可以并案审理；涉及同种犯罪的，一般应当并案审理。"如果将"可以"作原则理解，那"一般应当"应作何解释呢？既然在同一条文中出现了两个不同的法律用语，那就说明适用情境是不同的，即若被告人实施多起犯罪行为，且犯罪属于同种犯罪的，原则上是应当并案的，因为分案处理可能导致对被告人刑罚裁量是不利的。那为什么又要表述为"一般应当"呢？因为有些案件，确实无法与原提起公诉的人民检察院、拟并案审理的人民法院对应的人民检察院以及上级人民检察院协商一致的，只能分案处理，在刑罚裁量时酌情考虑。故而，本条使用的表述是"一般应当"而非"应当"。对于分案处理对被告人的刑罚裁量无实质不利影响（如一罪被判处死刑、无期徒刑，采用吸收原则进行并罚的）和确实无法就并案问题协商一致的，可以分案审理。

二、并案管辖的价值

（一）有利于更好地发现事实真相

在刑事诉讼中，事实的发现与认定是案件处理的核心环节，而证据材料是这一过程的基础。特别是在跨地域犯罪案件中，由于犯罪行为可能涉及多个地区，甚至跨国界，这使得案件的取证工作变得更加复杂和具有挑战性。跨地域犯罪关联案件的并案侦查能够为侦查机关提供更广阔的视角和更多的证据材料。通过这些证据之间的相互印证，侦查机关可以深入挖掘背后的犯罪网络和事实，从而推动案件的侦破工作更加顺利。这种并案侦查的方式有助于整合分散的证据，形成完整的证据链，使得犯罪行为无处遁形。①

在质证阶段，并案处理的案件可以让证据接受更全面的评价和质辩。由于网络犯罪中共同犯罪、关联犯罪案件通常涉及大量的证据，这些证据不仅包括对所有被告人都适用的共通证据，还可能包括针对个别被告人的独立证据。这些独立证据虽然看似只与特定被告人的犯罪事实有关，但实际上可能对其他被告人的犯罪作用和责任程度有重要影响。通过并案审理，可以让所有当事人参与质证，这不仅有助于验证共通证据的可靠性，还可以确保独立证据得到充分的质疑和辩驳，从而从整体上保障证据的真实性、合法性、关联性以及证明力。

(二) 有利于确保量刑的一致

近年来，司法实践中出现的"同案不同判"和"类案不同判"现象引起了社会的广泛关注。这些问题的出现，部分原因在于法律适用标准的不统一，导致了对相似案件的不同判决，这不仅影响了司法公正的实现，也动摇了公众对司法系统的信任。为了解决这一问题，最高人民法院于 2020 年发布了《关于统一法律适用加强类案检索的指导意见 (试行)》，旨在推动同类型案件的审判结果具有一致性，确保法律的正确和统一适用。②

在处理共同犯罪、关联犯罪等案件时，实现审判结果的一致性面临更大的挑战。这类案件通常具有案情复杂、涉案人员多、犯罪事实相互交织等特点，使得案件处理的难度大大增加。此外，量刑时需要考虑的因素也更为多样，包括但不限于各个被告人在犯罪中的角色、犯罪的严重程度、悔罪表现等。如果在办案过程中将这些案件分解成多个独立的案件进行处理，可能会导致一系列问题。实践中，由于共犯无法到案、

---

① 李华伟：《职务犯罪关联案件并案侦查机制研究》，载《法学杂志》2016 年第 11 期。

② 白龙飞：《深入一线查实情解难题　抓实主题教育调查研究工作》，载《人民法院报》2023 年 4 月 24 日，第 1 版。

移送管辖、未成年人分案处理或其他原因,一些共同犯罪案件不可避免地要分案处理。不同案件的处理时间可能存在较大间隔,这可能导致对案件事实的认定和法律适用出现偏差。不同法官在量刑时可能存在个人价值观的判断,这可能导致即使在相似案件中,量刑结果也存在显著差异。此外,分案处理还可能导致对犯罪团伙的整体打击力度减弱,影响对犯罪行为的有效遏制。

在司法实践中,公众普遍期待同案同诉、同案同判的原则得到贯彻,这是对司法公正和法律统一性的基本原则的体现。当起诉和判决出现不一致时,不仅会削弱法律的权威性,还可能损害司法系统的公信力。这种情况下,如果能够将具有共同犯罪特点或犯罪行为关联度高的案件进行并案处理,就能够在很大程度上确保案件处理的一致性和公正性。并案处理有助于减少因办案人员个体差异、办案机关地域差别等因素对案件处理的影响。例如,不同的办案人员可能对证据的解读和法律的适用存在不同的理解和判断,而不同地区的办案机关可能因为法律规定的执行差异或地方司法习惯的不同而作出不同的处理决定。并案处理可以通过统一案件的事实认定和法律适用,减少这种差异,确保案件的判决内在逻辑的一致性,避免出现不当的判决差异甚至矛盾。[1]

(三)有利于降低诉讼成本

在刑事诉讼中,跨地域犯罪案件往往涉及复杂的犯罪网络和多层次的法律关系。在这类案件的处理中,有效地运用并案处理机制,能够在多个层面上带来提高诉讼效率的积极效果。

从公权力角度来看,侦查阶段并案处理意味着可以利用各案件之间的相通性,避免在不同案件中对相同事实和证据的重复调查。这样可以显著提高侦查效率,减少人力和物力的投入,同时也能够确保证据收集的连贯性和一致性。审查起诉阶段并案处理有助于避免对同一犯罪集团或犯罪链条中的不同成员重复提起公诉,从而减少了开庭次数和准备工

---

[1] 刘仁文:《刑事案件并案处理的检视与完善》,载《政治与法律》2023年第11期。

作。这不仅能够提高检察官的工作效率，还能够确保对整个犯罪集团的统一打击和法律适用。审判阶段并案处理可以节省审判资源，包括审判人员、司法辅助人员、审判场所等。通过减少重复审判，法院能够更加高效地安排审判日程，合理分配司法资源，避免不必要的司法资源浪费，从而提高审判工作的质量和效率。

从私权利角度来看，对当事人，尤其是受害人而言，并案处理可以减少诉讼过程中的负担。受害人无需在多个案件中重复回忆和陈述受害经历，从而避免了可能造成的二次心理伤害。对于被告人而言，一次性解决所有相关指控，也能够减少其因重复诉讼而产生的法律不确定性和精神压力。

三、并案管辖的定位

（一）并案管辖不能超越职能管辖

在中国的刑事司法体系中，公安机关、人民检察院和人民法院各自承担着不同的职能和职责。在处理案件时，这些机关可以在自己的职责范围内对相关联的案件进行并案处理，以提高司法效率和确保案件审理的一致性。然而，对于不属于自己职责范围内的案件，各司法机关必须遵守刑事诉讼法关于职能分工的规定，不能随意突破这一界限。例如，如果一个案件同时涉及公安机关和人民检察院的侦查职责，即使这些犯罪行为存在某种关联，也应当将案件移送给具有管辖权的公安机关或人民检察院进行处理。这种做法是为了确保司法权在不同机关之间的合理分配和有效运作。司法解释通常也会遵循"分工负责"这一原则。首先，职能管辖的界定关系到国家司法权的配置，这是一个宪法层面的根本问题。在没有明确的法律依据的情况下，司法解释不能超越其权限范围进行规定。其次，从体系解释的角度来看，各司法解释通常都是在地域管辖的框架内规定并案管辖的内容。例如，《程序规定》第21条第1款是地域管辖竞合的规定，第2款就是并案管辖，所以并案管辖应主要涉及地域管辖。最后，从比较法的角度分析，大陆法系国家的并案管辖是对级别管辖和地域管辖的法定管辖制度的一种变通和补充。在诉讼法中，它产生了管辖权"绑定"和并合的效果，使得原本分属不同管辖机关的案件能够在一定条件下合并处理。

(二)并案管辖是地域管辖的补充

严格按照管辖设定的法理来说，管辖权的确定是基于法律规定的属人原则或属地原则。如果侦查机关在依据这些原则进行审查后发现并无法定管辖权，那么该机关所在地的检察院和法院同样不具备管辖权。这种情况下，司法机关不能自行决定行使管辖权，即使面对的是并案管辖的侦查需求或管辖权争议的指定。但是由于公安机关的侦查管辖与人民检察院的检察管辖、人民法院的审判管辖都不太一样，侦查管辖需要更多地考虑是否有利于侦查工作，是否有利于查清全案。特别是在电信诈骗案中，上级公安机关可能会指定与本案无任何关联的地方进行侦查，例如 2013 年马来西亚跨国电信诈骗案中大陆犯罪嫌疑人，分别来自福建、广西、广东、湖北等地，最后公安部指定北京警方管辖，但是这并不导致后续的人民检察院和人民法院无管辖权。又如江苏省高级人民法院、江苏省人民检察院、江苏省公安厅联合印发的《关于办理危害食品、药品安全犯罪案件若干问题的座谈会纪要》第 2 条规定："查办危害食品、药品安全犯罪涉及犯罪事实存在关联的上下游犯罪，并案侦查后又分案起诉的对其中犯罪地、住所地均不在当地的犯罪嫌疑人，应当报请有管辖权的上级公安机关在案件移送审查起诉十日前书面商请同级人民检察院、人民法院指定管辖。同级人民检察院、人民法院应当在七日内书面予以答复。"因此并案管辖是可以突破地域管辖的一般规定的。

并案管辖的核心在于强调犯罪之间的关联性，强调由同一办案单位统一把握和处理案件。即使因为犯罪嫌疑人先后到案等客观原因，无法在一个案件中一并查处，由同一办案单位先后分案查处、统一把握也是可行的，这样做有助于确保案件处理的连贯性和一致性。所以并案管辖应被视为对地域管辖的一种合理突破和有益补充。它是基于案件之间的实际关联性而设立的一种特殊管辖形式，是法定管辖的一部分，与指定管辖这种裁定管辖相对应。公安机关对关联案件进行"绑定"并案侦查的效力，同样适用于后续人民检察院和人民法院，它们也有权对关联案件进行并案起诉和审判，无须再经过指定管辖的程序。因为并案管辖是法定管辖的一种形式，那么其并合效力应当保持前后一致。

跨地域犯罪的特点在于犯罪行为和犯罪结果可能分布在不同的地理位置，甚至跨越国界。这种犯罪形态的复杂性和广泛性要求司法管辖制度能够灵活适应，确保案件得到公正和有效的处理。非接触式犯罪，如网络犯罪、电信诈骗等，由于其匿名性和技术性特点，使得犯罪行为人与被害人之间无须直接接触，犯罪行为可以迅速在不同地区甚至跨国界传播。这类犯罪的查处往往需要跨区域的协作和信息共享。并案管辖为这种协作提供了法律基础，它允许将涉及相同犯罪嫌疑人、犯罪集团或犯罪链条的多个案件合并到一个司法程序中进行处理，集中司法资源，提高办案效率，确保案件处理的连贯性和一致性，减少因管辖分散而导致的资源浪费和证据收集的困难。

第二节　并案管辖宽泛的限制

在我国的司法体系中，法律对于并案管辖的情形有着明确的规定，旨在确保在特定情况下，不同司法机关能够高效协作，对相关联的案件进行统一审理。这些规定为公安机关、检察院和法院在处理犯罪案件时提供了操作框架，使得在面对一人犯数罪、共同犯罪等情形时，各机关可以依据自身职责，相互配合，实现案件的有效合并处理。2022年颁布的《信息网络犯罪案件意见》在此基础上进一步细化了并案管辖的适用条件。特别是在处理信息网络犯罪时，对于那些为犯罪行为提供技术支持或其他形式帮助的案件，该意见明确指出，可以依照既有的并案管辖规定进行侦查。这一规定扩展了并案管辖的适用范围，加强了对网络犯罪的打击力度。然而，对于并案管辖中所提到的"关联性"法律并未进行明确规定，因而由于理解不同，不同机关在实践中做法各不相同，未形成一个统一的标准。此外，法律文件中"可以并案侦查"的表述使得公安司法机关享有较大自由裁量权，可能造成不同机关对网络犯罪案件的抢夺或者推诿，从而加剧管辖权冲突。

一、限定"关联犯罪"的涵义

并案管辖是法定管辖的例外，它允许将两个或多个在法律上存在一定联系的犯罪案件合并到一个司法程序中进行处理。然而，并非所有有联系的犯罪都可以被认定为"关联犯罪"，并因此适用并案管辖。如果对"关联犯罪"的认定过于宽泛，可能会导致法律功能的实际丧失，并为滥用管辖权提供了可能，这不仅违背了立法的初衷，也可能损害司法公正和效率。因此，对"关联犯罪"的认定必须既严格又合理。认定标准应当限定在犯罪与犯罪之间在构成要件事实上存在明显的连结点或同一性。这种连结点可以是犯罪行为的共同性、犯罪目的的一致性、犯罪手段的相似性，或者是犯罪结果的相关性等。例如，如果 A 地盗窃案件和 B 地抢劫案件涉及同一犯罪嫌疑人，且两起案件在时间、地点、方法上存在明显的相似性或连续性，那么这两起案件就可以被认定为关联犯罪，并案管辖就成为合理的选择。通过这种限定性的认定，可以确保并案管辖条款真正发挥其查明案件事实、提高司法效率的立法目的，同时也能有效防止该条款被滥用。

（一）法条规定与认定争议

举个例子：网络犯罪案件中，甲和乙都在 A 地，丙在 B 地，丁在 C 地。本案甲、乙因涉嫌帮助信息网络犯罪活动罪导致丙利益受损，被 B 地警方立案侦查，在侦查过程中发现甲、乙通过丁售卖的翻墙软件进行过聊天沟通。在本案中一个值得探讨的问题是：B 地警方能否对丁的行为进行管辖？很明显，B 地警方对丁不符合地域管辖的相关规定，无法管辖，但是否可以运用"并案管辖"的相关条款进行管辖呢？

《六部委规定》第 3 条第 4 项中的"犯罪存在关联"的含义，因法律规定并不明确，导致在实践中认定争议较大。一种观点认为，只要多个犯罪嫌疑人、被告人实施的犯罪相互之间有任何联系，司法机关就可并案管辖。另一种观点认为，这里的"犯罪存在关联"应进行限制，其指犯罪之间应有特定关系，而不是泛指任何联系。就本案而言，不同的理解，就可能得出不同的结论。前一种观点可以因为并案管辖取得管辖权，后一种观点不能超越地域管辖，因此不能认定关联性，不能管辖。

（二）"关联"的合理限定

哲学上的联系是宏观的、普遍的，强调万事万物之间的相互关系和影响。而法律中的关联犯罪则需要具体、明确的界定，以确保司法实践中的可操作性和法律适用的准确性。所以法律中的关联犯罪不能直接等同于哲学上的普遍联系。如果将哲学中的关联概念直接应用于法律中的关联犯罪，可能会导致关联犯罪的定义过于宽泛，使得并案管辖的适用范围变得模糊不清。这种情况下，任何案件都可能被认定为关联案件，从而使得并案管辖机制失去其应有的边界和限制。这不仅可能导致司法资源的浪费，还可能对案件的公正审理造成不利影响。

关联性应根据并案管辖的立法原意和体系解释的原理，考察各个犯罪之间是否存在直接的、实质性的联系，从而构成要件事实上的连接点，要么是犯罪主体，要么是犯罪行为，要么是犯罪结果或其他构成要件事实，以确定是否属于关联犯罪并进行并案管辖。

"一人犯数罪"属于犯罪主体形成的关联，"共同犯罪"属于犯罪行为形成的关联；"共同犯罪的犯罪嫌疑人还实施其他犯罪"是基于犯罪行为的关联形成的犯罪主体的关联；因此，关联的本质在于两个案件之间在犯罪构成要件事实上形成连结点。例如《电信网络诈骗案件意见（二）》第2条规定："为电信网络诈骗犯罪提供作案工具、技术支持等帮助以及掩饰、隐瞒犯罪所得及其产生的收益，由此形成多层级犯罪链条的，或者利用同一网站、通讯群组、资金账户、作案窝点实施电信网络诈骗犯罪的，应当认定为多个犯罪嫌疑人、被告人实施的犯罪存在关联"。在这一司法解释中，对于电信网络诈骗犯罪及其相关联的犯罪行为，如提供工具、技术帮助的行为，以及掩饰、隐瞒犯罪所得的行为，进行了明确的关联性界定。因为，电信网络诈骗犯罪与其他帮助信息网络犯罪活动的行为，在本质上构成了共同犯罪的关系。这种关系体现在犯罪行为之间的相互依赖和协作，即一方的犯罪行为为另一方的犯罪行为提供了必要的工具或技术支持。这种在犯罪行为上的关联性，使得这些案件在法律上可以被视为一个整体，进行并案管辖。电信网络诈骗犯罪与掩饰、隐瞒犯罪所得的行为之间，在犯罪所得这一要素上形成了连结点，即诈骗犯罪所得的财物通过掩饰、隐瞒等手段被转移或隐藏。这种犯罪结果上的关联性，使得相关案件可以并案处理，以便更有效地追踪和没收犯罪所得，剥夺犯罪分子的非法利益。

此外，利用同一网站、通讯群组等平台实施的电信网络诈骗犯罪，各个犯罪行为人之间在犯罪行为上也存在直接的关联。将这些在构成要件事实上具有连结点的不同犯罪行为进行并案管辖，不仅有利于查明案件事实，提高司法效率，而且也符合并案管辖的立法目的。因此，将构成要件事实的限制作为并案管辖的适用限制，这也在一定程度上可以防止管辖权的滥用。

因此前面案例中，丁实施的行为虽然与甲乙有联系，但在犯罪构成要件事实上没有连结点，所以不是犯罪上的关联，因此不符合并案管辖的条件。其一，甲乙丁之间并没有共同故意，没有因为共同犯罪形成的关联；其二，甲、乙涉嫌的犯罪是帮助信息网络犯罪活动罪，其构成要件事实是为他人犯罪提供支付结算的帮助行为，丁提供翻墙软件的行为，并不是帮信罪的构成要件，甲乙丁也没有形成犯罪构成要件事实上的关联；其三，甲、乙使用翻墙软件本身也不是犯罪行为，所以也不是犯罪与犯罪之间的关联。由此，本案甲乙丁之间既没有犯罪主体上的关联，也没有犯罪行为和犯罪结果上的关联，两个案件之间不存在犯罪上的关联，不符合"并案管辖"第四种情形的规定，应按照相关规定移送有管辖权的机关处理。

并案管辖的规定确实源于对犯罪关联性的考量，它符合司法实践中对案件处理规律的认识。并案管辖在一定程度上是基于便宜主义和功利性考虑的结果。它突破了传统的地域管辖原则，允许在特定情况下，不同地域的犯罪行为可以在一个统一的司法程序中得到处理。这种突破是为了适应复杂多变的犯罪形态，特别是在处理跨地域犯罪、网络犯罪等现代犯罪时，能够更有效地集中司法资源，提高办案效率。但如果过于泛滥，可能会导致地域管辖原则的虚置，影响案件审理的公正性和法律的统一性。

我国刑法在确定犯罪的成立和量刑时，采用了定性加定量的标准，这意味着除了犯罪行为的性质外，犯罪的数量或程度也是判断犯罪严重性的重要依据。然而，由于各地经济发展水平、社会状况和司法实践的差异，对于某些犯罪的立案追诉和量刑标准可能存在不一致的情况。在这种背景下，如果并案管辖被过于泛滥地应用，可能会导致在同一地区相似的犯罪行为因为审判地的不同而受到不同的处理。这种情况下，不仅法律适用的统一性和严肃性受到挑战，而且可能会削弱公众对司法公正的信任。

二、避免无上限的并案管辖

网络案件的并案管辖是为了应对网络犯罪的特殊性和复杂性而采取的一种诉讼策略。犯罪嫌疑人可能在不同的地方实施多个网络犯罪，或者以共同犯罪的形式出现，形成层级关系或关联关系。例如，网络诈骗的犯罪团伙可能涉及多个成员，他们可能与其他犯罪活动又有关联，例如妨害信用卡管理罪、帮助信息网络犯罪活动罪、掩饰隐瞒犯罪所得罪等，通过并案侦查，司法机关可以将这些存在关联的网络犯罪行为进行"一体化打击"，这不仅有助于提高案件的侦破率，还能够有效地削弱犯罪团伙的犯罪能力，防止犯罪活动的蔓延。《信息网络犯罪意见》第4条明确了并案侦查的具体情形，"为信息网络犯罪提供程序开发、互联网接入、服务器托管、网络存储、通讯传输等技术支持，或者广告推广、支付结算等帮助，涉嫌犯罪的，可以依照第一款的规定并案侦查"，为司法机关提供了操作依据。

那并案管辖的范围到底有多大？2016年12月，聊城市A区检察院的检察官在办理路某某销售假冒字典侵犯著作权审查逮捕案时，发现该案存在侵犯著作权的上游犯罪，遂向公安机关提出追查复制发行盗版图书上游犯罪人员的意见，公安机关根据该意见开展相关侦查工作。为路某某提供盗版图书的牟某某在外省被抓获。据牟某某供述，郭某某为其印刷盗版图书，周某某为其提供盗版图书的电子版，谢某某为其盗版图书印刷书皮。牟某某于 2016 年至 2018 年 8 月份期间，通过物流发货的方式，向全国各地销售大量盗版图书，牟取暴利。据此，A 区公安机关能否依据并案侦查的原则，对盗版图书的源头实施管辖，甚至将遍布全国多个省市的侵犯著作权的犯罪嫌疑人均在东昌府区审查起诉，从司法管辖来说似乎有些不合理。此时就难免产生被追诉人人数畸高、办案耗时过长的现象。

实务中经常出现的无上限的并案主要表现在：将相互间没有关联性的被告人并案审理；将侵害同一被害人的没有关联性的数个被告人并案审理；将属于同一单位的但无关联性的数个被告人并案审理。对具有承接性、依附性、合成性等特点的犯罪缺少限制的并案审理，导致出现被告人特别多的刑事案件。审判对象的量大繁杂，使审理难度增大，被告人的合法权益在庭审中得到充分保障的难度也增大。

1. 影响诉讼效率的提升

并案审理的设立初衷是为了提升司法效率，通过合并审理相同或相关的案件，减少重复的司法程序和资源投入。然而，如果并案审理操作不当，反而可能会对诉讼效率造成负面影响。诉讼经济性作为并案审理的核心目标之一，旨在通过降低司法成本和加速案件处理，实现司法资源的优化配置。美国学者贝勒斯指出，合理地合并多个案件进行审判不仅可以节省法庭、陪审团和律师的时间，还能减少证人出庭的次数和相关焦虑。在并案审理中，如果多个案件涉及共同的证人或相似的证据，合并审理可以避免重复的证人询问和证据呈现，从而提高审判效率。

然而，如果并案审理没有得到恰当的实施，例如，当案件合并后审理过程变得异常复杂，或者合并的案件在事实和法律问题上差异巨大，这可能导致审判过程拖延，审理效率降低。此外，如果合并的案件在证据收集和法律适用上存在较大差异，可能会导致审判过程中的混乱和效率低下，从而违背了并案审理的初衷。

同时，当合并审理的案件之间缺乏必要的关联性时，法官在审理过程中也必须根据每个案件的具体情况分别开展法庭调查和辩论。这种分割式的审理方式无法实现审判活动的连贯性和整体性，导致审判效率降低。此外，不合理的并案审理还可能导致审判结果的不确定性增加，因为一旦其中一个被告人提出上诉，可能会影响到整个案件的审判结果，这与提高诉讼效率的初衷相悖。在司法实践中，应当避免没有关联性的案件被合并审理。这种做法不仅无法实现审判资源的节约，还可能导致司法成本的提高和被告人获得迅速审判权利的受损。

2. 庭审形式化，削弱被告人质证权

在司法实践中，法院在合并审理涉及黑社会性质组织的案件时，常常会面临重大挑战。这类案件往往涉及大量被告人，有时甚至达到数十人或上百人，同时伴随着大量复杂的案卷材料和证据。在这种情况下，合议庭为了保证审判的效率和迅速结案，有时可能会在庭前对判决结果有所预判，这种做法可能导致庭审过程流于形式，失去了实质性的审理意义。

涉黑案件的复杂性和被告人数量的众多，需要法官在有限的时间内审理大量的证据，听取众多被告人和辩护人的意见，这不仅对法官的专业能力提出了高要求，也对法庭的组织和管理能力构成了考验。在这种压力下，庭审过程可能无法充分保障被告人及其辩护律师的法庭质证权和辩论权，法庭上的质证和辩论可能受到不合理的干扰和限制。

此外，涉黑案件的社会敏感性和公众关注度较高，可能会影响到案件的审理过程和结果。在公众舆论和媒体的关注下，法院可能会受到外部压力，这可能会影响到法官的独立判断和庭审的公正性。

3. 高羁押率和超期羁押率上升

高羁押率和大量的超期羁押是我国刑事司法实务中的一大痼疾。

更令人担忧的是，跨地域犯罪往往具有案情重大复杂的情形，实践中有可能出现延长侦查期限、退回补充侦查、延长审查期限等诸多情形。在并案处理的案件中，特别是在案件处理进度不一致的情况下，同案犯罪嫌疑人和被告人势必都要延长羁押期限，并案处理可能会导致审判活动的不当延长，引发超期羁押现象出现，从而影响司法效率和公正。例如，当一个案件已经进入二审阶段，而在此过程中发现犯罪嫌疑人有新的犯罪事实需要并案审理时，法院通常会裁定发回重审。这种情况下，一个已经经历了一审甚至二审的案件，可能需要与一个仍处于一审程序或审判程序前的案件合并审理。这会导致之前的审判期限"清零"，并重新开始计算，从而延长了整个案件的审理时间。还有可能就是办案机关会将剩余期限较多的案件作为新并入案件的期限依据，这种做法可能会导致原本已经受理的案件在办案期限临近时，以新并入的案件为理由延长办案期限。《刑事诉讼法》并没有明确规定并案处理程序，《高法解释》对并案处理后的审判期限计算方法只提出了原则性的要求，即避免因合并审理而导致审判过分迟延，但对于"过分迟延"的具体标准并没有给出明确的可操作性指导。这使得办案机关在并案处理时拥有较大的自由裁量权，可能会导致对审判期限的不当延长。

在司法实践中，并案处理的案件往往因为涉案人员众多而面临特殊的挑战。办案机关在处理这类案件时，为了保证办案进度和案件控制的便利性，可能会倾向于让所有被追诉人都保持在羁押状态。这种做法的背后逻辑是防止被追诉人在解除羁押措施后逃匿或串供，从而影响案件的顺利进行和公正审判。然而，这种做法可能会导致部分符合条件的被追诉人无法及时获得强制措施的变更，例如从羁押状态变更为取保候审或其他非羁押性措施。即便这些被追诉人已经满足了变更强制措施的法律条件，办案机关和办案人员可能出于对整个案件进展的考虑，选择性地忽视这些条件，从而使得这些被追诉人的羁押期限被不当延长。①

三、保障审判程序的分流

随着司法实践的深入和法律理念的更新，我国刑事诉讼体系逐渐引入了协商性司法的元素，这种做法在一定程度上体现了刑事司法的现代化和人性化。在这一框架下，被追诉人被赋予了更多的选择权和自主权，允许他们在满足特定的程序和实体条件的前提下，对自己的诉讼权利进行处分。具体来说，被追诉人可以在充分了解自己的权利和可能的后果的基础上，选择放弃或妥协某些权利，以换取在程序上或实体上的

---

① 张泽涛：《刑事案件分案审理程序研究——以关联性为主线》，载《中国法学》2010 年第 5 期。

某些利益。例如，被追诉人可能选择通过认罪认罚从宽制度，承认自己的罪行，并接受检察机关的量刑建议，以换取较轻的刑罚或更快的审判进程。这种权利处分的机制，旨在为被追诉人提供一个更为灵活的诉讼选择，同时也有助于提高司法效率，缓解法院的案件压力。①

权利处分在司法实践中被视为一种针对特定案件或个体的"定制化"程序安排。这种安排允许司法机关根据案件的具体情况和被追诉人的特点，设计出更加适配的司法程序，以此提高诉讼效率，确保司法公正。例如，通过认罪认罚从宽制度，对于愿意认罪并接受法律后果的被追诉人，可以采取更为简化的审判程序，从而节省司法资源并加快案件处理速度。然而，这种权利处分并非无限制。为了保障被追诉人的合法权益，法律对这一过程设定了严格的条件和限制。其一，被追诉人必须自愿且明智地作出这一决定，任何形式的强迫或诱导都是被禁止的。其二，权利处分的决定必须建立在充分的信息披露和法律咨询的基础上，确保被追诉人能够全面了解自己的权利和选择的后果。

在并案处理的情况下，由于涉及的被追诉人数较多，办案机关可能会倾向于对所有被追诉人应用统一的司法程序。这种做法可能会导致原本应当个性化处理的权利处分变得难以实施。每个被追诉人的案件情况、心理状态、认罪态度等都可能有所不同，统一的司法程序可能无法满足所有被追诉人的需求，导致一些被追诉人的权利得不到充分行使，无法实现真正意义上的权利处分。此外，当并案处理的案件中部分被追诉人选择上诉时，可能会导致整个案件被"二审"，即使其他被追诉人并未提出上诉。这种现象不仅延长了案件的审理时间，还可能影响到那些未上诉被追诉人的权利。他们可能因为案件被"二审"而被迫进入一个并非自愿选择的司法程序，这不仅违背了权利处分的原则，也可能导致司法资源的浪费。

在我国刑事司法体系中，简易程序与速裁程序是实现案件"繁简分流"的两个关键途径。通过这两种程序，被追诉人可以在与公权力主体

---

① 郭松：《被追诉人的权利处分：基础规范与制度构建》，载《法学研究》2019年第1期。

达成合意并让渡部分诉讼权利的基础上，享受到更为简化和高效的诉讼流程。特别是在认罪认罚从宽制度下，被追诉人不仅可以获得从轻或减轻处罚的实体利益，还可以体验到更为便捷和快速的审判程序，这对于提高司法效率和优化司法资源配置具有重要意义。然而，在并案处理的案件中，这种权利处分面临着实际操作的挑战。根据我国刑事诉讼法的相关规定，简易程序和速裁程序的适用需要获得所有被告人的一致同意。如果共同犯罪案件中的部分被告人不同意认罪或者对适用简易程序有异议，那么简易程序就无法适用；同样，如果部分被告人对指控的犯罪事实、罪名、量刑建议或者适用速裁程序有异议，速裁程序也无法适用。这样的制度设计旨在确保共同犯罪案件中各被告人都能得到公正的审判，防止因程序差异而导致的量刑不公。但这种制度同时也存在一定的局限性，它可能忽视了被追诉人在程序分流上的个性化需求。当被追诉人之间无法就程序分流达成一致意见时，那些希望进行程序分流的被追诉人可能会因为其他被追诉人的异议而无法享受到简化程序的便利。这种情况下，即使部分被追诉人愿意通过认罪认罚来获得程序上的便利，也可能因为整个案件的并案处理而被迫放弃这一选择。

2019 年，最高人民法院、最高人民检察院、公安部、司法部联合发布的《关于办理黑恶势力刑事案件若干问题的意见》中，第 3 条明确指出，在办理黑恶势力刑事案件时，应当坚持贯彻落实宽严相济的刑事司法政策。第 16 条进一步规定，在办理黑恶势力刑事案件时，可以适用认罪认罚从宽制度。这一制度的引入旨在通过激励犯罪嫌疑人、被告人认罪认罚，来提高司法效率，确保案件的顺利审理，并在一定程度上减轻司法机关的办案压力。

在实践中，一些地方司法机关积极探索在涉黑案件中适用认罪认罚从宽制度，并取得了良好的庭审效果和社会效果。在涉黑案件中，被告人数量通常较多，但司法实务中发现，绝大多数从犯都愿意认罪认罚。这些被告人希望能够通过认罪认罚获得简易程序的适用，从而尽早摆脱诉讼的束缚。与此同时，那些不认罪认罚的主犯则倾向于通过普通程序全面审理案件，以争取更为有利的法律结果。考虑到涉黑案件的社会影响较大，主犯可能面临较重的刑罚，通常这类案件会采用普通程序进行审理。然而，当涉黑案件普遍采用并案审理时，可能会侵犯到那些愿意认罪认罚的被告人的权利。认罪认罚从宽制度不仅仅是在实体上给予从宽处理，同时也应当包括程序上的简化处理。如果因为其他同案犯不认罪认罚，导致认罪认罚的被告人无法适用速裁程序或简易程序，这将使得他们的讼累无法及时解除，程序上的从宽权利在一定程度上未能得到充分保障。此外，如前文所述，涉黑案件中并案审理可能导致审理周期过长，这不利于认罪认罚从宽制度在涉黑案件中的有效落实。为了解决这一问题，司法机关应当在确保案件审理公正的前提下，考虑如何更好地保障认罪认罚被告人的程序权利。这种现象不仅限制了被追诉人权利处分的自由，还可能导致司法资源的低效利用。为了解决这一问题，需要在保障共同犯罪案件中各被告人公正审判的同时，也考虑到被追诉人程序分流上的个性化需求。一种可能的解决方案是对并案处理的案件进行更为细致的分类和评估，对于那些在事实上和法律上可以独立审理的部分，应当允许进行单独的程序分流。这样既可以尊重被追诉人的选择权，又可以提高司法效率，确保司法资源的合理利用。

根据修改后的刑事诉讼法以及相关司法解释的规定，对于符合并案侦查条件的案件，应当依法进行移送管辖或报请指定管辖。如果公安机关未能按照法律规定移送管辖或报请指定管辖，而是各自为政，可能会导致案件处理的不一致和效率低下，从而影响司法公正和法律的统一性。此外，《办理网络犯罪案件意见》还新增了关于分案移送审查起诉的条款。这一规定为司法机关提供了更大的灵活性，在确保案件质量的同时，也减轻了办案机关的工作负担。通过合理的分案移送，可以使案件更加聚焦，确保各个案件得到更为专业和精细的审查与起诉，从而提高整个司法流程的效率和公正性。

第三节　实务案例参考

并案管辖是一种司法实践方式，它通过整合相关联的案件，有助于高效地利用司法资源。这种管辖方式使得侦查机关能够更加集中力量，深入追踪案件线索，有效地打击犯罪。

并案处理是刑事诉讼中的一项特殊运行程序。合理的并案处理不仅有存在的必要，而且在更好地发现事实真相、保障量刑一致性和节约司法资源等方面均具有积极的价值。它能够打破传统上因地域限制而导致的司法工作分散的局面，将犯罪行为的各个环节纳入统一的视野中，从而更加全面地掌握犯罪活动的全貌。这不仅有助于揭示犯罪分子之间的合作与分工关系，而且能够清晰地界定各个当事人在犯罪过程中的角色和责任，区分出哪些是共同犯罪行为，哪些是上下游犯罪行为，为案件的准确处理提供了坚实的基础。① 并案处理的实施，必须始终围绕确保程序公正和实体公正这一基本要求展开。公正原则是评价并案处理是否合理的首要准则，无论是在程序设计还是在具体操作中，都应当坚守公正原则，确保每一位当事人的合法权益得到尊重和保护。在保障公正的基础上，应当注重提高并案处理的效率，合理配置司法资源，优化诉讼流程，避免不必要的时间延误和资源浪费。

一、并案管辖的阶段性

并案处理的适用是具有阶段性的。这意味着，并案处理的决定只在相应的诉讼阶段内有效，随着案件进入不同的诉讼环节，先前的并案处理决定可能会根据新的情况进行调整或改变。这种灵活性允许司法机关根据案件的实际情况和诉讼的需要，作出最合适的处理决定。

在侦查阶段，公安机关可能会根据案件的初步情况和证据，决定对多个案件进行并案侦查。然而，随着案件的深入，证据的收集和案件事实的查明，检察院在审查起诉阶段可能会发现，某些案件更适合分开处理。同样，法院在审判阶段也会根据自己的判断，决定是否继续并案审理或者将案件拆分。例如，广东省深圳市宝安区人民法院在处理王某某等 80 人涉嫌组织、领导黑社会性质组织罪的案件时，就

---

① 任远：《刑事司法中的并案管辖及其适用》，载《检察日报》，2020-11-11，第 003 版。

没有遵循前一诉讼阶段的并案处理方式，而是选择将案件拆分成6个独立的案件进行审理。这种做法有助于法院更加细致和深入地审查案件，确保每个被告人的诉讼权利得到充分保障。该案件的处理方式还被作为典型案例向社会通报，展示了司法机关在处理复杂案件时的灵活性和专业性。

另一方面，也有案件在审查起诉阶段已经进行了并案处理，但在法院审理阶段，基于案件的复杂性和审理的需要，法院可能会决定将新的案件合并到原有的并案中。这种决定通常是基于对案件事实、证据和法律适用的综合考量。

总之，并案处理的决定并不是终局性的，它可能会随着案件的进展和司法机关的判断而发生变化。这种阶段性的特点使得并案处理能够适应刑事诉讼过程中的各种变化，确保案件得到公正、高效的处理。通过这种方式，司法机关能够更好地履行其职责，维护法律的尊严和效力，保护当事人的合法权益。

[案例参考]

王某某等80人涉嫌组织、领导、参加黑社会性质组织案

[2020年深圳法院典型案例]

（一）基本案情

自1999年开始，王某某纠集他人在深圳市宝安区新安街道、西乡街道一带实施违法犯罪行为。2003年12月，王某某指派五名骨干成员到宝安区观澜街道某厂收取债务受阻，王某某带领同伙持枪赶到该厂并开枪将三人打伤，后被公安机关抓获，2004年被宝安法院判处有期徒刑二年六个月。2006年6月，王某某刑满出狱后，继续纠集原同伙，招揽新成员，迅速做大成势，逐步发展为以其为组织者、领导者，人数众多、骨干成员基本固定的黑社会性质组织。

自2007年起，王某某纠集其团伙成员，通过多次实施有组织的故意伤害、强迫交易、寻衅滋事等行为，非法垄断了宝安区新安

街道、西乡街道一带的雪花啤酒销售市场，通过强迫交易、故意伤害等手段，在宝安西乡固戍、大铲湾一带的土石方工程、砖渣废料运输填埋工程中非法攫取经济利益。王某某还纠集组织成员开设赌场，通过上述方式聚敛了大量财富。该组织利用其强势地位，通过多次有组织实施寻衅滋事、聚众斗殴、敲诈勒索等违法犯罪活动，插手民间纠纷，替人"收数""挡数""看场""摆场"等，为非作恶，欺压、残害群众，在当地称霸一方，大肆实施违法犯罪活动，社会影响恶劣，严重破坏了当地的经济秩序和社会治安。

（二）裁判结果

广东省深圳市宝安区人民法院 2019 年 4 月 16 日作出（2018）粤0306 刑初 3710-3714 号刑事判决和（2018）粤 0306 刑初 4991 号刑事判决：主犯王某某犯组织、领导黑社会性质组织罪、寻衅滋事罪、强迫交易罪、敲诈勒索罪、非法拘禁罪、聚众斗殴罪、故意伤害罪、开设赌场罪，数罪并罚，决定执行有期徒刑二十年，并处没收个人财产人民币 200 万元，罚金人民币 160 万元。其余各被告人分别被判处有期徒刑十年六个月至一年一个月不等，并处罚金共计881.5 万元。

宣判后，原审被告人王某某、王小北等人不服，提出上诉。广东省深圳市中级人民法院于 2019 年 10—11 月作出（2019）粤 03 刑终 1807-1810 号刑事判决，基本维持了原判决，只对个别被告人刑期进行调整。

案件索引：

一审：广东省深圳市宝安区人民法院（2018）粤 0306 刑初 3710-3714 号刑事判决（2019 年 4 月 16 日）、（2018）粤 0306 刑初 4991 号（2019 年 4 月 16 日）

二审：广东省深圳市中级人民法院（2019）粤 03 刑终 1808 号（2019 年 10 月 16 日）、（2019）粤 03 刑终 1809 号（2019 年 11 月 8日）、（2019）粤 03 刑终 1810 号（2019 年 10 月 22 日）、（2019）粤03 刑终 1807 号（2019 年 11 月 22 日）

（三）裁判理由

法院生效裁判认为：王某某犯罪组织完全符合黑社会性质组织的特征，应当认定为黑社会性质组织。第一，形成比较稳定的犯罪组织，人数较多，有明确的组织者、领导者，骨干成员基本固定。王某某犯罪组织长期纠集，王某某为该组织明确的组织领导者，被告人王小北等人则为该组织固定的骨干成员。王某某犯罪组织内部结构清晰，层次分明，展示了该犯罪组织较为严密的组织性。第二，有组织地通过违法犯罪活动或者其他手段获取经济利益，具有一定的经济实力，以支持该组织活动。王某某犯罪组织通过实施违法犯罪活动获取了大量非法经济利益，具有相当的经济实力。第三，以暴力、威胁或者其他手段，有组织地多次进行违法犯罪活动，为非作歹，欺压、残害群众。该组织的成员在王某某及其他骨干成员的领导下，以暴力、威胁等手段，多次实施违法犯罪活动，欺压一方、残害群众。第四，通过实施违法犯罪活动，或者利用国家工作人员的包庇或者纵容，称霸一方，在一定区域或者行业内形成非法控制或者重大影响，严重破坏经济、社会生活秩序。王某某犯罪组织在宝安区新安、西乡一带长期纠集，形成重大影响，严重破坏了当地的经济、社会生活秩序。

（四）法官释明（刘澄宇深圳市宝安区人民法院刑事审判庭庭长、一级法官）

法院在审理涉黑案件时，对于被告人人数众多的案件，可采用分案审理方式，解决庭审面临的困难，同时降低犯罪集团中地位较低人员的心理压力。充分发挥庭前会议作用，解决非法证据排除问题，提高庭审效率。

2018年5月28日，宝安法院收到宝安区人民检察院提起公诉的公安部、最高检同时督办"105"王某某专案（即王某某、王小北等80人涉嫌组织、领导黑社会性质组织罪一案），并于2018年6月1日正式立案。该案是广东省自扫黑除恶专项斗争开展以来，被告人数最多、案情最复杂的涉黑案件之一。该案严厉打击了黑恶势力，取得了良好的法律效果和社会效果，同时也累积了办案经验，对同类重大涉黑案件审理具有较大的实践指导意义。

该案的焦点为王某某犯罪组织是否符合黑社会性质组织的特征。在办理过程中遇到的难点为，该案被告人人数众多，时间跨度长、案情复杂，还具有涉案事实、罪名、争议多、证据繁杂等特点，增加了法官在事实、罪名等方面的认定难度。

该案由检察院作为一个案件进行指控，这导致对于被告人人数众多的案件，根据目前的物质条件，无法提供相应的庭审场地和充足的警力保障完成庭审工作。故受理案件后，宝安法院依法将 80 名被告人分成 6 个分案进行审理，一方面能够确保庭审得以顺利进行，另一方面，将犯罪集团中作用较小的被告人，与犯罪集团的首要分子和其他骨干成员分案审理，有利于减小他们的心理压力，能够认罪和如实供述，从而更快寻找到案件审理突破口，实现精确打击，提高庭审效率。此外，案件审理中还采用案内再次分案方式，根据检察院指控的具体罪名和事实，将案件拆分成罪名相同的小案件先集中审理，避免了多次提押与罪名无关的其他被告人，最后再审理黑社会性质组织犯罪，有利于加快案件审理节奏，实现高效高质审理。

二、一人数罪并案为原则，分案为例外

《高法解释》第 24 条明确规定："人民法院发现被告人还有其他犯罪被追诉的，可以并案审理；涉及同种犯罪的，一般应当并案审理。人民法院发现被告人还有其他犯罪被审查起诉、立案侦查、立案调查的，可以参照前款规定协商人民检察院、公安机关、监察机关并案处理，但可能造成审判过分延迟的除外。"这是侦查、审查起诉和审判三机关相互制约的体现。换言之，这是法院在审判中发现了非正常被分案处理所带来的问题，为了遏制这种现象，不得已才力图从审判阶段加以制约。一般来说，一人犯数罪被分案处理多数是因为信息不畅所致。比如行为人

在 A 地实施甲犯罪，后又在 B 地实施乙犯罪或者继续实施甲犯罪，在 B 地被抓获后，当行为人不主动供述其在 A 地所实施的甲犯罪，或者在 A 地的犯罪没有被立案侦查，又或者虽然 A 地开展了侦查，但由于 A、B 两地没能及时沟通，信息不畅，最终使得甲、乙两罪或两次甲罪没能并案处理。

对由于客观原因导致一人犯数罪而未被并案处理的，对于数罪分别由跨区域的不同侦查机关分别侦查、分别起诉的情况，一般应分以下几种情形处理：

（1）数罪在宣告前被发现系一人所犯的，根据《高法解释》第 24 条的规定，应当及时协调相应司法机关，移送由最初受理地的法院审理，必要时也可以由主要犯罪地法院审理。

（2）后罪宣判前，前罪刑罚尚未执行完毕的，后罪审判机关"发现"有前罪的情况，可以按照《刑法》第 70 条的规定依照漏罪并罚的规则处理。因为虽然本质上属于刑法第 69 条规制的范围，但由于司法机关的客观原因没有并案处理所以应适用刑法第 70 条漏罪并罚规则，这种适用并不会对被告人产生实质不利的后果，故而并无不当。

（3）后罪宣判前，前罪刑罚已经执行完毕的，虽然侦查机关已经有针对犯罪事实的立案侦查并明确了犯罪嫌疑人，但是由于客观原因造成处理后罪的司法机关之间没有彼此发现，导致没能并案处理。考虑到原本应数罪并罚更有利于被告人，在无法进行并罚的情况下，后罪判决应当适当酌情予以从轻处理。如此，既不必启动审判监督程序，造成司法资源的浪费，也能基本实现了数罪并罚的实际效果。

[案例参考]

程某盗窃案

（2016）湘 01 刑终 587 号刑事判决书

（一）基本案情

程某，无职业。因犯盗窃罪，于 1996 年 8 月被判处有期徒刑二年；于 2015 年 11 月 9 日被长沙市雨花区人民法院判处有期徒刑六个月，并处罚金人民币一千元。

2014年11月25日16时许，被告人程某窜至本市天心区晏家塘4栋302房间，利用技术开锁方式套开该房间房门，趁房内没人，盗走被害人黄某卧室内的2台联想笔记本电脑(1台为红色联想S400型，1台为花色联想V480型)，随后被告人程某在本市天心区南门口马路边将盗得的红色联想S400型笔记本电脑以人民币500元的价格予以销赃，将另外1台花色联想V480型电脑藏在其家中卧室床底。当日，公安机关将被告人程某抓获，并从其住处扣押作案用的开锁工具、被盗的花色联想电脑和电脑包。经鉴定，该被盗的2台电脑价值合计为人民币6160元。被告人程某被抓获接受调查后逃匿。2016年1月15日被刑事拘留。同年1月29日被逮捕。长沙市天心区人民法院审理长沙市天心区人民检察院指控原审被告人程某犯盗窃罪一案，于2016年5月5日作出(2016)湘0103刑初210号刑事判决。

一审判决认定上述事实的证据有：查获的被盗笔记本电脑照片；抓获经过、搜查笔录、扣押及发还物品清单、户籍资料、刑事判决书等书证；被害人黄某的陈述；被告人程某的供述和辩解；鉴定结论；监控视频截图等。

一审法院认为：被告人程某非法占有为目的，入户盗窃他人数额较大的财物，其行为已构成盗窃罪。该院依照《中华人民共和国刑法》第二百六十四条，第六十七条第三款，第六十四条之规定，判决：1. 被告人程某犯盗窃罪，判处有期徒刑十个月，并处罚金人民币7000元；2. 责令被告人程某退赔被害人的经济损失3500元。

程某上诉称：其两笔盗窃作案侦查机关未并案移送判决，侦查程序违法。

(二)裁判结果

依照《中华人民共和国刑法》第二百六十四条，第六十七条第三款，第六十四条以及《中华人民共和国刑事诉讼法》第二百二十

五条第一款第(二)项之规定,长沙市中级人民法院判决如下:

1. 维持长沙市天心区人民法院(2016)湘 0103 刑初 210 号刑事判决第一项中对上诉人程某的定罪部分及第二项;

2. 撤销长沙市天心区人民法院(2016)湘 0103 刑初 210 号刑事判决第一项中对上诉人程某的量刑部分;

3. 上诉人程某犯盗窃罪,判处有期徒刑八个月,并处罚金人民币三千元(刑期从判决执行之日起计算。判决执行以前先行羁押的,羁押一日折抵刑期一日,即自 2016 年 1 月 15 日起至 2016 年 9 月 14 日止。罚金限在本判决生效后十日内缴清。)。

本判决为终审判决。

(三)裁判理由

原审法院认为:被告人程某非法占有为目的,入户盗窃他人数额较大的财物,其行为已构成盗窃罪。该院依照《中华人民共和国刑法》第二百六十四条,第六十七条第三款,第六十四条之规定,判决:1. 被告人程某犯盗窃罪,判处有期徒刑十个月,并处罚金人民币 7000 元;2. 责令被告人程某退赔被害人的经济损失 3500 元。

长沙市人民检察院提出书面意见认为,本案上诉人程某盗窃的事实清楚,证据确实、充分。但长沙市公安局天心分局、长沙市公安局雨花分局将上诉人程某的两起犯罪事实分案侦查的行为违反了《公安机关办理刑事案件程序规定》第十八条第一款、第十九条第一款的相关规定,鉴于长沙市天心区人民法院、长沙市雨花区人民法院已在法定幅度内分别对上诉人程某定罪量刑,长沙市雨花区人民法院的判决已经执行完毕,将案件发回重审不能实现两案并罚从而减轻其刑罚的结果,建议直接改判刑期,酌情从轻量刑。

经审理查明,原审判决认定上诉人程某盗窃的事实清楚,证据确实、充分,本院予以确认。

本院认为,上诉人程某以非法占有为目的,入户盗窃他人数额较大的财物,其行为已构成盗窃罪。上诉人程某归案后能如实供述自己的罪行，依法可以从轻处罚。关于本案的侦查程序问题，经查，长沙市公安局天心分局、长沙市公安局雨花分局将上诉人程某的两起犯罪事实分案侦查的行为违反了《公安机关办理刑事案件程序规定》第十八条第一款、第十九条第一款的规定，本案应并案侦查后移送起诉。基于对维护法律公平正义及保护上诉人程某合法权益的角度考量，本院决定对上诉人程某从轻判处。故上诉人程某对此提出的上诉理由及长沙市人民检察院对此提出的检察意见，本院予以采纳。

三、共同犯罪分、并案的灵活适用

《最高人民检察院关于公诉案件撤回起诉若干问题的指导意见》第6条规定："在案件提起公诉后、作出判决前，发现被告人存在新的犯罪事实需要追究刑事责任的，人民检察院如果在法定期限内能够追加起诉的，原则上应当合并审理。如果人民法院在法定期限内不能将追加部分与原案件一并审结的，可以另行起诉，原案件诉讼程序继续进行。"显然，该规定确立了以合并审理为原则，以分案审理为例外。最高人民检察院、公安部《关于规范刑事案件"另案处理"适用的指导意见》第2条规定："本意见所称'另案处理'，是指在办理刑事案件过程中，对于涉嫌共同犯罪案件或者与该案件有牵连关系的部分犯罪嫌疑人，由于法律有特殊规定或者案件存在特殊情况等原因，不能或者不宜与其他同案犯罪嫌疑人同案处理，而从案件中分离出来单独或者与其他案件并案处理的情形。"对共同犯罪案件的处理通常遵循并案审理的原则，这不仅是法律的基本要求，也是诉讼的基本精神和普遍做法。并案审理有助于确保案件事实的全面查明，法律适用的一致性，以及判决的公正和均衡。这种做法有利于保护当事人的合法权益，确保罪责刑相适应的原则得到贯彻，同时也有助于法律的正确实施和社会公正的实现。如果没有符合法律规定的特殊情况或特殊性，任意分案审理可能会导致程序上的不公正，进而影响到实质正义的实现。分案处理可能会导致对同一犯罪事实的不同解释和评价，从而产生不一致的判决结果，特殊情况下，如并案审理可能对案件事实的查明或法律适用造成困难，或者存在其他合理理由，分案处理可能是必要的。但即便在这种情况下，也应当谨慎考虑，确保分案处理的决定是基于充分的法律依据和对案件特殊情况的审慎评估。

[案例参考]

　　王 A 故意杀人案

　　《刑事审判参考》指导案例第 1338 号

　　（一）基本案情

　　原审被告人王 A（先归案），女，汉族，1978 年 9 月 15 日出生。2004 年 9 月 1 日被逮捕。

　　同案被告人王 B（后归案），基本情况略。

　　河南省周口市人民检察院以周检刑诉（2005）36 号起诉书指控被告人王 A 犯故意杀人罪，向周口市中级人民法院提起公诉。周口市中级人民法院以故意杀人罪判处王 A 死刑，缓期二年执行，剥夺政治权利终身。宣判后，王 A 提出上诉，河南省高级人民法院裁定，撤销原判，发回重审。周口市中级人民法院作出与前次相同的判决。在法定期限内没有上诉、抗诉。河南省高级人民法院经复核，裁定撤销原判，发回重审。周口市中级人民法院再次以故意杀人罪判处王 A 死刑，缓期二年执行，剥夺政治权利终身。宣判后，王 A 又提出上诉，河南省高级人民法院裁定，驳回上诉，维持原判。附带民事诉讼原告人王 A 不服，提出申诉。河南省高级人民法院复查期间，同案人王 B 归案，周口市人民检察院以周检刑诉（2012）56 号起诉书指控被告人王 B 犯故意杀人罪，向周口市中级人民法院提起公诉。河南省高级人民法院对王 A 故意杀人申诉一案作出由该院再审的决定，并裁定，撤销第一审判决、第二审裁定，发回周口市中级人民法院重新审判。周口市中级人民法院对王 A 故意杀人再审案与被告人王 B 故意杀人案（以下简称"两王案"）

并案审理。

被告人王 A 辩称，是王 B 杀死王某某并分尸，自己没有参与杀害王某某，且有自动投案情节。其辩护人辩称，本案事实不清，证据不足；本案定性不妥，应定王 A 包庇罪为宜；王 A 有主动投案情节。

周口市中级人民法院经审理查明，自 2001 年以来，身为河南省沈丘县周营乡政府计生办工作人员的被告人王 A 与同乡地税所的董某有不正常的男女关系，王 A 找到同乡黄孟营村计生专干的被告人王 B，要求帮忙杀害董某的妻子被害人王某某。2004 年 8 月 18 日上午，王 A 先将王某某骗至沈丘县周营乡政府办公室三楼其住室内，后让王 B 来周营乡政府。王 B 到周营乡政府王 A 住室后，王 A 先掐着王某某的脖子又用被子捂王某某的嘴，王 B 也帮忙掐王某某的脖子，二被告人共同将王某某掐死。王 A 交给王 B 5000元雇佣金后王 B 逃离现场。之后，王 A 买刀将王某某尸体肢解成六部分。其中王某某尸体腰部以上至头部及腰部以下至两膝盖被王 A 藏匿于沈丘县周营乡政府高某住室内，左右小腿及左右两脚被王 A 藏匿至沈丘县周营乡政府后院的草丛中。经鉴定，死者系被人机械性窒息死亡，并被肢解。

周口市中级人民法院认为，被告人王 A、王 B 共同故意非法剥夺他人生命，其行为均已构成故意杀人罪。公诉机关指控罪名成立。本案系共同犯罪，王 A、王 B 均系主犯。王 A 为了达到与被害人王某某丈夫结婚的目的，与王 B 事先预谋并与王 B 共同实施杀害王某某的行为，后王 A 肢解被害人王某某尸体，藏匿、抛弃尸块，系犯意的提起者、杀害王某某、肢解王某某尸体、抛弃藏匿尸块的实施者，其犯罪动机卑鄙，手段残忍，性质恶劣，社会影响极其恶劣，罪行极其严重，应予严惩。依照《中华人民共和国刑法》第二百三十二条、第五十七条第一款、第三十六条、第二十五条第一款的规定，以故意杀人罪判处被告人王 A 死刑，剥夺政治权利终身。

宣判后，王 A 提出上诉。

（二）裁判结果

河南省高级人民法院经审理，依法驳回王 A 的上诉，并依法报请最高人民法院核准。

（三）裁判理由

周口市人民检察院没有重新制作起诉书，开庭时分别宣读了针对被告人王 A、王 B 指控内容不同的起诉书，周口市中级人民法院决定对"两王案"并案审理，这一程序是否适当？

1. 本案并案审理程序适当

第一审人民法院将属于再审程序的王 A 案和属于普通程序的王 B 案按照第一审程序并案审理，检察机关是否应当并案起诉的问题，看似两诉合并为一诉的问题，实质上是涉及共同犯罪的被告人王 A、王 B 先后被抓获，对先归案的王 A 的判决业已生效，因而对后归案的王 B 是一审，对王 A 案是再审。对于该问题，刑事诉讼法没有规定，《最高人民法院 最高人民检察院 公安部 国家安全部 司法部 全国人大法制工作委员会〈关于实施刑事诉讼法若干问题的规定〉》（以下简称《六部委规定》）第三条第（二）项规定，共同犯罪的案件，人民法院、人民检察院、公安机关可以在其职责范围内并案处理。司法实践中，对于同属一个程序的案件，并案处理没有异议，但对分属于不同程序的案件，如本案，一个是再审第一审案件，一个是普通程序第一审案件，能否合并审理意见不甚一致，即便合并审理，案号是使用普通程序的案号，还是使用再审程序的案号也有分歧。

我们认为，不管是普通程序第一审案件，还是再审程序第一审案件，归根到底，都是第一审案件，存在并案审理的程序基础，且并案审理更有利于查明案件事实，可能存在的案号问题只是技术性问题，实践中，有的合并为一个案号，或初字号（普通程序），或再字号（再审程序）；有的列两个案号，既有初字号，又有再字号。

就本案而言，周口市人民检察院对"两王案"没有并案起诉，周口市中级人民法院决定并案审理时，该院在开庭中分别宣读了针对王A、王B指控内容不同的起诉书，程序适当。理由如下：

（1）周口市人民检察院对"两王案"已不具备并案起诉的条件。

关于检察机关并案处理的方法，《2012高检规则》第四百五十八条规定，在人民法院宣告判决前，人民检察院发现遗漏的同案犯罪嫌疑人或者罪行可以一并起诉和审理的，可以追加、补充起诉。我们认为，此处一并处理的方法就是在先到案的王A案起诉书的基础上，追加、补充起诉王B及王A的罪行。然而本案存在的问题是，河南省高级人民法院对王A案提起再审，并于2013年8月30日作出刑事附带民事裁定，撤销原生效裁判，发回周口市中级人民法院重新审判前，周口市人民检察院已于2012年5月21日将王B案起诉到周口市中级人民法院。只有将王B案的起诉书撤回，才可以实现"两王案"并案起诉。《2012高检规则》第四百五十九条第一款规定了撤回起诉的七种情形：不存在犯罪事实的；犯罪事实并非被告人所为的；情节显著轻微、危害不大，不认为是犯罪的；证据不足或证据发生变化，不符合起诉条件的；被告人因未达刑事责任年龄，不负刑事责任的；法律、司法解释发生变化导致不应当追究被告人刑事责任的，以及其他不应当追究被告人刑事责任的。而王B案不符合上述条件，故起诉书不能撤回，"两王案"也就无法实现并案起诉。因而，本案复杂的不是撤回起诉的程序问题，而是撤回起诉没有法律或司法解释上的根据。但该案已经恢复到一审程序，开庭时同时宣读两份起诉书由法院依法认定犯罪事实不违反法律规定。

（2）人民法院可以直接将两案并案审理。在检察机关不能将"两王案"并案起诉的情况下，人民法院直接将两案并案审理，一起开庭，一起作出判决，并不违反法律规定。

综上，在周口市人民检察院不能并案起诉的情况下，周口市中级人民法院决定对"两王案"并案审理，周口市人民检察院在出庭支持公诉的同时宣读"两王案"指控内容不同的起诉书，并无不当。

第三篇　证　据

第七章　跨地域犯罪案件证据的困境
与破解路径

证据在案件侦查和犯罪认定过程中起着至关重要的作用，它是确保司法公正和法律正确实施的基础。在处理跨地域犯罪案件时，这一点尤为显著。这类案件往往涉及多个地区、众多人员，以及复杂的资金流动和利益关系，因此，收集和分析证据的工作变得尤为复杂和艰巨。跨地域犯罪案件中的参与人员众多且身份不特定。这些人员可能包括受害者、嫌疑人、证人、共犯以及其他相关人员。由于每个人的立场、利益诉求以及对案件的了解程度各不相同，他们所提供的证据可能会存在显著差异，甚至相互矛盾。这就要求侦查人员必须具备高度的专业素养和敏锐的洞察力，以便从众多信息中甄别真伪，找出最有价值的线索。

第一节　跨地域犯罪案件的证据困境

跨地域犯罪案件往往涉及广泛的地域范围，由于证据数量繁多，侦查人员需要对证据进行系统的整理和分析。这包括但不限于对物证、证人证言、书证、电子数据等各类证据的收集、保管、鉴定和分析。在这个过程中，侦查人员需要运用各种科学技术手段，如 DNA 鉴定、指纹比对、电子数据恢复等，以确保证据的准确性和可靠性。跨地域犯罪案件的侦查工作是一项系统而复杂的任务，需要侦查人员具备全面的专业知识、严谨的工作态度和高效的协调能力。通过科学、系统地收集和分析证据，才能最终揭示案件的真相，为犯罪分子定罪提供坚实的基础，从而维护法律的尊严和社会的公正。

一、证据数量繁多

在当前信息化和网络化日益深入的社会背景下，网络跨地域犯罪案件呈现出证据数量繁多的特点，这已成为此类案件侦查工作中的一大挑战。与传统犯罪案件相比，网络跨地域犯罪案件的证据种类更加多样化，数量也更为庞大。这些证据不仅包括传统的物证、书证、证人证言等，还涵盖了大量的电子数据、网络通讯记录、资金流转信息等新型证据形式。

以"e租宝"和"善心汇"等大型网络犯罪案件为例，其卷宗数量之多令人震惊，分别超过了 5000 册和 8000 册。这不仅对侦查人员的工作量提出了极高的要求，也对证据的管理和分析能力提出了严峻的考验。面对如此庞大的证据体系，侦查人员需要运用更为先进的技术和方法，才能有效应对。

首先，传统的证据收集手段已经难以满足当前网络犯罪案件的需求。侦查人员必须掌握和运用现代化的信息化手段，如网络侦查技术、大数据分析技术等，以提高证据收集的效率和准确性。通过这些技术手段，可以快速地从海量的网络数据中筛选出与案件相关的信息，为案件的侦破提供有力的支持。

其次，传统的小数据侦查所形成的证据体系和证据审查认定规则也需要更新。在大数据时代，侦查人员需要建立新的证据规则和审查机制，以适应网络犯罪案件的特点。这包括对电子数据的合法性、可靠性进行更为严格的审查，以及对证据之间的关联性进行更为细致的分析，从而确保证据链的完整性和有效性。

此外，面对庞杂的证据，侦查人员还需要具备强大的信息整合和分析能力。这不仅要求侦查人员具备相应的技术知识，还需要具备跨学科的综合素质，以便能够从不同角度和层面对证据进行解读和运用。

最后，对于证据的质证工作也同样重要。在网络跨地域犯罪案件中，证据的真实性和有效性往往需要通过专业的技术手段进行验证。因此，侦查人员不仅要收集证据，还要对证据进行科学的分析和评估，确保其在法庭上的可采性和说服力。

综上所述，网络跨地域犯罪案件的证据收集和分析工作是一项复杂而艰巨的任务。侦查人员必须紧紧依靠现代化的信息化手段和大数据技术，不断创新和完善证据规则，提高自身的专业素养和综合能力，才能有效应对当前网络犯罪案件的挑战。

二、取证难度大

跨地域案件的侦查工作因其特殊性而面临着诸多挑战，尤其是在证据的收集和固定方面。被害人的广泛分布和取证难度的增加，使得案件的办理变得更加复杂和困难。例如网络涉众型经济犯罪案件中，犯罪行为往往持续时间较长，涉及的人数众多，这导致了原始记录的不完整性或丢失的问题。由于犯罪活动的连续性和隐蔽性，侦查机关在查明案件事实时，往往需要花费大量的时间和精力去搜集、整理和分析证据。这些证据可能分散在不同的地点、不同的人员手中，甚至可能因为时间的流逝而遭到破坏或遗失，给案件的侦破带来了极大的难度。

网络平台的多样性、网络支付手段的便捷性、即时通讯工具的普及性以及交通的便利性，使得犯罪行为更加隐蔽，难以被发现。犯罪分子利用这些工具进行隐蔽的沟通和资金转移，使得侦查机关在追踪犯罪线索时面临重重困难。此外，一些关键证据可能以电子数据的形式存在，存储于网络的各个角落，这些数据往往以无形编码的形式传递，不易被发现和提取。

犯罪分子在实施网络犯罪时，通常会利用分散在不同地理位置的多台计算机或服务器来实施犯罪行为，这使得证明犯罪事实的证据分散在不同的服务器、网址、电脑和外部存储设备上。这种虚拟化程度极高的犯罪方式，给证据的提取和固定带来了极大的挑战。例如，某数据存储头部企业的数据分布在全国多个机房，存储量极其庞大，无法通过传统的物理方式进行调取。线上调取数据需要侦查机关提供准确的 IP 地址，但办案单位往往难以应对经过加密处理的 IP 地址，这增加了取证的难度。

此外，网络跨地域犯罪案件中的证据极易受到篡改、破坏或销毁。以数据存储企业为例，对于不再续费的服务器租用主体，企业会在三个月后删除其数据以释放存储空间。这意味着，一旦侦查机关未能及时采取措施，关键证据可能会永久丢失。跨境作案情况突出，更增加了案件取证的难度。虚拟货币的兴起，尤其是比特币等数字货币的流行，为犯罪分子提供了新的作案手段和洗钱渠道。部分群众受到虚拟货币赚钱效应的吸引，冒险投资于各类网络投资项目，而这些项目往往隐藏着巨大的风险。犯罪分子利用虚拟货币的匿名性和跨境流动性，通过设置在境外的服务器和公司主体，进行非法集资、诈骗等犯罪活动。这些犯罪嫌疑人通常会采取一系列技术手段来隐藏自己的行踪，例如委托技术防护公司对网站进行加速防护，或在 App 中植入内嵌式代码，使得公安机关在侦查过程中难以追踪和定位。这些技术障碍不仅增加了侦查的难度，也使得犯罪分子能够逃避法律的打击。外籍人员的参与进一步增加了案件办理的复杂性。他们可能利用自己的身份和国际背景，参与跨境犯罪活动中，使得案件的侦查和取证工作更加困难。此外，不同国家的法律法规、司法体系和执法合作机制存在差异，这些因素都可能成为犯罪分子逃避打击的保护伞。

三、证据认定难

1. 证明案件性质的证据认定难

跨地域犯罪活动呈现出多样化和复杂化的特点，这给案件性质的认定带来了极大的挑战。跨地域犯罪不仅涉及多种犯罪形态，而且在犯罪手段和形式上也存在交叉和牵连，使得案件的真相难以一眼看穿。

其一，跨地域犯罪的多样性使得证据的收集和分析变得极为复杂。不同的犯罪形态要求侦查机关掌握相应的专业知识和技能，以便准确地识别和收集相关证据。例如，组织领导传销案件需要侦查人员了解传销的运作模式和特点，而集资诈骗案件则需要对金融产品和市场有一定的认识。此外，非法吸收公众存款和合同诈骗案件则涉及更为复杂的经济活动和法律关系，需要侦查人员具备相应的法律和经济背景知识。其二，跨地域犯罪活动中的形式和手段上的牵连或交叉，使得案件性质的认定更加困难。犯罪分子为了掩盖犯罪目的和逃避法律打击，往往会采取多种犯罪手段并用，或者在不同犯罪形态之间进行转换。这种情况下，侦查机关需要深入分析犯罪活动的内在联系和本质特征，才能准确判断案件的性质。其三，案情的错综复杂性也是认定案件性质的一个难点。在跨地域犯罪中，违规行为、违法行为和犯罪行为往往交织在一起，难以区分。侦查机关在收集和分析证据时，需要仔细甄别各种行为的性质和严重程度，以便正确界定案件的法律属性。为了应对这些困难，侦查机关需要加强与相关部门的协作和信息共享，形成打击跨地域犯罪的合力。此外，利用现代化的侦查技术和手段，如大数据分析、网络侦查等，提高证据收集和分析的效率和准确性。

2. 犯罪主观方面的证据认定难

犯罪主观方面的证明一直是案件侦查和审理中的难点。犯罪主观方面的认定，即对犯罪嫌疑人犯罪时的心理状态和认知水平的判断，对于确定其犯罪责任和量刑具有重要影响。跨地域犯罪案件中的犯罪嫌疑人，尤其是涉案公司的非核心人员，常常会辩称自己在主观上并不明知犯罪，不知道公司从事的是非法活动。这种辩护使得案件的审理变得更加复杂。如果司法机关不能准确地认定犯罪嫌疑人的主观恶意，可能会导致两种极端情况的出现：一是放纵真正的犯罪分子，使其逃避应有的法律制裁；二是冤枉无辜的人，造成冤假错案，损害司法公正。

为了准确认定犯罪主观方面，司法机关需要综合考虑多种因素。首先，需要对犯罪嫌疑人的职业背景、教育水平、工作经历等进行深入了解，以判断其是否具备识别公司行为合法性的能力。其次，要仔细审查犯罪嫌疑人的具体行为和表现，分析其是否存在故意规避法律或故意参与非法活动的证据。此外，还需要关注犯罪嫌疑人是否存在隐瞒真相、销毁证据等行为，这些行为可能表明其主观上明知犯罪。犯罪主观方面的证明结果不同，还会对后续的定罪量刑产生显著影响。如果犯罪嫌疑人被认定为明知犯罪而故意参与，那么其可能面临更为严厉的刑事处罚。相反，如果犯罪嫌疑人能够证明自己在主观上并不明知犯罪，那么其刑事责任可能会相应减轻。因此，犯罪主观方面的认定对于确保案件公正处理具有至关重要的作用。

3. 对利用互联网实施的犯罪案件的电子数据认定难

在网络环境下，计算机系统的使用痕迹、未授权的控制和数据篡改记录等信息往往具有易失性。这种情况因为部分涉案人员具备较高的计算机操作技能和较强的规避侦查能力而变得更加棘手。他们能够巧妙地利用网络资源来掩盖自己的行为轨迹或者远程消除相关证据。随着网络犯罪的产业链日益成熟和分工的精细化，技术的不断进步也使得犯罪环节之间的联系变得更加松散。

网络犯罪依赖于信息与数据的交换来实施，其危害之所以能在现实世界中体现，是因为个人和组织的身份信息及财产信息通过网络实现了数字化和信息化，可以在网络空间中自由流通。在网络犯罪活动中，通常会形成一条或多条完整的数据流转路径。这些数据流转不仅发生在犯罪行为人与受害者之间，也存在于网络犯罪的各个环节，以及犯罪组织内部不同层级的信息传递、存储和使用过程中。

在处理网络犯罪案件时，侦查人员需要对各种通信信息流进行综合分析，这包括但不限于手机使用记录、短信往来、基站数据等；同时，还需关注资金交易流，如通过微信、支付宝、银行账户等进行的金融活动；此外，对即时通讯工具中的聊天记录，如微信、QQ、Skype 等，也是分析的重要内容。除了对这些不同类型的数据流进行独立分析外，还需要通过数据碰撞和关联分析的方法，将不同来源和类型的数据进行综合比对，以揭示网络犯罪的行为模式和时间顺序，全面重现嫌疑人在网络空间的犯罪行为，从而为案件的定性和量刑提供有力的证据支持。

4. 跨地区案件证据认定难

在处理跨地区乃至跨省份的犯罪案件时，各地公安机关面临的一个普遍问题是，往往只关注并处理与本地区直接相关的案件部分。这种做法虽然在一定程度上能够集中资源和精力，但却忽视了案件的全局性和连贯性。由于这些案件的本地案件与外省市的案件在实质上存在紧密的关联，证据的交叉使用变得尤为重要。然而，由于目前证据共享机制尚不完善，各地公安机关在证据交换和共享方面存在障碍，这给案件的全面侦破带来了不小的挑战。

在网络化的现代社会背景下，犯罪案件的规模和复杂性日益增加。涉及的参与人员可能多达数百、数千甚至数万人，乃至数十万人。在这种情况下，期望所有证据之间不存在任何矛盾，并且能够完全相互印证，这在现实中往往是不现实的。然而，《刑事诉讼法》规定的证明标准是"证据确实充分"，这意味着证据必须达到一定的质量和数量，才能满足法律的要求。

由此可见，传统的证据规则和标准已经难以满足跨地域犯罪案件的办案需求。为了适应这种新的犯罪形态，需要制定和实施新的证据规则。这些新规则应当更加灵活和具有针对性，能够适应网络化、跨地域犯罪的特点。例如，可以通过建立更加高效的证据共享平台，加强各地公安机关之间的协作和信息交流，提高证据收集和分析的效率。同时，也可以探索利用大数据、人工智能等现代技术手段，对大量复杂的证据进行快速处理和智能分析，以提高证据的质量和可靠性。

第二节　跨地域犯罪案件的证明困境

随着信息技术的飞速发展，网络空间已经不仅仅是一个虚拟的概念，而是逐渐成为社会生活的一个重要组成部分。在这个过程中，"空间"的概念经历了从物理实体向抽象观念的转变，网络空间开始被赋予了越来越多的社会属性。公民、法人和其他组织通过互联网和信息技术在虚拟空间中重新聚合，形成了新的社会关系网络和互动模式。

在这样的背景下，传统的犯罪活动也开始向网络空间转移和扩散。网络的匿名性、无国界性和便捷性为犯罪分子提供了新的作案手段和平台。与此同时，新型的网络犯罪不断涌现，它们不仅独立存在，还与传统犯罪相互交织,为传统犯罪提供了更加先进的技术手段和更加隐蔽的操作环境。这种相互作用和促进,导致了网络黑灰产业链的形成,形成了一个恶性的"生态圈"。

网络黑灰产业链涵盖了从网络攻击、网络诈骗、数据泄露、身份盗窃到网络洗钱等多种犯罪活动。在这个"生态圈"中,各个犯罪环节相互依存、相互促进,形成了一个复杂的犯罪网络。犯罪分子利用网络技术进行犯罪活动,不仅给个人和组织的财产安全带来威胁,也对社会秩序和国家安全构成了挑战。[①]

一、海量化挑战罪证难度

在信息网络下游犯罪中,犯罪活动的规模和复杂性随着数据量的激增而显著增加,其中"数额"和"情节"等关键要素呈现出海量化的趋势。这种大规模的数据特征对传统的"定性+定量"犯罪证明模式提出了挑战,传统的精确计量方法在处理大量数据时显得力不从心,难以满足现代犯罪证明的需求。

面对这一现实难题,如何简化证明手段,高效完成海量罪量要素的证明,成为了司法实践中亟待解决的问题。在这种情况下,"印证证明"成为了一种可行的解决方案。其核心在于通过获取多个相互关联和支持的证据,利用这些证据中所包含的信息的一致性来证实待证事实。这种方法不再单纯依赖于精确的计量,而是更加注重证据之间的关联性和内在联系。[②] 然而,网络环境中的数据信息虽然海量,但来源极为分散,这给证据间的相互印证带来了不小的困难。数据的分散性意味着侦查人员需要在众多的数据源中进行筛选和比对,以寻找和确认那些能够相互支持的证据。这一过程不仅工作量巨大,而且需要高度的专业知识和技术能力。此外,网络数据的真实性和完整性也是证明过程中需要考

---

① 皮勇:《论新型网络犯罪立法及其适用》,载《中国社会科学》2018年第10期。

② 龙宗智:《刑事印证证明新探》,载《法学研究》2017年第2期,第149~167页。

虑的重要因素。由于网络数据容易被篡改或破坏，侦查人员在获取和分析数据时必须确保其可靠性和有效性。这可能需要借助专业的数据分析工具和技术，如数据挖掘、模式识别和数据可视化等，以提高证据的质量和证明的准确性。

二、虚拟犯罪使身份认定难

痕迹作为犯罪行为的直接"反映"，在司法侦查中扮演着至关重要的角色。在传统犯罪侦查中，通过现场勘验所获得的物理痕迹，如指纹、脚印、DNA 样本等，往往是确定犯罪嫌疑人身份的关键证据。这些痕迹与特定行为人之间存在着直接的联系，使得身份的同一性认定过程相对简单直接。与传统犯罪中"由痕迹到犯罪人"的直接证明路径不同，网络犯罪的虚拟性为犯罪人的身份确认设置了障碍。在网络虚拟场域中，犯罪行为留下的电子痕迹，如登录记录、IP 地址、数字文件等，虽然能够反映出犯罪行为的发生，但这些痕迹通常只能指向特定的电子设备，而非行为人本人。在实际办案过程中，侦查人员通常会将主要精力投入到追查涉案计算机的来源和使用情况上，而对于如何确切证明被追诉人在犯罪发生时是涉案计算机的实际使用者这一关键问题，却往往未能给予足够的重视。这就要求侦查人员必须通过更为复杂的手段，将这些电子痕迹与物理空间中的行为人联系起来，从而确定身份的同一性。

网络空间的匿名性和去中心化特点使得犯罪人的身份难以直接与现实世界中的个体对应起来。因此，建立起从涉案计算机到计算机使用者（即被追诉人）的直接联系，成为了网络犯罪案件中的一项重要而复杂的任务。为了实现这一目标，侦查人员需要对涉案的电子设备进行详细的勘验和鉴定。这包括分析设备的使用记录、网络浏览历史、通讯内容、文件存储情况等，以寻找可能与行为人身份相关的线索。此外，还可能需要借助专业的数字取证技术，如恢复删除的文件、解析加密的数据、追踪网络活动等，以获取更为确凿的证据。然而，网络环境中的匿名性和多变性使得电子痕迹的收集和分析变得复杂，因为电子设备上的痕迹容易被篡改或删除，这增加了证据的不确定性。由于网络犯罪往往具有跨国性质，涉及不同国家和地区的法律体系和技术标准，这也给身份的同一性认定带来了额外的难度。因此，证明这一联系的证据往往较为薄弱，这导致案件的证据链条容易断裂。例如，即使侦查人员能够追踪到涉案计算机的 IP 地址或网络活动记录，但如果没有确凿的证据将这些数据与被追诉人的行为直接关联起来，就难以形成完整的证明链条。这可能包括但不限于登录记录、网络交易信息、电子通信内容、监控视频等，这些证据的缺失或不足都会使得证明工作陷入困境。①

三、链条化犯罪结构增加明知证明难度

犯罪结构链条化是现代犯罪活动的一种显著特征，它体现了犯罪行为从简单的个体或团伙作案向更为复杂、有组织的犯罪网络转变的趋势。在这种结构中，犯罪分子之间的分工更加明确和专业化，每个行为人负责链条中的一个或几个特定环节，从而使得整个犯罪活动能够高效、有序地进行。这种链条化的犯罪结构通常呈现出"上游—中游—下游"的分布，每个环节都有其特定的功能和作用。上游通常涉及犯罪活动的策划和资源的准备，如资金的筹集、非法技术的开发等；中游则负责实施具体的犯罪行为，如网络攻击、数据窃取等；下游则涉及犯罪所得的洗钱和分赃，以及犯罪成果的变现和分配。

在这种链条化的犯罪模式中，不同层级之间往往存在一定程度的隔离和阻断，这为犯罪分子提供了保护，使得整个犯罪网络更难以被一网打尽。同时，犯罪分子利用虚拟网络空间的匿名性和中立性技术，如加密通讯、虚拟货币等，来掩盖其犯罪目的和行为，使得犯罪活动的发现和追踪变得更加困难。②

与传统犯罪中多个主体之间需要明确的共谋不同，网络犯罪中的行

---

① 王志刚：《论补强证据规则在网络犯罪证明体系中的构建——以被追诉人身份认定为中心》，载《河北法学》2015 年第 11 期。

② 刘宪权：《网络黑灰产上游犯罪的刑法规制》，载《国家检察官学院学报》2021 年第 1 期。

为人往往隐藏在虚拟身份背后，他们之间可能只需要非常微弱的联络，甚至不需要任何直接的意思沟通，就能在客观上参与犯罪活动。这种情况下，要通过共犯的陈述来证明行为人主观上的"明知"要件变得异常困难。即使行为人的行为在客观上对犯罪有所助益，但由于缺乏直接的证据来证明其犯罪意图，使得主观"明知"的认定变得复杂。

此外，网络帮助行为往往具有"中立"的外观，行为人在提供技术服务或信息传播时，可能并不直接参与犯罪行为，但其行为却可能为犯罪活动提供了便利。在这种情况下，要从客观行为推导出行为人主观上的"明知"同样面临困难。司法机关需要在缺乏直接证据的情况下，通过间接证据和行为人的外部表现来进行推断和认定。

第三节　证明路径的规范与优化

信息网络犯罪的特点之一是涉及的数据量巨大，但在实际的司法证明过程中，却常常面临人证和物证不足的问题。与传统犯罪相比，网络犯罪的证据更多体现为电子数据和数字信息，而这些数据往往难以直接转化为法庭上的有效证据。以网络售假、侵犯公民个人信息、电信诈骗等案件为例，虽然侦查机关可以相对容易地确定犯罪行为的性质，但在定量证明方面却遇到了难题。例如，在网络售假案件中，虽然可以确定存在销售假冒商品的行为，但要追踪并获取每一笔假货的物证几乎是不可能的任务。同样，在侵犯公民个人信息的案件中，由于信息的广泛传播和可能的多次复制，核对每一条个人信息以排除重复性也成为了一项艰巨的工作。在信息网络犯罪案件中，传统的印证证明模式——即通过多个独立证据相互印证来认定案件事实的方法——显示出了明显的局限性。网络犯罪涉及的数据量巨大，远远超出了传统刑事证明标准的设计预期。如果按照传统的刑事证明标准，要求将海量的电子数据与人证一一对应，不仅工作量巨大，而且在实际操作中几乎不可能完成。因此，面对信息网络犯罪的特殊性，司法机关需要探索新的证明模式和方法。

一、运用"全链式"综合认定

在处理那些印证对象众多，且印证证明的数额和情节难以满足法定罪量标准的情况下，传统的印证证明方法可能不再适用。针对这类案件，采取综合证明结合抽样验证的方法，可能更有助于完成罪量要素的认定。这种方法能够在一定程度上解决传统证明模式在面对大量数据时的局限性，同时也能够适应网络犯罪的特点和挑战。

传统印证证明模式主要关注证据之间的外部一致性，即证据之间是否能够相互印证，形成闭环。然而，这种模式往往忽视了证据的"内省性"，即证据本身所蕴含的深层信息和内在逻辑。在网络犯罪案件中，由于涉及的数据量巨大，外部检验标准的缺失可能导致裁判者在面对海量数据时感到无所适从，不敢或不愿依据现有证据作出判决。为了解决这一理论与实务的困境，我们需要探索一种更加规范化的网络犯罪证明方法。这种探索不应局限于套用现有的程序或机械地规定证明方法、证明责任和证明标准，而应寻求一种更具包容性和灵活性的证明模式。

从刑事一体化的角度出发，网络犯罪的认定不仅涉及刑事实体法的规范性解释，更加强调了证据规则在证明犯罪构成要件中的关键作用。《电信网络诈骗案件意见》明确："办理电信网络诈骗案件，确因被害人人数众多等客观条件的限制，无法逐一收集被害人陈述的，可以结合已收集的被害人陈述，以及经查证属实的银行账户交易记录、第三方支付结算账户交易记录、通话记录、电子数据等证据，综合认定被害人人数及诈骗资金数额等犯罪事实。"在《人民检察院办理网络犯罪案件规定》中，也频繁提及的"综合认定""综合分析"和"综合判断"等概念，反映了当前司法实践中对于网络犯罪证明方法的创新和探索。这些方法的提出，旨在解决网络犯罪案件中证据的复杂性和海量性所带来的挑战。在传统的司法实践中，证据的收集和认定往往以"人证中心主义"为主，即重视目击证人、被害人和嫌疑人的证言。然而，网络犯罪的特点决定了证据的形态和收集方式与传统犯罪有显著不同。网络犯罪的证据往往以电子数据的形式存在，这些数据分散在网络的各个节点，形成了所谓的"数据中心主义"。

在面对网络犯罪案件中证据的海量化和弥散化特点时，传统的"机械印证"方式——即通过逐一核对每一项证据来构建证明体系——变得不再适用。相反，需要转向"综合认定"的方式，即通过科学的分析方法和合理的推断，对大量的证据进行概括性的认定。这种方式更加注重证据之间的内在联系和整体的证明力，而不是单一证据的孤立效力。

证据综合认定规则的提出，是基于对特殊类型案件，尤其是涉众型案件中犯罪对象、行为、结果等要素的弥散化特征的认识。在这类案件中，待证的犯罪事实和线索往往数量巨大，难以彻底查清。在有限的司法资源下，为了有效打击犯罪，需要探索一种相对合理的证据概括认定规则，以实现对犯罪事实的有效证明。因此，网络犯罪的证据规则需要适应这一转变，从"人证中心主义"迈向"数据中心主义"，证明方式也需要从"机械印证"转变为"综合认定"

综合认定在司法实践中是一种特殊的证据分析方法，它与推定有着本质的区别。综合认定的过程是基于对众多间接证据的全面分析和评估，通过这些证据之间的相互关联和补充，构建起一个相对完整的证据链条。这种证据链条虽然不一定能够实现每一项证据之间的直接印证，但它应当足够强大和完整，能够在法官心中形成确信，从而支持对犯罪事实的认定。

相比之下，推定是一种法律上的机制，它允许在基础事实被证明的情况下，直接认定相关的推定事实。推定的运用不需要构建一个完整的逻辑链条，因为一旦基础事实得到证实，推定事实便依法自动成立。推定的运用在一定程度上减轻了证明负担，但它并不适用于所有情况，特别是在需要对大量复杂证据进行分析的网络犯罪案件中。

综合认定的另一个重要特点是强调论证结构的重要性，它倡导用更为复杂的论证方式来替代传统的单向证据推论。这种方法更加注重证据的"内省性"，即证据本身所蕴含的信息和内在逻辑，而不是仅仅依赖证据之间的外部一致性。在综合认定模式下，即使是单一的电子数据，只要经过了严格的真实性和完整性检验，并且能够合理地融入整体的论证结构中，就能够成为认定罪量的重要依据。

这种以论证结构为核心的证据分析方法，使得法官和侦查人员能够更加灵活地处理网络犯罪案件中的复杂证据。它不仅有助于提高证明的效率和准确性，还能够更好地适应网络犯罪的特点，从而为司法机关提供了一种更为有效的犯罪证明手段。通过这种方法，可以在确保证明标准不降低的前提下，更加公正和合理地处理网络犯罪案件。

二、强化整体主义证明

整体主义作为一种法律证明的理念，强调证据材料的证明力并非孤立存在，而是源自所有相关证据材料之间的相互作用和综合评估。在这一理念下，每一项证据的价值和意义都体现在它与其他证据的关联性以及在整个案件中的总体判断上。这种思维方式要求裁判者在面对网络犯罪案件时，必须在虚拟的网络世界和现实的物理世界之间不断穿梭，细致地分析和评估各种证据，以构建起一个全面、连贯的事实框架。

网络犯罪的事实证明要求裁判者进行精细化的证明工作，这涉及对案件中的整体性事实和全案数据、个别性事实与单一数据信息之间的相互印证。在这个过程中，裁判者需要综合考虑各种类型的证据，包括但不限于证据原子与证据组合、正向信息与反向信息、证据能力与证明力、直接证据与间接证据、结果证据与过程证据等，形成一个多维度、多层次的认知体系。

在网络犯罪的证明过程中，还需要特别强调线下证据与线上证据的整体配合。线上证据，如电子通信记录、网络交易记录、IP地址等，虽然能够提供犯罪行为的直接证据，但往往缺乏直接指向特定行为人的明确信息。而线下证据，如目击证人的证言、物理场所的监控录像等，可以为线上证据提供必要的补充和支持，帮助裁判者建立起更为完整的事实链条。

网络犯罪事实模型的构建是一个复杂的过程，它依赖于对海量数据的分析和挖掘，以发现数据元素与待证事实之间的相关性和规律性。在这一过程中，每个独立的数据元素都可能与特定的网络犯罪事实命题有着直接的对应关系。这种个体化的应对关系意味着，单独的证据(或称为独立原子证据)能够为网络犯罪的事实命题提供支持，反之亦然。通过这种方式，规律性结论的证明力得到了加强，因为这些结论不仅仅是基于单一证据，而是基于大量数据元素之间的相互作用和相互验证。

另一方面，证明体系的融贯性是网络犯罪案件中另一个关键要素。这要求在待证事实之间、待证事实与证据之间以及海量数据与其他证据之间建立起相互印证的关系。这种融贯性确保了证据的全面性和一致性，使得整个证明体系更加稳固和可信。在电子数据的收集和运用中，侦查人员不仅要关注那些直接对案件结果产生影响的电子数据，还要重视电子数据的收集、提取和保管方法。这包括对电子数据的完整性和真实性进行验证，确保数据在传输和存储过程中未被篡改或损坏。同时，还需要关注"来源笔录"等过程证据，这些证据记录了电子数据的来源和处理过程，为电子数据的真实性和合法性提供了额外的支持。通过这种综合性的证据收集和分析方法，可以形成一个整体的证据体系，其中每个证据都在证明过程中发挥着作用。这种方法不仅提高了网络犯罪事实模型的准确性和可靠性，也为法律的正确实施和司法公正提供了坚实的基础。

三、定性和定量的证明标准区分适用

我国《刑事诉讼法》没有区分定罪与量刑的证明标准。《刑事诉讼法》第55条规定："证据确实、充分，应当符合以下条件：(一)定罪量刑的事实都有证据证明；(二)据以定案的证据均经法定程序查证属实；(三)综合全案证据，对所认定事实已排除合理怀疑。"网络共同犯罪的特点是上下游之间的意思联络通常较为微弱，这给司法实践中的证据收集和证明带来了挑战。在这种背景下，司法解释虽然有限度地承认了片面共犯的概念，但要通过证据间的印证形成完整无缺、能够排除所有合理怀疑的证明体系，往往难以实现。这种困难在网络犯罪的定性问题上表现得尤为明显，尤其是在对案件的金额、数量等关键要素进行认定

时。网络犯罪往往具有小额多笔的特点，这使得查证每个被害人的成本变得非常高。同时，由于涉及的数据量巨大，很难对所有被害人进行逐一核实。在无法查清所有被害人及赃物的情况下，信息网络犯罪的金额认定很难达到传统犯罪案件中所要求的"案件事实清楚"的标准。

为了解决这一问题，可以采用综合补助证据和情状证据的方法，这种方法立足于个案的特点和裁判者的经验，对行为人的主观认识因素进行综合认定。这种方法具有更强的灵活性和可操作性，能够在一定程度上缓解核心证据印证不充分的问题。通过这种方式，即使在直接证据不足的情况下，也能够对犯罪行为进行有效的认定。此外，主客观综合认定的方式要求事实认定者在一定客观证据的基础上进行论证和说理，而不是完全依赖于自由裁量权来创设法外的推定规则。这种做法有助于防止裁判者不当扩大刑罚权的适用，确保司法判决的公正性和合理性。

在处理网络犯罪案件时，对于犯罪事实的存在与否，我们必须严格遵守"案件事实清楚、证据确实充分"的刑事证明标准。这一标准要求法院在判决时，必须确保案件的基本事实得到了充分的证明，证据的质量和数量都达到了法律规定的要求。在网络犯罪的定性问题上，这是一个质的问题，关注的是犯罪行为是否发生，这是一个基本的法律要素，与犯罪行为的严重程度或数量（即定量问题）是不同的。

正如学者所指出的，如果在事实不清、证据不足的情况下，我们难以对犯罪的基本事实做出决断，那么就应该严格遵循"疑罪从无"的原则，避免作出留有余地的判决。这意味着，如果证据不足以支持犯罪事实的成立，法院应当作出无罪判决，以保障被告人的合法权益。网络犯罪的定量问题，即确定犯罪行为的具体程度和数量，是网络犯罪惩治中的一个主要难题。尽管网络犯罪通常留下明显的行为痕迹，并产生大量数据，但在实际的司法实践中，人证和物证往往难以获得。例如，在网络售假、侵犯公民个人信息、电信诈骗等案件中，虽然侦查机关可以确定存在上述犯罪行为，但由于无法追踪每一笔假货或核对每一条个人信息，导致定量证明变得极为困难。然而，对于客观数据的证明，我们并不总是需要通过传统的印证方式来核实。在某些情况下，只要数据能够形成完整的证据链条，即使没有传统的人证或物证，也可以作为定案的依据。此外，通过对客观数据的分析，我们可以直接得出结论，而不必达到排除所有合理怀疑的高标准。这种方法在一定程度上缓解了网络犯罪定量证明的难题，使得司法机关能够在现有证据的基础上，对网络犯罪行为进行有效的打击。

第八章　电子数据的运用

　　2012 年我国修订刑事诉讼法，电子数据的法定证据地位被正式确立。电子数据，包括但不限于电子邮件、聊天记录、网络交易记录、社交媒体动态等，因其能够直观反映行为人的行为轨迹和意图，已成为许多案件中不可或缺的证据形式。特别是在涉及互联网的犯罪案件中，电子数据往往能够提供直接、详尽的犯罪事实，成为影响案件判决的重要依据。它以数字及模拟信号的形式储存在各种介质中，其生成、传递和提取都必须依靠计算机技术和网络技术。从证据属性来看，电子数据是典型的客观证据，具有极强的证明力和说服力，堪称新时代刑事案件的"证据之王"。区别于其他种类的证据，电子数据最大的特征在于"以数字化形式存储、处理、传输"，这一特征决定了电子数据无需依附于固定的载体，非常容易复制、修改，这也造就了电子数据质证有别于其他类型证据的特殊方法。《高法解释》第 110 条至第 112 条明确规定了电子数据的审查要点，也主要体现了保障真实性的倾向：（1）是不是原始介质；（2）是否有文字说明和签名；（3）是否附有笔录、清单；（4）是否符合技术规范；（5）是否完整；（6）是否真实；（7）与案件事实有无关联；（8）是否全面收集，等等。收集和固定电子数据只是审查调查工作的第一步，对电子数据的审查和运用才是审查调查工作的关键所在。因此，办案人员应根据关键要素进行比对分析，根据案情进行关联分析，明确取证方向路径，补充完善证据，形成完整的证据链，发挥电子数据在突破案件和查清事实上的最大功效。

第一节　电子数据的审查与质证

人民法院对电子数据真实性的审查，可根据具体电子数据保管情况，要求举证方出示电子数据的来源、形成时间、获取路径、必要的附属信息和关联痕迹等，来综合判断其是否具有真实性。在前述信息存在矛盾或无法显示时，若举证方无法提供补强证据证明、作出合理说明且该电子数据也无法与其他证据相互印证的，则不予确认其真实性。

一、电子数据的审查对象

(一)审查电子证据的存储介质

在网络犯罪案件中，电子数据作为关键证据，其真实性和完整性对于案件的判决具有决定性影响。因此，对电子数据信息载体进行严格的质证是确保证据有效性的重要步骤。

审查电子证据的存储介质是质证过程中的首要任务。根据介质优先原则，应当确认所提交的介质是否为最初存储电子证据的原始介质。如果介质经过转存，可能会影响到证据的完整性和真实性。同时，需要检查最初的提取过程是否有完整的扣押手续和相关的笔录，以及是否有录像等资料对提取和封存情况进行固定。这些措施有助于确保电子证据在收集、转移和存储过程中的合法性和可靠性。在特殊情况下，如果原始介质不便封存，例如因为技术原因或者证据的敏感性；或者证据并非存储在可封存的介质上，如云端数据；或者证据位于境外，难以按照正常程序进行封存；以及法律规定的其他兜底情形，可以允许例外情况的存在。即便如此，对于这些例外情况，也应当有严格的审查和记录，确保证据的合法来源和有效性。

此外，对于电子证据的提取过程，应当重点审查提取笔录的完备性。这包括提取的时间、地点、方法和参与人员等详细信息。同时，需要检查取证过程中所制作的录像是否存在剪辑、拼凑或合成等痕迹，以确保录像资料的真实性和完整性。任何对原始数据的篡改或操纵都可能导致证据失效，因此对这些细节的审查至关重要。通过上述严格的质证程序，可以有效地确保电子数据作为证据的合法性和可信度，为网络犯罪案件的审理提供坚实的基础。

（二）审查勘验和检查的合法性

在网络犯罪案件中，电子证据的勘验和检查是获取关键信息的重要环节。对这些电子证据的合法性进行质证，是确保证据有效性和可靠性的关键步骤。

对于现场勘验检查所形成的电子数据，必须确保现场保护措施到位，以防止证据被污染或破坏。同时，需要审查在线分析的原因是否合理成立，确保在线分析的必要性和紧迫性。此外，还需要检查在线分析步骤是否遵循了正确的程序和技术规范，以保证分析过程的合法性和结果的准确性。

对于远程勘验而形成的电子数据，关键在于确保远程勘验过程的合法性和数据的完整性。这包括对目标系统状态信息、目标网站内容的提取，以及勘验过程中产生的其他电子数据，都应当计算其完整性校验值，以验证数据在传输和存储过程中未被篡改。同时，记录远程勘验过程中的关键步骤，如录像、照片及截屏，必须完整无缺，以确保勘验过程的透明性和可追溯性。

在检查已扣押、封存、固定的电子证据时，检查人员必须严格遵循相关程序步骤。复制电子证据的过程中，应确保复制结束和重新封存的过程符合规范，以保持证据的完整性。如果是在原始媒介上进行检查，需要质疑是否符合"情况紧急的重大案件""已经计算储存媒介的完整性校验值，检查时不会修改原始储存媒介上的数据""技术所限，无法复制原始媒介"等特定条件。如果这些理由不成立，或者检查过程不符合规定，那么所得证据可能会受到质疑，影响其在法庭上的可采性。

（三）审查电子数据的完整性

电子数据的完整性是评估其证明力的关键性指标，对于电子证据的质证过程至关重要。电子证据与传统证据的一个显著区别在于，电子证据可以被部分提取，而且在这一过程中可能不会留下任何痕迹。因此，对电子数据完整性的质疑可以直接影响到电子证据的客观性和可信度。

在电子证据的提取技术中，存在精确复制、文件复制和转化提取三种主要方法。其中，文件复制和转化提取这两种方法在操作过程中极易导致电子数据的附属信息和电子痕迹的丢失或改变。附属信息包括数据电文生成、存储、传递、增删、修改时发生的记录，这些都是评估电子证据完整性的重要依据。如果这些信息在提取过程中遭到破坏或丢失，将可能导致电子证据的不完整，从而对其证明力产生负面影响。

此外，如果计算机系统存在故障或部分功能不齐全，也可能影响到电子数据的完整性。例如，系统故障可能导致数据的损坏或丢失，而功能不齐全可能使得某些数据无法被提取或分析。这些情况都可能导致提取的电子数据不完整，从而动摇电子证据作为案件事实依据的根基。因此，在对电子数据进行质证时，必须重点关注其完整性。这包括对提取技术的适当性、提取过程的规范性、以及计算机系统的状态进行严格审查。同时，还需要对提取后的电子数据进行完整性校验，确保其在传输、存储和分析过程中未被篡改或损坏。

（四）审查电子数据的保全过程

由于电子数据依附的计算机系统容易受到外部攻击和内部篡改，且这些操作往往不易被立即发觉，因此，在电子证据的流转过程中，确保其原始性和同一性至关重要。如果电子证据的监管链条被切断，或者监管过程中存在疏漏，都可能导致电子证据的同一性受到质疑，从而影响其作为证据的有效性。

为了确保电子证据的可靠性，通常采用外观与数据的双重固定原则。这意味着不仅要固定电子证据的外观特征，如存储介质的物理状态、序列号等，还要固定电子数据的内容，确保数据在提取、传输和存储过程中未被篡改。在质证过程中，可以从以下几个角度寻找质证点：

1. 固定技术本身的可靠性：审查所使用的固定技术是否成熟、稳定，是否存在已知的安全漏洞或缺陷，这些都可能影响电子证据的固定效果。

2. 外观固定与数据固定的完整性：检查是否仅有外观固定而忽略了数据固定，或者数据固定是否完整，是否有可能在固定过程中丢失关键数据。

3. 序列号或完整性校验值的准确性：验证序列号或完整性校验值的计算方法是否正确，是否有可能因为计算错误或篡改而导致校验值不准确。

此外，还可以通过审查电子证据的流转记录、录像、照片等形式与内容，来质疑电子证据及其存储介质是否在某个环节脱离了有效监控。如果发现电子证据在流转过程中存在监管空白或监控不力的情况，可能会动摇电子证据的客观性和可信度。

4. 审查鉴定电子数据所形成的鉴定意见

电子数据的专业性、复杂性、脆弱性和易修改性要求司法人员和鉴定人员具备相应的专业知识和技术能力，以确保电子数据的完整性和可靠性。电子证据的鉴定过程通常包括以下几个环节：其一，送检与委托：在这一阶段，需要确保送检的电子数据与案件争议的事实具有直接的关联性，这是鉴定工作的基础。质证时，可以从鉴定事项与案件争议事实的关联性角度出发，寻找可能的质证点。其二，受理与预检：在受理鉴定申请后，预检工作开始前，需要确认鉴定主体是否具备相应的资质，鉴定人员的数量是否符合法律要求，鉴定机构是否通过了相应的质量认证。同时，还需考察鉴定人的资历、经验、业务水平和个人人品，并注意是否存在应当回避而未回避的情况。这些因素都可能影响鉴定结果的客观性和公正性。其三，镜像复制：在电子数据的鉴定过程中，镜像复制是保证数据完整性的重要步骤。质证时，可以关注复制过程中是否使用了正确的技术手段，是否确保了数据的完整性和一致性。其四，检验分析：检验分析是电子证据鉴定的核心环节。质证时，可以关注检材和检验设备是否符合法律法规或技术管理的要求，检验硬件和软件环境是否稳定可靠，检验流程是否科学合理。其五，出具鉴定意见：在鉴定意见以书面形式出具后，质证可以从形式和内容两个方面进行。形式方面，需要检查鉴定意见书是否齐备，是否符合法律规定的格式要求；

内容方面，需要评估鉴定意见是否科学、合理，是否基于充分的证据和合理的逻辑推理。

二、电子数据的质证要点

（一）真实性审查

1. 原始存储介质

扣押原始存储介质作为电子数据取证的一项基本原则，其目的在于确保电子数据的真实性、完整性和可靠性。在传统的电子数据取证过程中，直接扣押含有电子数据的物理介质，如电脑硬盘、U盘等，是获取电子证据的主要方式。这种方式可以有效地防止数据被篡改或破坏，从而保障证据的有效性。然而，随着信息技术的快速发展和云计算技术的广泛应用，越来越多的电子数据不再仅仅存储在传统的物理介质上，而是存储在远程的云服务器中。这种变化导致了真实案件侦办过程中的电子取证情形与原有的司法解释规定出现了差异。在当前的司法实践中，直接从云服务器提取电子数据已成为常见的取证手段，而扣押原始存储介质则成为了一种补充手段。然而，这种以提取电子数据为主、扣押原始存储介质为辅的取证方式也带来了新的挑战。例如，云服务提供商的数据存储策略、数据备份机制、数据隐私保护政策等都可能影响到电子数据的取证过程。此外，云服务的跨境性质也可能导致司法管辖区的问题，增加了国际法律合作的复杂性。

2. 数字签名、证书等特殊的标志

在司法实践中，数字签名和数字证书是电子数据领域中用于确保数据真实性和完整性的重要工具。它们作为电子数据的特有标识，为辨别数据的真伪提供了可靠的技术支持。数字签名是一种加密技术，它能够证明数据的来源和完整性，而数字证书则是一种电子文档，用于验证数字签名的有效性和数据发送者的身份。

在审查电子数据时，可以通过多种方式来验证数字签名和数字证书的真实性。首先，可以使用专门的软件工具来自动检查数字签名的有效性，确认签名是否与原始数据匹配，以及签名者的身份是否得到权威机构的认证。此外，也可以聘请具有相关领域专门知识的专家进行人工验证，他们可以利用自己的专业知识和经验来评估数字签名和数字证书的真实性。

在某些情况下，还可以申请让负责提取电子数据的侦查人员进行提取过程的验证演示。这种演示可以帮助法庭了解电子数据提取的具体操作，确保提取过程的规范性和合法性，从而增强电子数据作为证据的可信度。

然而，值得注意的是，并非所有的电子数据都配备有数字签名或数字证书。因此，在审查电子数据时，不能仅因为缺少这些特殊标识就轻易否定电子数据的真实性。在缺乏数字签名或数字证书的情况下，还需要结合其他证据和审查手段，如数据的内容分析、数据的来源审查、数据的存储和传输路径追踪等，来综合评估电子数据的真实性和可靠性。

3. 取证过程

在实际的司法实践中，由于电子数据具有高度的技术依赖性，往往会出现无法重现提取过程的情况。这可能是由于多种原因造成的，例如案发后本地网络环境的改变、嫌疑人故意删除或篡改电子数据、存储介质损坏、技术设备更新换代等。这些因素都可能导致原始的提取过程无法被完整地复制或重现。

尽管如此，不能因为电子数据收集和提取过程无法复现就质疑其证明效力。在这种情况下，需要通过其他方式来确保电子数据的合法性和真实性。例如，可以通过审查取证人员的操作记录、监控录像、日志文件等，来间接证明提取过程的合法性。同时，可以利用现有的电子数据进行深入的技术分析，如数据的完整性校验、数据的元数据分析等，来评估数据的真实性和完整性。

此外，还可以通过与第三方专家的合作，对电子数据进行独立的分析和验证。这些专家可以提供专业的意见，帮助法庭理解电子数据的技术特性和取证过程的复杂性。通过这些补充证据和专业分析，即使无法直接重现提取过程，也能够为电子数据的证明效力提供支持。

4. 增、删、改等情形

电子数据的完整性是确保其真实性的基础。在电子数据取证过程中，如果提取的电子数据出现了增加、删除或修改等情况，这可能会对数据的真实性造成影响，使得其作为证据的有效性受到质疑。因为电子数据的任何未经授权的变动都可能改变其原始状态，从而影响案件的事实认定。

在进行远程勘验时，允许勘验取证人员在目标计算机系统中安装新的应用程序，或者通过勘验行为让目标计算机系统生成新的电子数据。这种情况下，电子数据的增加或变动可能是勘验取证过程中的正常操作结果，而非数据被篡改的迹象。因此，在面对电子数据发生增、删、改等情况时，重要的是分析具体原因，并对不同情况进行区别对待。如果变动是在合法和受控的勘验过程中发生的，并且有详细的记录和合理的解释，那么这些变动不应直接影响电子数据的真实性评价。相反，如果变动无法得到合理解释，或者没有适当的记录和监督，那么这些电子数据的真实性就可能受到质疑。

在实际操作中，为了保障电子数据的完整性，取证人员应采取一系列措施。例如，使用写保护设备防止数据被修改，记录详细的取证日志，使用哈希算法计算数据的完整性校验值，并在分析过程中保持数据的原始状态。同时，应当确保取证过程的透明性，允许第三方监督和验证，以增强电子数据作为证据的可信度。

(二)完整性审查

第一，审查电子数据原始存储介质的封存状态，确保原始存储介质的封存状态是未被启动或使用，这对于保证电子数据的原始性和完整性至关重要。通常，司法实践中会采用照片和纸质报告的方式来记录和比对原始介质的状态，以确保其在取证过程中未被篡改。

第二，通过审查收集、提取电子数据过程的相关录屏录像资料，可以验证收集和提取电子数据的每一步操作是否规范。重点在于检查是否对所有相关数据进行了完整和全面的收集与提取，以及收集和提取过程中的步骤是否齐全、规范。这一环节是确保电子数据真实性的重要手段。

　　第三，通过检查访问日志，可以发现是否有异常访问行为，从而排除非授权人员对电子数据进行修改的可能性。异常访问日志的审查有助于揭示电子数据在取证过程中是否遭受未授权的访问和篡改。

　　第四，完整性校验值是验证电子数据是否被篡改的关键。通过对比取证时计算的校验值，可以判断提取的电子数据是否在取证后发生了变化。完整性校验值通常使用散列算法（如 SHA、MD5 等）计算得出，是电子数据鉴真的重要方法。其目的是确保电子数据在取证过程中未被篡改或破坏。在司法实践中，要求在提取电子数据的第一时间进行哈希校验，并计算哈希值，同时在相关笔录中进行记录。每一条电子数据，无论其形式如何，都有其唯一的哈希值。如果电子数据发生了增加、删除或修改，相应的完整性校验值也会发生改变。因此，完整性校验值是判断电子数据是否真实的关键指标。

　　（三）合法性审查

　　随着网络犯罪案件数量的逐年上升，犯罪嫌疑人的技术能力也在不断提升，这对公安机关的取证工作提出了更高的要求。在这种情况下，公安机关越来越多地寻求社会网络技术人员的协助，以应对复杂的网络犯罪取证工作。然而，真正的取证主体仍然是侦查人员本身，侦查人员应确保取证过程的合法性、规范性，并对社会网络技术人员的工作进行有效的监督和指导。

　　在收集和提取电子数据的过程中，建立完整的电子证据保管链是至关重要的。这包括将提取过程及方法详细记录在笔录中，对固定的数据进行完整性校验，并将校验值、屏幕截屏等关键信息作为清单附在笔录后。这样做可以在必要时追溯数据的来源和完整性，确保电子证据的可靠性和有效性。

　　电子数据检查是电子数据取证过程中的一个独特环节。公安机关在提取电子数据时，必须遵循保护电子数据的原则，避免数据的增加、删除或修改。由于某些电子数据的特定格式无法直接作为证据使用，需要侦查人员进行专业的转化和恢复，例如将数据库脚本文件恢复为可读的数据内容。

第二节　电子数据的同一性

信息高速发展，传统犯罪依托网络信息技术作为媒介、手段、工具的频率越来越高，其中因为犯罪行为所产生的电子数据在收集、固定和运用环节也越来越复杂。电子数据作为证据的种类被法律确定的时间虽然不到十年，但是在实现犯罪认定和刑事处罚的诉讼活动中，却扮演着极其重要的角色。所谓电子数据的同一性，是指在庭审中控诉机关所出示的电子数据与侦查机关在诉讼初始所收集的电子数据为同一份证据。与传统证据的有形性不同，电子数据在本质上往往以虚拟数字存在，因此其具有极易被篡改和伪造的特点。这些特性决定着电子数据在作为待证事实的证据支撑时，同一性证明往往会成为控辩双方争议的焦点。2016年，海淀区人民法院开庭庭审的深圳市快播科技有限公司传播淫秽物品牟利一案①，就因为电子数据的同一性问题引起了社会的广泛关注。虽然法院最终作出了有罪判决，但是判决书中载明的裁判理由并未解决争议的实质问题，判决本身并不能完全令人信服。

目前，重点针对电子数据同一性证明的调取、收集、审查运用等问题，最高人民法院、最高人民检察院和公安部出台的法律解释并不少，这些法律解释均从电子数据强技术性的角度出发，将法律规则与技术规则相融合，从法律和技术双层面对同一性的证明进行规范。例如两高一部在2016年9月联合出台的《电子数据的规定》，该规定中近七成的篇幅围绕电子数据同一性问题展开。同一性的瑕疵直接影响着电子数据的

---

① "快播案"中控辩双方的争议焦点在于电子数据的审查判断问题上，其中电子数据的同一性问题当属核心。辩护律师就公诉方指控的对定罪量刑至关重要的涉案"四台服务器"来源不明、查封保管程序存在重大瑕疵和转码提取的"淫秽视频"可能受到破坏等电子数据的同一性问题提出了针对性的质疑。基于此，法院委托国家信息中心电子数据司法鉴定中心再次进行检验核实，并依据其出具的最终检验结果作出了有罪判决，但是判决书载明的裁判理由逻辑性和关联性均存在漏洞，并未明确清晰解决电子数据真实性问题。

真实性、完整性和关联性。特别是收集提取、封存扣押、技术分析、保管冻结、庭审出示、审查判断各环节中的技术规则操作，都是为了确保电子数据从进入诉讼活动开始，到庭审出示的整个过程，均具有独特确认性和完整无瑕疵的证据链。庭审中控诉方所出示的电子数据和侦查行为收集的电子数据是否为同一份证据，这不仅是立法层面的规制重心，也是司法实践中争议的关键。解决电子数据的同一性问题，仅仅依靠传统实物证据的同一性认定方式是远远不够的。传统实物证据由于外部载体与包含信息的统一性，因此只要证明载体的原始性，即可证明内容信息的原始性，同一性的认定并不复杂。但是电子数据的产生方式、存在环境、流转路径、提取技术无一不彰显着与传统实物证据的差异。电子数据本质上属于数字化信息，是一种虚拟存在，若要被人们所感知，必须通过技术手段检查、读取、分析承载这些数字化信息的电子文件、网络信息、通信信息才能识别。同时这些文件、讯息大多也不能单独存在，需要依托于一定的物理存储设备，例如光盘、硬盘、手机、计算机等，因此这就决定了电子数据通常具有双重载体特征，这种强技术化的特征可能导致外在化的电子数据载体从肉眼判断上，可能并无异样，但是核心的数字化信息已经发生本质改变。反过来，在数字化信息的处理上可能只是些微的变化，但是此时外在化的电子数据用失之毫厘，谬以千里来形容都不为过。因此在研究电子数据的同一性问题时，就必须从这一双重载体特征入手，既要对影响电子数据同一性的因素进行确认，也要关注电子数据在收集、提取、封存、移送中的辅助方式，以期对电子数据同一性的认定规则进行重构。

一、影响电子数据同一性认定的因素

根据电子数据的双重载体特征，尤其是在这种双重载体并不是密不可分的情况下(通常情况下电子数据的信息与存储介质之间可以分离，并可以在不同存储介质之间转化)，要认定电子数据的同一性，必须包含两方面的含义：一是证据载体的同一性，即外部存储介质未经过伪造、变造或破坏；二是证据本身包含的信息真实可靠，具有原始性、同一性，未发生实质性变化。

（一）电子数据外部载体同一性认定

一般来说，作为证据，原始性是关键，但在诉讼中，根本不存在"原始电子数据"的概念，而只有"原始存储介质"这一说法。虽然电子数据是随着案件的发生而形成的客观实在，但其本身属于一种虚拟信息，并不能直接被认识感知，文字、图画、图形符号、数字、字母等组成的客观资料是通过技术手段"翻译"出的可识别外在数据信息表现。这种外在化的数据信息反映出来的内容既用来证明电子数据与待证事实的关联性，也是证明同一性的对象。就因为这一"翻译"过程，电子数据的原始性界定就不能适用传统实物证据的原始性界定方式，否则，电子数据不可能具有证据能力。所以，在对电子数据同一性认定时，只可能首先关注其存储介质的原始性。通常，我们将电子数据分为随原始存储介质移送的电子数据和无法移送原始存储介质的情况下通过其他存储介质予以收集的电子数据。前者的同一性认定可以按照普通物证的鉴真规则，只要能证明外在存储介质的同一性，一方面证实承载介质来源的真实性，另一方面完成其在所有诉讼流转环节的完整性证明，就可以暂时推定内部存储数据信息真实可靠，这相对来说比较简单直接。后者这种收集方式就需要重点审查电子数据的完整信息，即是否记录附属信息和完整性校验值。

1. 来源的原始性

庭审中法官审查电子数据时首先就会关注电子数据的收集方式。如果存在有原始存储介质的情况下，法官会查证其收集提取的程序、方式、人员是否符合法律规定和有关规范。即审查庭审中出示的承载电子数据的介质与侦查时提取、固定封存的介质是否同一。第一是收集提取人员的审查。不管是《电子数据的规定》还是 2019 年公安部颁布的《电子数据的规则》都明确指出："收集、提取电子数据，应当由两名以上侦查人员进行。"如果收集提取需要相应技术支撑，也必须在侦查人员的主持下聘请或指派具有专业技术的人员进行，换句话说，如果收集提取的主体不是侦查人员或者不是在侦查人员的主持下进行的，那么首先这个电子数据在提取主体上就属于不适格，如若后续不能进行同一性或链条完整性的补正，该电子数据就失去了进入诉讼程序的资格。第二是审查固定电子数据的方式，这需要重点审查采取不同方式固定电子数据的原因、电子数据存储的位置、反应的内容以及原始存储介质的特征和所在位置等情况。因为存储介质的不同，固定电子数据的方式也会有所差异，相对来说，计算机中存储的信息比手机、iPad、移动硬盘固定起来烦琐不少。以计算机取证为例，审查固定电子数据的方式至少包括：扣押计算机时有否记录现场计算机的连接现状、固定当前计算机中的易失性数据等；是否在关闭计算机系统前提下拆卸出存储介质；如果提取人员在没有技术支撑的情况下直接读取数据，极易导致数据被篡改，因此还要审查是否对存储介质进行过写保护处理，使用专用设备进行数据提取、固定等。同时，这一系列流程有没有使用辅助拍照或者录像等方式完成也属于审查的对象。最后是关于存储介质的封存。封存目的是保护电子数据的完整性、真实性和原始性。封存时必须制作笔录并记录封存状态，封存的流程是：封存前后应当拍摄被封存存储介质的照片并制作《封存电子证据清单》，照片应当从各个角度(不限于前后左右，还包括内外部)反映设备封存前后的状况，清晰反映封口或张贴封条处的状况；保证在不解除封存状态的情况下，既无法使用被封存的存储介质，也无法改变电子数据。同时针对手机等无线通信设备，除上述措施外，《电子数据的规定》和《电子数据的规则》均要求采取信号屏蔽、阻断等措施进行封存，以免通过无线联网的方式对设备内的数据进行删除、增加或者篡改。

审查电子数据原始存储介质同一性的目的是保证后续审查电子数据真实性的根基，如果提取扣押的存储介质不属于原始存储介质，那将会导致其承载的电子数据信息与案件真实本身发生偏离，甚至完全错误，即使它能够与其他证据相印证，对于证明案件真实情况来说，也是没有任何程序法上的意义的，因为来源不合法，不能证明来源的原始性，这将会增加案件出错风险的可能。

2. 电子数据流转路径

电子数据的流转路径更多的是从保证电子数据的完整性方面来阐述。电子数据从最初的提取、收集到最终在庭上的出示，中间会经过许多移送、流转环节，"快播案"中辩护人的质疑点之一就在于涉案服务器被北京市海淀区文化委员会扣押后，交由北京市版权局进行鉴定，随后又被北京市公安局海淀分局接管，这一系列流转路径并没有证据证明电子数据由谁转移、程序是否合法、保管是否恰当、有否监督录音录像这一过程，由此引申出"电子数据是否具有同一性""鉴真规范性如何证明"等争议焦点。这种路径式的证明始于第一次收集、扣押，止于庭审出示，它最大的作用就在于通过记录证明电子数据从提取收集开始一直处于有效监管状态之下，不管是存储条件、存储环境、保管状态以及接触人员信息等外部因素都不会导致电子数据发生任何实质性的改变。不管是《电子数据的规定》还是《电子数据的规则》均从收集提取之初，就要求制作笔录、清单，相关人员签名，并拍照录像全过程，其后进行扣押封存固定证据，随案移送也要求以封存状态移送，但这仅仅是针对于类似传统物证的提取方式。对于无法扣押封存原始存储介质，需要通过现场直接提取或者网络在线提取的，除采取前述措施之外，还应说明不能扣押原始存储介质的原因，同时计算完整性校验值。若需对提取过的电子数据进行再次检查，进一步发现和提取与案件有关的线索和证据时，应检查启封前的封存状态并核查完整性校验值，如果发现与之前笔录记载不一致，需要在检查笔录中详细注明。在检查之后也要重新封存原始存储介质，同时拍摄被封存介质照片，清晰反映封口或张贴封条的状况，并记录提取电子数据的来源、提取方法和计算完整性校验值。这一系列的立法规范操作对流转路径的完整性证明无疑是起到积极作用的。但是值得我们注意的是，从侦查开始到法庭出示，还包括检验、鉴定等中间环节，对这方面的立法规范并没有达到有效全面的地步，特别是侦查人员送检后，相关的技术性操作和程序性规范，并没有提取、扣押、检查详细周全，因此，这应该成为以后同一性认定关注的重点内容。

（二）电子数据内在信息同一性认定

前述我们提到了流转路径的完整性证明，这是电子数据的外部载体在进入诉讼开始是否具有合法形式，以及其后的监管是否能保证其没有发生改变的机会的过程式证明方式。接下来我们论述的电子数据内在信息同一性认定，就是要从电子数据本身着手，强调其实质的完整性状态。因为电子数据本身与其载体可以分离的特性决定着载体的变化并不一定伴随电子数据本身发生实质性变化，反过来电子数据的增减、删除等变化也并不会影响外部载体本身，因此影响二者之间的同一性认定因素并不能同日而语。认定电子数据本身的同一性一方面包括数据本身附属信息证据和关联痕迹证据，另一方面就需要计算完整性校验值来辅助证实其真实性。①

1. 附属性信息

随着科技的发展，基于计算机、通信等电子化技术方式而形成的电子数据，本质上属于数据，由 0 和 1 数字信号量构成，其存在于虚拟空间和数字空间中，因此这种技术化的生成方式决定着某种情况下电子数据不需要依靠专一存储介质即可存在，例如网络传输数据、云端数据等等。那么我们在确认电子数据的同一性时，就不能仅从物理存储媒介着手，还要考虑电子数据自身所携带的隐秘信息。电子数据有着实物证据的共通特征，例如较强客观性，被动性等，但是其也有自身独特的特性，即内外在完整性。每个电子数据在生成之初都有其固定的技术环境，在产生的同时往往会形成许多关联性文件和痕迹信息，这些文件信息就属于该电子数据的附属性信息，用于记载电子数据产生、存储、使用、修改、传输而形成的时间、位置、制作者、格式、副本等信息，能真实反映电子数据在虚拟空间的运行轨迹。这些信息之间以及与电子数据之间是一一对应的关联关系，是具有排他性的独特关系。正因为这些系统化信息的存在，电子数据更不容易被简单篡改，例如修改文档、涂改图片、篡改数据、抹灭网络痕迹等，虽然这些修改在众所认知的外在表现形式上难以分辨、甄别，但是其附属信息数据会大相径庭。

电子数据因提取方式不同，可以分为一体性提取和单独提取。一体

---

① 刘译矾：《电子数据的双重鉴真》，载《当代法学》2018 年第 3 期。

性提取是在固定的存储媒介硬盘、光盘、电脑、手机、平板等单机空间中提取电子数据，此时只要能保证外在媒介的真实性，即搜查、扣押、提取、封存原始存储媒介的过程达到真实性要求，电子数据与其附属性信息之间往往也是一致的。据此，电子数据的同一性就能直接得到证明。但是针对于网络空间中经常流转、传输的数据，存储于云端的数据以及区块链数据等，就要复杂得多。这种情况下并不能或者不宜直接扣押其原始存储介质，只能单独提取电子数据本身。因此，产生数据的终端、服务器、接受数据的终端与电子数据本身发生了分离，要认定电子数据的同一性，就不能简单认定原始存储媒介，这已没有任何意义，关键是要认定电子数据本身，但这并不意味着标准的降低，相反，这对提取、收集的过程提出了更高更严的规范化标准和技术性要求，因为此时电子数据没有唯一性的存储媒介，更易发生修改、替换和破坏。同时由于流转节点增多，每个节点之间都有关联痕迹，如果要进行同一性认定，就需要在流转的整个系统观念中认定其构成一个完整证据体系，在这种情况下，电子数据附属性信息的收集显得更加重要。只有附属信息一致，才能证明电子数据的同一性。

2. 完整性校验值

电子数据表面上看极易被篡改，但是由于其技术支撑，一般情况不需要鉴定，只需要通过一些技术方法就可以认定其是否被篡改过，因此它也具有相对稳定性。这种特征要求我们在收集、保管、审判、判断电子数据时，既要关注其同一性本身，也要关注电子数据从进入诉讼活动开始，到庭审出示的整个过程完整无瑕疵的证据链。如何去保证完整性呢？实践中最常用的方法是以扣押、封存电子数据的原始存储介质为原则，以提取电子数据为例外，同时对相关活动进行录像为补充。但是在《电子数据的规定》中，通篇强调了另一种新的方法，那就是计算电子数据的完整性校验值。特别是对无法扣押原始存储介的电子数据，除了说明不能扣押的原因，证明其来源外，还必须计算其完整性校验值，这是跟传统证据完全不同的一个新概念。完整性校验值就相当于电子数据唯一专属的"身份证"，它是为了证明电子数据有否被人为篡改或感染病毒或植入木马或传输故障等。完整性校验值也被称为 Hash 值，大到文件内容的增减，小到一个标点符号的更改，都会导致 Hash 值发生变化。因此只要在提取电子数据之初，当场计算 Hash 值，并交由犯罪嫌疑人签字确认，那么只要 Hash 值不变，就能够证明提交给法庭的电子数据未经改变。目前 MD5 Hash 算法使用比较广泛，但这种计算方法在实践中已经被证实并不太安全，有时会出现两个不同文件出现相同 Hash 值的情况。Hash 越长，抵御越强，同时需要耗费的时间和占据数据库的空间也会相应增加，SHA-256 有 256 比特 Hash 值，MD5 和 SHA-1 分别有 128 和 160 比特的 Hash 值。因此，对于完整性校验，SHA-256 算法相对来说更加安全。虽然这个过程花费的时间肯定会更长，但是为了确保电子数据的同一性，保证待证事实的客观性，这都是十分必要的。

最高人民法院于 2018 年 9 月出台的《关于互联网法院审理案件若干问题的规定》中第 11 条指出，当事人提交的电子数据，如果能通过电子签名、可信时间戳、哈希值校验、区块链等技术手段能证明其未被篡改，法院可以确认其真实性。因此除了 Hash 值校验，利用可信时间戳和区块链技术存证的电子数据法律效力也能被认可。可信时间戳是由可信时间戳服务中心签发的一个电子凭证，用以证明电子文件在某一时间点是已经存在的、完整的、可验证的。区块链存证则指通过特殊的去中心化的分布式计算制造出更多的节点记录数值，更能增强数据的完整性与不可篡改性。

二、电子数据同一性认定方式

基于电子数据高科技特性，读取识别保存电子数据一方面需要强技术性操作，另一方面也需要程序规则支撑。因此庭审中对电子数据同一性的认定既要审查技术措施的真实性，又要审查程序适用的正当性。在《电子数据的规定》和《电子数据的规则》立法中技术措施和程序适用都有相应的配置和衔接，二者必不可少、相互衔接、相互补充。例如《电子数据的规定》第 14 条既规定了收集提取需要满足的技术性操作标准，又规定了收集提取初始电子数据的程序要求；《电子数据的规则》第47、48条也规定了对电子数据进行进一步检查提取时，检查前后相应的技术性操作规范以及程序性笔录的记载内容。因此判断电子数据的同一性时，诸如笔录制作、见证人证言、录音录像、鉴定意见这些程序性方式的审查也是庭审实质性和有效性的体现。

1. 笔录记载

根据《电子数据的规定》中有关收集、提取、检查、保管、移送的相关规范，制作笔录是其中不可或缺的环节。虽然司法实践中，在对电子数据提取收集时，会同时采取拍照或录音录像的方式最大程度地还原侦查过程，但是这一记录过程既冗长又烦琐，在庭审时全程播放会大幅度降低诉讼效率，也不适宜在后期进行关键证据的流畅性、重点性、条理性展示，而笔录作为传统的侦查活动的记载方式，一方面能真实全面记载电子数据的收集提取流程，是流转路径证明的基础；另一方面也能帮助法官快速审阅侦查活动全过程，并及时在庭审活动中对有争议的焦点进行重点调查及质证。不管是提取笔录、扣押笔录还是检查笔录，都是对现场环境状况的一种客观描述性记录，具有一定的复现性。在笔录中，必须严格记明"案由、对象、内容、收集、提取电子数据的时间、地点、方法、过程、类别、文件格式、原始存储介质封存状态、例外情况等"。如果笔录存在瑕疵，例如签名缺失、时间倒签、记载信息不详等，将会直接影响流转路径的完整性，进而无法认定电子数据的同一性，特别是从外部载体中提取电子数据的情况，笔录的瑕疵可能就会导致内外整体同一性认定不顺畅，这时可以适用拍照、录音录像作为其有效的补充。相较笔录记载来说，拍照和录音录像更具有客观性，即便录音录像被人为篡改，相关附属信息也会发生变化，通过事后鉴定的方式也可以认证其是否具有真实有效性。

2. 见证人制度

见证人参与电子数据收集、提取、勘验检查、查封扣押等过程属于强制性适用制度，也是电子数据同一性认定的重要方式之一。它是由案外人对电子数据进入诉讼过程以及在诉讼中运用的中立性见证。根据

《电子数据的规定》和《电子数据的规则》中立法表述，如果由于客观原因无法由符合条件的人员担任见证人的，应在笔录中注明原因，并全程录像作为补充，同时计算相应完整性校验值。那么在电子数据的取证中，见证人需要符合什么条件？一般来说，根据《刑事诉讼法》的规定，见证人在搜查、扣押、查封、检查中参与的目的是见证整个侦查行为流程，证明侦查活动的真实性和合法性以及物品来源的原始性。对于一般性物品，对见证人的要求只需要具备完全民事行为能力并与案件无利害关系即可。见证人到场观察和监督侦查行为的实施，也为后续在庭审中解决控辩双方关于这一行为产生证据的合法性和同一性提供了支撑。但是见证人对电子数据的观察和监督，就需要分两种情形进行分析：一是针对外部媒介的提取、扣押、封存等过程，这跟前述一般性物品对见证人的要求一样，我们可以称之为"一般见证人"。但我们也要注意的是，由于见证人只是参与该物品进入诉讼证明链条的部分阶段，并未完全参与整个流程，因此，并不能完全凭借见证人的见证活动决定电子数据的整体同一性。二是由于电子数据具有较强的技术性，这对见证人也提出了更高的要求，即见证人需要初步具备或者掌握电子数据提取的专业技术，我们把这种见证人可以称之为"专业见证人"。特别是对于现场提取和网络在线提取的情况，如果见证人不具备些许相应专业知识，即使参与了提取过程，对电子数据的鉴真也毫无意义。这就如同在一般见证的情况下，见证人不具有完全民事行为能力一样。"见证人专业技术知识上的匮乏性可能让其无法胜任对电子数据收集的见证工作，有可能导致电子数据鉴真流于形式"。[1]

值得注意的是，实践中遇有紧急情况，可能来不及挑选适格的见证人，或者见证人是公安机关聘用的保安、司机等内部人员，这些虽不符合立法初衷，但也只是瑕疵证据，在能够补正或者合理解释说明，确保证据真实性的情况下，仍然具有证据能力。因为根据同一性认定的程序性规则，没有见证人或见证人不适格只是技术性规则，而不是权利保障

---

[1] 谢登科：《论电子数据的鉴真问题——基于典型案例的实证分析》，载《国家检察官学院学报》2017 年第 9 期。

性规则，不属于侵权性违法，不会侵害当事人的基本权利和影响证据的真实性。见证人参与诉讼的目的是确保收集、提取、扣押行为的客观性和同一性，在有其他方式（全程录音录像方式）能合理解释和补正说明取证行为的客观性和同一性情形下，并不影响见证人证言的证据能力。

3. 鉴定意见

鉴定意见在电子数据的同一性认定中不可或缺，它能从技术方面对同一性的认定进行实现。"鉴定不仅可以解决电子数据原件实质关联性问题，也可以解决是电子数据形式真实性的问题。"①特别是争议双方对电子数据是否发生了实质性变化持不同观点时，鉴定就是最好的专业技术认定手段。鉴定过程中我们可以通过找出相关附属信息、关联痕迹、数据电文等信息来佐证该电子数据的活动轨迹。② 一般来说单机空间中电子数据的系统信息如果能通过流转路径证实其完整性，事后的鉴定也并不必要；而网络空间的电子数据要复杂得多，如果需要构成一个证据体系的话，就需要在节点间找到相关电子数据信息，证实电文一致的，附属信息一致。《电子数据的规定》和《电子数据的规则》中关于鉴定的法条并不多，而且表述也比较抽象，并不具有实践中的操作规范意义。第58条规定："公安部指定的机构应当运用科学方法进行检验、检测，并出具报告。"这里科学检验方法是什么，并没有进一步明确。我们认为，庭审中对鉴定方法的程序性审查至少包括以下几方面：①鉴定的资质。这里包括鉴定机构的资质和鉴定人的资质。首先鉴定机构和鉴定人均要与案件及案件当事人无利害关系，其次在鉴定范围要求内有行业素养和专业素质，最后有最新技术条件支撑，而非使用陈旧、落后甚至淘汰的技术进行检测；②鉴定意见与鉴定要求是否相符。在送交鉴定时，侦查机关的鉴定委托书中会明确载明鉴定要求，鉴定意见的得出必须在要求范围内作出。例如不能将单机操作变成联网操作，也不能讲在线提

_____

① 谢登科：《论电子数据的鉴真问题——基于典型案例的实证分析》，载《国家检察官学院学报》2017年第9期。

② 高荣林：《论网络电子数据证据之鉴定》，载《湖北警官学院学报》2017年第2期。

取的范围扩大等；③鉴定过程和方法是否符合相关专业规范要求。鉴定是一种技术性的认定方式，随着科技日新月异的发展，鉴定标准和技术也需要及时更新行业标准和技术规范。2015 年公安部废止了 12 项公共安全行业标准，但在实践操作中仍有鉴定意见采用这些废止的行业标准。一旦鉴定意见中出现这样的依据，将会直接导致鉴定意见无效，而不论鉴定机构或鉴定人是否在行业内处于标杆地位；④形式要件是否完备。这里包括鉴定文书上是否有鉴定人姓名，专业技术资格以及本人签名，鉴定方法、鉴定事由、鉴定要求有否详述等。

《电子数据的规则》第 56 条规定："侦查人员送检时，应当封存原始存储介质、采取相应措施保护电子数据完整性，并提供必要的案件相关信息。"根据前述关于电子数据内外载体同一性认定的相关因素分析，这里"相应措施"的采取一方面要保证其原始性不被破坏、篡改，另一方面其完整性也不能发生改变，这就需要将鉴定前的存储介质封存信息和鉴定后重新封存信息对比，对于电子数据内部信息，则需要通过完整性校验值的比较来证实。

实践操作中对鉴定意见的审查往往停留在书面式审查的标准上，"因为法官、检察官和辩护人大多并不具备专业知识，对相关技术措施不具备实质审查、判断、质证能力"[1]，一旦控辩双方对鉴定意见存有极大歧义时，就必须开展电子数据的实质审查，即鉴定的复现，复现的本质就是一定要重新鉴定。相对鉴定的技术规范和程序规则要求来说，庭审中对电子数据鉴定意见的实质审查是比较难的。它需要用与原鉴定同样的方法、同样的软件环境、同样的操作步骤来实现复现。但这操作起来是非常困难的，首先必须具备目前所有主流取证软件最新版，并能快速搭建所需的软件环境来实现复现。其次要实现对鉴定过程的复现，需要严格对照鉴定的工作记录步骤进行。因此鉴定机构需出具与鉴定文书相对应的详细检验记录，按照司法部 2016 年修订的《司法鉴定程序通

---

① 褚福民：《电子证据真实性的三个层面——以刑事诉讼为例的分析》，载《法学研究》2018 年第 4 期。

则》第27条①规定，检验记录需要载明鉴定方法和过程，检查、检验、检测结果，技术的检验、检测仪器设备、环境、应用软件、行业标准等。最后，有部分的存储介质可能存在已经返还的情况，例如利用移动通信设备进行诈骗的犯罪，在第一次提取信息鉴定后，移动设备有可能已经返还给被害人，原始数据会出现被修改、损坏甚至删除的情况，这种境况下如果需要对鉴定意见进行实质审查就会无从应对。特别是移动通讯设备并不是都可提取到镜像并对镜像进行检验，所以其复现可靠性有待进一步论证。目前，诉讼模式不断强调推进以庭审为中心的办案模式，庭审的核心就是以证据为核心。因此电子数据的审查不应停留在程序层面还应深入实质层面，它是审判人员通过调查来亲身感受鉴定机构电子数据的鉴定过程，由此判断电子数据是否真实可靠。

三、电子数据同一性认定规则的重构

针对前述影响电子数据的因素以及认定电子数据同一性的方式的分析，我们在厘清相关问题的基础上可以对同一性认定规则进行重构。

（一）最佳证据规则

前述提及，电子数据信息与存储介质之间并不是密不可分的，它可以在不同存储介质间进行转化。所以我们将电子数据证据分为随原始存储介质移送的电子数据和无法移送原始存储介质的情况下通过其他存储介质予以收集的电子数据。我们把前者称之为"一体性提取"。这种提取方式下的电子数据同一性认定规则与传统实物证据的最佳证据认定规则是相符的。最佳证据规则要求庭审中出示的物品、文件必须是原物、原件。"一体性提取"情形下，从最初的提取，到封存、移送，直至最

---

① 《司法鉴定程序通则》第27条：司法鉴定人应当对鉴定过程进行实时记录并签名。记录可以采取笔记、录音、录像、拍照等方式。记录应当载明主要的鉴定方法和过程，检查、检验、检测结果，以及仪器设备使用情况等。记录的内容应当真实、客观、准确、完整、清晰，记录的文本资料、音像资料等应当存入鉴定档案。

后的庭审出示，一般只要能证明存储介质的原始性和完整性，电子数据信息的同一性也往往能得到法庭的认可。这种方式能最大限度地保证电子数据的原始性，防止其陷入被篡改的风险中。在控辩双方对此发生争议时，还可以通过笔录、见证人以及鉴定等方式的补充，确认存储介质是否被破坏或篡改，由此确认电子数据的同一性。

（二）独特特征确认规则

针对于网络空间中存储于境外的数据、云端的数据以及区块链数据等，并不适宜直接扣押其原始存储介质，只能单独提取电子数据本身。这种情形下如果庭审中控辩双方对电子数据的同一性发生争议，法官如果适用最佳证据规则，电子数据的同一性往往难以认定。这时我们只需单独考虑电子数据本身的独特性，一方面认定外在可识别信息，另一方面认定封存信息、IP 地址、完整性校验值、网络活动记录轨迹等附属信息，才能完整地证明电子数据的同一性。关于电子数据附属信息的提取和计算，必须借助专业技术人员的技术分析得出，侦查人员一般并不具有相应专业素养，因此在对电子数据进行检查时，应当遵循办案人员与检查人员分离的原则。办案人员只能对承载电子数据的外部介质进行最基本的查封、扣押，而不宜对电子数据进行任何技术分析。而为了保证电子数据内外一致性，侦查人员必须通过硬盘复制机将电子数据进行整体复制，这样才不至于在提取、检验过程中破坏和修改原有数据的完整性。这里的复制克隆不同于我们日常使用文档的复制粘贴操作。这里的复制是对整个磁盘全方位的精确复制，不仅可以获得所有明示文件，而且已被删除或隐藏的文件、未分配区域、磁盘闲散空间等存储的数据，都可以通过后期各种处理方法提取成为有效的电子数据或线索。

（三）流转路径完整性规则

流转路径完整性规则是传统实物证据证明中针对扣押提取种类物的一种证明规则。该规则要求对实物证据提取、扣押、保管以及庭审出示的整个环节完整性进行证明，以保证该证据从诉讼伊始至庭审质证，一直处于有效监管状态下，并未发生实质性更改。对于"一体性提取"的电子数据，一方面要证明外部介质的真实性和流转路径完整性；另一方面要证明电子数据内在信息的关联信息完整性和前后一致性。这两方面的证实方式并不能认为是并列关系，而是一种递进关系。即在能够提取扣押外部介质的情况下，如果控辩双方对其真实性或流转的完整性存有争议，而又不能用其他途径对其同一性认定，那么存储的电子数据内在信息就没有再进行同一性认定的必要。① 只有在这两方面都能进行同一性认定的前提下，庭审中才可能对电子数据本身内容是否能与其他证据相互印证进行审查，从而认定案件中被指控的犯罪事实。这种流转路径完整性的证明方式，虽然适用了笔录记载、见证人作证、录音录像等方式来辅助认定，保证程序规范得到了遵守，但是这也并没有覆盖到流转路径全过程，因此要证明其链条的完整性，应当要求所有接触到电子数据的人员，包括但不限于取证人、制作者、保管者、见证人、鉴定人、检查人等均出庭作证，接受控辩双方在庭审中的质询，保证质证权的实现。② 由此推及，流转路径的完整性规则应当以相关接触人员出庭作证为主，笔录、录音录像为辅的模式重新构建，以保证电子数据在诉讼中流转的完整性和真实性。

同一性认定的规则适用若能保障电子数据从初始到庭审的真实性，即可以作为裁判者形成心证的依据；反之，如果程序出现瑕疵或失范或缺失，都将导致电子数据同一认定不能。但是我们需要注意的是，根据证据法原理，在非法证据排除的适用上，如果程序性的强制规范涉及自然人的基本权利，例如财产、人身、隐私、自由等，通常都采用直接排除的方式，反之，可以视为瑕疵证据进行事后补正即可。电子数据的取证过程主要采用技术标准或程序性规则，如有违背，也并非侵权性违法，不会涉及被调查人的基本权利，因此不能归类于直接排除效力的证据。我们可以通过再次鉴定来复现，也可以通过相关人员出庭作证接受质询来实现补正。

---

① 喻海松：《网络犯罪二十讲》，法律出版社 2018 年版，第 162 页。
② 何家弘：《短缺证据与模糊事实》，法律出版社 2012 年版，第 386 页。

第三节　实务案例参考

电子数据的这些特点也带来了一系列挑战。由于电子数据需要依赖特定的存储载体，如硬盘、服务器、移动设备等，其在制作、收集、提取、存储、检查、保管和展示等环节中，对技术和操作规范的要求极高。任何不规范的操作都可能导致数据的损坏、丢失或被篡改，从而影响证据的真实性、完整性和可靠性。

为了确保电子数据的证据效力，相关司法解释对电子数据的取证规则进行了明确规定。这些规定要求在电子数据的取证过程中，必须遵守相关的强制性规定，否则可能导致证据被排除，无法在法庭上使用。这就要求侦查机关、司法机关以及相关法律工作者必须深入研究和准确掌握电子数据证据的相关规则，确保在取证过程中严格遵守规定，避免因操作不当而导致关键证据的失效。在某些案件中，对电子数据证据规则的正确运用可能成为案件取得突破的关键。例如，在网络诈骗、侵犯知识产权、网络侵权等案件中，通过对电子数据的合法、规范、科学的提取和分析，可以揭示犯罪手段、还原犯罪过程、确定犯罪责任，为案件的侦破和审理提供有力的支持。

一、如何认定网络盗窃中电子数据的效力

在刑事诉讼中，电子数据作为证据的使用必须经过严格的审查和判断，以确保其可采性和证明力。法庭在决定是否采纳某一电子证据时，首要任务是确认其真实性和合法性。法庭需要确认电子证据的原始出处，包括电子证据生成的时间、地点，以及用于生成证据的程序系统和数据录入方法。这些信息有助于确定电子证据的生成环境，从而评估其可靠性。其次要审查司法机关在收集和提取电子证据的过程中是否遵循了法律规定的程序。这包括取证过程中是否采取了适当的技术手段，是否有合适的授权，以及是否有完整的取证记录和证据保管链。最后需要

审查电子证据的完整性和一致性，评估电子证据内容是否遭到伪造或篡改，以及电子证据之间以及与其他证据是否存在内容上的矛盾。这一审查有助于确保电子证据的真实性和一致性，避免因证据问题导致案件事实认定的错误。

此外，在判断电子证据的证明力时，需要认识到电脑终端与电脑用户之间可能存在不一致性。即便电子数据与待证事实存在一定的联系，但这种联系通常不足以单独证明案件事实。因此，电子证据需要与其他证据相结合，形成相互印证的证据链。只有当证据链足够完整，能够排除合理怀疑时，法庭才能据此认定案件事实。

[案例参考]

孟某、何某盗窃案

《刑事审判参考》第 420 号

（一）基本案情

被告人孟某，男，1982 年 2 月 12 日出生，汉族，大学文化，原系广东省广州市现代五金制品有限公司电脑维护员。因涉嫌犯盗窃罪，于 2005 年 9 月 23 日被逮捕。

被告人何某，男，1984 年 1 月 30 日出生，汉族，大学文化，原系山西省太原市第四空间网络中心管理员。因涉嫌犯盗窃罪，于 2005 年 9 月 23 日被逮捕。

上海市黄浦区人民检察院以被告人孟某、何某犯盗窃罪向上海市黄浦区人民法院提起公诉。

两被告人对起诉书指控的事实均不持异议。被告人孟某的辩护人建议对被告人孟某减轻处罚并适用缓刑。被告人何某的辩护人认为被告人在本案中处于从属地位，部分犯罪财产因受害方和网络服务商的努力恢复了原状，被害单位的实际损失并非巨大，再加上被告人具有自首、立功以及退赃等从宽情节，建议对其减轻处罚并适用缓刑。

上海市黄浦区人民法院经公开审理查明：

被告人孟某于 2005 年 6—7 月间在广州市利用黑客程序并通过互联网，窃得茂立公司所有的腾讯、网易在线充值系统的登录账号和密码。同年 7 月 22 日下午，孟某通过 QQ 聊天的方式与被告人何某取得了联系，并向何提供了上述所窃账号和密码，预谋入侵茂立公司的在线充值系统，窃取 Q 币和游戏点卡后在网上低价抛售。2005 年 7 月 22 日 18 时许，被告人孟某通知何某为自己的 QQ 号试充 1 只 Q 币并在确认充入成功后，即在找到买家并谈妥价格后，通知被告人何立康为买家的 QQ 号充入 Q 币，并要求买家向其卡号为 9558823602001916770 的中国工商银行牡丹灵通卡内划款。期间，被告人何某除按照孟某的指令为买家充入 Q 币外，还先后为自己及其朋友的 QQ 号充入数量不等的 Q 币。自 2005 年 7 月 22 日 18 时 32 分至 2005 年 7 月 23 日 10 时 52 分，何某陆续从茂立公司的账户内窃取 Q 币 32298 个，价值人民币 24869.46 元；自 2005 年 7 月 23 日 0 时 25 分至 4 时 07 分，何某还陆续从茂立公司的账户内窃取游戏点卡 50 点 134 张、100 点 60 张，价值人民币 1041.4 元。以上两被告人共计盗窃价值人民币 25910.86 元。案发后，茂立公司通过腾讯科技(深圳)有限公司追回 Q 币 15019 个，实际损失 17279 个，价值人民币 13304.83 元，连同被盗游戏点卡合计损失价值人民币 14384.33 元。本案被告人销赃价格高低不等，每个 Q 币最高 0.6 元，最低的 0.2 元，而被害单位与运营商腾讯公司和网易公司的合同价是每个 Q 币 0.8 元。被告人孟某、何某到案后，在家属的帮助下，分别向公安机关退缴人民币 8000 元和 2.6 万元，其中 14384.33 元，已由侦查机关发还茂立公司。

（二）裁判结果

被害单位茂立公司作为腾讯、网易公司的代销商，其销售的 Q 币和游戏点卡是通过支付真实货币并按双方合同约定的折扣购买的，一旦失窃便意味着所有人将丧失对这些财产的占有、使用、处分和收益等全部财产权利。被告人孟某、何某以非法占有为目的，通过互联网共同窃取被害单位的 Q 币和游戏点卡，侵犯了被害单位的占有、使用、处分和收益的权利，数额巨大，已构成盗窃罪。何某能主动投案，如实交代全部犯罪事实，系自首，依法可减轻处罚；到案后有立功表现，依法可予从轻处罚。孟某到案后能如实坦白自己的犯罪事实，可酌情从轻处罚；两名被告人在家属帮助下能退赔被害单位的全部损失，可予酌情从轻处罚。两名被告人系初犯、偶犯，到案后确有认罪悔罪表现，依法可适用缓刑。据此，依照《中华人民共和国刑法》第二百六十四条、第二十五条第一款、第六十七条第一款、第六十八条第一款、第七十二条、第七十三条第二款、第六十四条之规定判决如下：

1. 被告人孟某犯盗窃罪，判处有期徒刑三年，缓刑三年，并处罚金人民币 3000 元；

2. 被告人何某犯盗窃罪，判处有期徒刑一年六个月，缓刑一年六个月，并处罚金人民币 2000 元；

3. 扣押在案的被告人孟某犯罪所用的电脑硬盘两块和卡号为 9558823602001916770 中国工商银行牡丹灵通卡，予以没收。

一审宣判后，两被告人未提出上诉，公诉机关亦未提起抗诉，判决发生法律效力。

（三）裁判理由

网络盗窃中电子证据效力该如何认定？

刑法意义上的行为是指在人的意识支配下实施的危害社会的身体活动。在网络环境中，行为所必不可少的时间、空间和身体活动要素与现实空间的行为都存在较大差别。以盗窃罪客观方面的行为"秘密窃取"为例，其是指行为人采取自认为不被财物所有人或保管人知道的方法，将财物取走的行为。传统意义上的秘密窃取通常表现为撬门破锁、翻墙入院、扒窃掏包等，这些行为的方式都表现为有一定的犯罪现场与身体活动。在实践中，只要具备被害人的陈述、相关证人证言、物证、鉴定结论以及勘验、检查笔录等就可以证明有罪。但在网络环境下，行为人盗窃的"身体活动"往往只有"敲键盘""点击鼠标"这样的操作活动，能够证明行为人盗窃行为的大多只有行为人所使用计算机硬盘上存储的文件、服务器上的历史记录如实时聊天记录等。由于这些电子数据大多是人们直接通过键盘输入的一种记录，它不像传统手写记录能通过笔迹鉴定来确定制作人的身份，加之制作或传输者大多用网名而很少用真实姓名，以及其很容易被篡改或者伪造等方面的原因，实践中，对其真实性如何，能否作为证据使用质疑很多。在本案中，被告人孟某的辩护人就提出，由于网络犯罪通常只能查到电脑终端，而电脑终端和电脑用户并不能直接画等号，因此证明网络犯罪不可能形成排他性的结论；又由于网络犯罪的直接证据多为电子文件，而电子文件因其具有易被复制、修改和删除等特性，因此不存在传统意义上的原件，其不能充分反映客观事实，不能作为有效证据被认定。

刑事诉讼法第四十二条第一款规定，证明案件真实情况的一切事实，都是证据。我们认为，这些电子数据如与案件有关联，在与其他证据印证后能证明案件真实情况，并且是依法取得的，同样可以作为刑事诉讼中的证据。对这些储存于磁性介质之中的电子数据，证据学理论上将之称为电子证据。判断电子文件能否作为刑事诉讼中的证据使用，应当对其可采性和证明力进行审查判断，审查其来源是否属实、合法。证据的可采性，是指证据材料能否作为证据使用，能否被法庭认可为定案的根据。一种事实材料只要是具备客观性、关联性和合法性的特点，都具有可采性。电子证据也不例外。法庭在判断某一电子证据是否被采纳时，首先应审查它是否属实，其生成、取证等环节是否合法。具体而言，包括：(1)审查电子证据的来源、电子证据生成的时间、地点以及所使用的程序系统和录入方法；(2)审查司法机关在收集、提取电子证据的过程中是否遵守了法定的程序；(3)审查电子证据内容是否被伪造或篡改、电子证据之间以及与其他证据内容上是否有矛盾之处。证据的证明力，是指证据证明待证事实程度的高低。证据的证明力，基本上取决于该证据是属于原始证据还是传来证据，是直接证据还是间接证据两大因素。电子证据也不例外。实践中，由于电脑终端与电脑用户并不一定一致，尽管电子数据与待证事实有一定的联系，但其仍不能单独证明案件事实。在这种情形下，就需要将其与其他证据相互印证。只有形成证据锁链，达到排除合理怀疑的程度，才能认定案件事实。

本案中，能证明两被告人盗窃的电子证据主要有：登录腾讯在线销售平台 MLsOFT 账号的 Ip 地址×××、QQ 聊天记录、电脑硬盘中检出的文件、网页截图等。审查这些电子证据的来源、生成：Ip 地址系腾讯公司受被害单位委托查询得来，并经所在地公安机关公共信息网络安全监察机构证实，其用户属于被告人何某的工作单位；QQ 聊天记录系案发地公安机关公共信息网络安全监察机构从被告人孟某 QQ 号消息管理器中导出；黑客程序和载有被害单位账户和密码的文件，系案发地公安机关公共信息网络安全监察机构从被告人孟动工作地电脑硬盘和其女友处硬盘中检出；特定时间段的网页截图系被害单位、网易公司、腾讯公司提供。

上述电子证据都是司法机关依据法定程序收集、制作。审查这些电子证据能证明的内容：Ip 地址为登录行窃的用户终端，而被告人何立康为网管，其有重大嫌疑；QQ 聊天记录能证明被告人孟某已盗取相应账号和密码、两被告人密谋盗卖 Q 币和游戏点卡，但其真实性需进一步印证；黑客程序和载有被害单位账户和密码的文件虽印证了被告人孟某已盗取相应账号和密码，但是否销赃不能证明；网页截图证明在特定时间段被害单位财产受损。应该指出，这些电子证据虽然单独不能完全证明案件事实，但将其与相关证人的证言、被告人孟某使用的牡丹灵通卡进出账情况等证据相互印证，我们完全能够得出排他性的结论。可见，电子证据在与其他证据相互印证并排除了合理怀疑后，可以作为证明案件事实的证据。

二、有瑕疵电子数据证据能力的审查判断

电子数据作为一种重要的证据形式，其在取证程序上的合法性和有

效性受到法律的严格规范。然而，由于电子数据的特殊性以及取证技术的复杂性，有时在取证过程中可能会出现一些轻微的违法行为，这些行为可能导致电子数据被认定为瑕疵证据。瑕疵证据并不意味着该证据完全无效，而是指出现在证据收集、保管、移送等环节中的一些非根本性问题。对于这类瑕疵证据，法律规定了一种补救机制，即如果侦查机关能够对取证过程中的轻微违法行为进行补充说明，并提供合理的解释，同时该证据本身没有不真实、不客观或者虚假的问题，并且不会对司法公正造成严重影响，那么该证据仍然可以被法院接受并使用。这一规定的目的是平衡法律的严格性和司法实践的灵活性，确保不会因为取证过程中的一些技术性错误而错失重要的证据，从而影响到案件的真相查明和公正裁决。

[案例参考]

夏某、刘某诈骗案

陕西省凤翔县人民法院(2017)陕 0322 刑初 75 号，陕西省宝鸡市中级人民法院(2018)陕 03 刑终 20 号

(一)基本案情

2016 年 2 月底，被告人夏某联系给车上安装"伪基站"设备，后动员其妻刘某共同参与发送短信，其妻亦同意。2016 年 3 月 4 日至 3 月 25 日，被告人夏某、刘某驾驶安装"伪基站"设备的豫 MAC ×××号面包车，按照"淘金"(另案处理)的要求途经山西、甘肃、陕西等地冒充工商银行发送诈骗链接短信，"尊敬的工行网银用户：您的工银电子密码器于次日失效，请及时登录 www.idsbn.com 进行升级激活。感谢您对我行的支持。[工商银行]"。共计发送诈骗短信 3042794 条，非法所得 9000 元。2016 年 3 月 25 日 13 时 58 分被害人刘 A 收到上述短信后即按照短信内容进行操作后被网上转账 11639 元。2016 年 3 月 25 日 14 时许，被告人夏某、刘某在凤翔县横水镇街道附近被凤翔县公安局民警现场查获。

(二)裁判结果

陕西省凤翔县人民法院于 2017 年 11 月 10 日作出（2017）陕 0322 刑初 75 号刑事判决，以犯诈骗罪，判处被告人夏某有期徒刑七年六个月，并处罚金人民币 1 万元；被告人刘某有期徒刑六年，并处罚金人民币 5000 元。随案移交的作案工具华为手机一部、HTC 手机一部、诺基亚频点机一部、华硕笔记本电脑一部、伪基站设备一套依法收缴作为定案证据。

宣判后，被告人夏某、刘某不服，提出上诉。陕西省宝鸡市中级人民法院于 2018 年 3 月 9 日作出（2018 陕 03 刑终 20 号刑事裁定：驳回上诉，维持原判。

（三）裁判理由

法院生效裁判认为：上诉人夏某、刘某明知是诈骗短信，而利用伪基站的技术手段，向不特定人群发送，发送短信数量超过 5 万条（达 300 多万条），其行为已构成诈骗罪，且具有其他特别严重情节，依法应予惩处。关于夏某、刘某及其辩护人所提原审判决认定二上诉人发送诈骗短信三百多万条的事实不清、证据不足，原审判决据以定罪的证据《电子数据勘验笔录》及附件光盘、50 张照片、《情况说明》等，存在侦查人员在收集、提取过程中违反相关电子证据的提取、收集规则、规范及法定程序的情况，应认定为非法证据予以排除的上诉理由和辩护意见，经查，宝公（网安）数勘（2016）047 号电子数据勘验笔录及附件数勘 047 号数据光盘的内容客观真实，不存在无法确定真伪的情况，并有公安机关的扣押清单、上诉人刘某的辨认笔录及照片、宝鸡市公安局电子数据勘验笔录、凤翔县公安局出具的情况说明、上诉人夏某、刘某在侦查阶段的供述等证据予以印证，证据来源合法，不存在不能作为定案根据的情况，故上诉人夏某、刘某及其辩护人关于该证据应认定为非法证据予以排除的上诉理由及辩护人意见于法无据，不能成立。原审判决认定事实和适用法律正确，量刑适当，审判程序合法，应予维持。

本案为一起典型的电信网络诈骗案件，根据《最高人民法院、最高人民检察院关于办理诈骗刑事案件具体应用法律若干问题的解释》第五条第二款，以及：《最高人民法院、最高人民检察院、公安部关于办理电信网络诈骗等刑事案件适用法律若干问题的意见》第二条第四项的规定，发送诈骗信息的数量达到5000条以上即构成诈骗罪的其他特别严重情节，应以诈骗罪(未遂)定罪处罚。

而本案中，证实被告人夏某、刘某发送诈骗短信数量的证据为宝鸡市公安局电子数据勘验笔录及其附件47号数据光盘，该证据证实，经宝鸡市公安局电子物证检验鉴定实验室对刘瑞红所持TCL手机内容进行提取后制作成47号数据光盘一张，该光盘内容为刘某所发短信内容、号码及计数情况。凤翔县公安局对47号数据光盘中的刘某所发短信内容、号码及发送计数进行统计，确定夏某、刘某于2016年3月4日至3月25日通过伪基站发送诈骗短信共计3042794条。故而宝鸡市公安局电子数据勘验笔录及其附件47号数据光盘就成为本案定罪量刑的关键。但夏某、刘某及其辩护人均认为该47号数据光盘在侦查机关提取过程中存在取证不合法的情况，即侦查人员在收集、提取过程中没有按照公安部《计算机犯罪现场勘验与电子证据检查规则》(公信安[2005]161号)的规定，对查扣的刘某手机进行封存、固定后即移送技术部门，技术部门在勘验、检查过程中，没有对勘验、检查过程进行录像，检查完后没有封存。认为该证据应认定为非法证据予以排除。

对宝鸡市公安局电子数据勘验笔录及其附件47.号数据光盘，应当如何审查、认定，能否作为本案定案证据使用，就成为本案争议的焦点，也是本案定罪的关键。

首先，应明确我国对电子数据的审查、认定规则。2012年《高法解释》第九十三条规定："对电子邮件、电子数据交换、网上聊天记录、博客、微博客、手机短信、电子签名、域名等电子数据，应当着重审查以下内容：(一)是否随原始存储介质移送；在原始存储介质无法封存、不便移动或者依法应当由有关部门保管、处理、返还时，提取、复制电子数据是否由二人以上进行，是否足以保证电子数据的完整性，有无提取、复制过程及原始存储介质存放地点的文字说明和签名；（二）收集程序、方式是否符合法律及有关技术规范；经勘验、检查、搜查等侦查活动收集的电子数据，是否附有笔录、清单，并经侦查人员、电子数据持有人、见证人签名；没有持有人签名的，是否注明原因；远程调取境外或者异地的电子数据的，是否注明相关情况；对电子数据的规格、类别、文件格式等注明是否清楚；（三）电子数据内容是否真实，有无删除、修改、增加等情形；（四）电子数据与案件事实有无关联；（五）与案件事实有关联的电子数据是否全面收集。对电子数据有疑问的，应当进行鉴定或者检验。"第九十四条规定："视听资料、电子数据具有下列情形之一的，不得作为定案的根据：（一）经审查无法确定真伪的，（二）制作、取得的时间、地点、方式等有疑问，不能提供必要证明或者作出合理解释的。"由此可见，对电子数据审查应当严格按照上述规定进行审查，只有经审查无法确定真伪的，制作、取得的时间、地点、方式等有疑问，不能提供必要证明或者作出合理解释的，才能作为非法证据予以排除。

其次，要严格区分瑕疵证据和非法证据。瑕疵证据是轻微违法的证据，非法证据是根本性违法的证据。从程序上看，瑕疵证据是轻微的程序性违法、技术性失范、操作性不当；而非法证据是严重的程序违法、实质性程序错误。从实质上看，瑕疵证据一般不涉及证据内容的真实性，证据本身具备客观真实性、关联性，不会侵害基本权利也不会导致证据失真；非法证据一般是在严重侵犯当事人人身等基本权利的情况下取得的，证据内容有可能失真，并从而影响证据的真实性进而可能导致司法不公。瑕疵证据通过法定的程序进行补正或作出合理解释后仍能作为证据使用，而非法证据则应坚决予以排除。可见，瑕疵证据不等于非法证据，瑕疵证据与非法证据有着本质的区别，应严格进行区分。

最后，具体到本案中，侦查人员在抓获两被告时，即当场查扣了被告人刘瑞红的手机，当场制作了扣押笔录和清单，并有证据持有人刘瑞红的签名和见证人的签名。且夏文刚、刘瑞红归案后，在侦查人员讯问时均交代，刘瑞红一直用该手机通过 QQ 软件与的指示，并将其每次用伪基站发送诈骗短信时的视频上线"淘金"联系，接受"淘金"的指示，并将每次用伪基站发送诈骗短信时的视频用该手机拍照并通过 QQ 发送给"淘金"。侦查人员遂将该手机送交技术部门进行勘验，技术部门即对该手机内存储的文件信息进行恢复，制作了电子数据勘验笔录及其附件 47 号数据光盘。该勘验笔录能够反映出提取、恢复中制作光盘的过程。虽然该手机在移送技术部门时没有进行封存，但侦查机关已出具情况说明对该情况进行了补充说明，并有侦查人员和技术人员的说明证明了该数据的真实性、完整性。且有刘瑞红对侦查人员提取的该手机内的其发送诈骗短信照片的辨认笔录，确认这些从其手机中提取的照片就是其用伪基站发送诈骗短信时的视频照片。由此可见，宝鸡市公安局电子数据勘验笔录及其附件 47 号数据光盘，并不是非法证据，而是在取证程序上存在轻微违法的瑕疵证据，经侦查机关对该取证过程进行补充说明后，该证据不存在不真实不客观或者虚假的情况，不存在可能严重影响司法公正的情形，可以作为证据使用。

第四篇　国际协作

第九章　跨境犯罪的管辖权

刑事管辖权是国家主权的重要组成部分，它体现了国家对其领土、公民和利益的保护能力。刑事管辖权的确立和行使，是国家法律体系中不可或缺的一环，对于维护社会秩序、保护公民权益、打击犯罪活动具有重要意义。从国家主权的角度来看，刑事管辖权是国家主权的具体体现。国家主权意味着国家在其领土范围内拥有最高的权力，而刑事管辖权则是这种权力在刑事司法领域的具体运用。通过刑事立法，国家确立了对在其主权范围内发生的犯罪行为的管辖权，这不仅体现了国家对内部事务的管理和控制，也是国家对外展示其主权独立性的一种方式。立法明确了刑法的适用范围，即刑事管辖权的空间效力。这种空间效力通常包括属地原则、属人原则和保护原则等。属地原则是指国家对在其领土范围内发生的犯罪行为拥有管辖权；属人原则是指国家对其公民在境外犯下的某些犯罪行为拥有管辖权；保护原则是指国家对那些侵犯其国家安全、公共利益的犯罪行为拥有管辖权，不论这些行为发生在国内还是国外。

第一节　刑事管辖权的冲突

刑事管辖权的行使，需要依据国家刑事实体法律的规定。这意味着，只有当某一刑事犯罪行为符合国家刑法规定的管辖范围时，国家才能对其行使刑事管辖权。这种管辖权的行使，包括对犯罪行为的追诉、审判和处罚等环节。通过这些环节，国家能够对犯罪行为进行有效的打击和预防，保护社会秩序和公民权益。

刑事管辖权与刑事诉讼管辖是两个不同的概念。刑事诉讼管辖主要涉及刑事案件在司法机关内部的分工和处理程序，而刑事管辖权则更侧重于实体法层面的权力范围。刑事管辖权的存在是刑事诉讼管辖得以实现的前提。只有在确定了一个国家对某一刑事犯罪拥有管辖权之后，才能进一步讨论和决定由哪个地区的司法机关来受理和审判该案件。

一、跨境犯罪的刑事管辖与法律适用

在我国，《刑法》第 6 条至第 11 条对刑事管辖权的范围进行了明确规定。这些规定体现了我国刑法的属地原则为主，同时结合属人原则和保护原则，以及对普遍管辖原则的有条件适用。这样的规定既符合国际法的通行规则，也适应了我国的实际需要，为我国有效地行使刑事管辖权提供了法律依据。

刑事管辖权作为国家主权在司法领域的体现，其独立性和冲突性是国际法律实践中不可避免的问题。国家主权的独立性意味着每个国家都有权在其领土内制定和执行法律，包括刑事法律。然而，随着全球化的发展和国际交往的日益频繁，刑事案件的跨国性特征愈发明显，这就导致了不同国家、地区以及一国内不同法域之间在刑事管辖权上的冲突。刑事管辖冲突产生的直接原因，在于不同国家或地区根据自身的法律体系和司法实践，制定了不同的刑事管辖规则。这些规则的差异，可能源于历史、文化、法律传统、社会价值观等多方面因素。例如，一些国家可能更倾向于强调属地原则，而另一些国家则可能更加重视属人原则或保护原则。当跨国犯罪发生时，不同国家可能会基于各自的法律规则主张对案件拥有管辖权，从而产生管辖权的冲突。

刑事案件的复杂多样性，尤其是跨国、跨境刑事案件的增多，使得刑事管辖权的确定和划分变得更加困难。不同国家在法律制度、司法程序、证据标准等方面存在的差异，使得对同一案件的管辖权认定可能产生截然不同的结果。这种差异不仅可能导致司法效率的降低，还可能引发法律适用上的不公正，甚至影响国际关系和社会稳定。在处理刑事管辖权冲突时，需要依据一定的法律原则和标准来确定管辖权的归属。这些原则和标准可能包括但不限于：最密切联系原则、国籍原则、犯罪结果地原则、公平正义原则等。最密切联系原则强调根据案件与各有关国家之间的实际联系来确定管辖权；国籍原则侧重于犯罪者的国籍；犯罪结果地原则关注犯罪行为产生的实际后果发生地；公平正义原则要求在确保案件得到公正审理的前提下，合理分配管辖权。

在全球化的今天，刑事犯罪的跨境特征已成为国际社会共同面临的挑战。刑事管辖权冲突通常发生在涉及多个国家或地区的犯罪活动中，这些活动可能涉及跨国界的犯罪行为、跨国犯罪组织、网络犯罪等多种形式。当犯罪行为或犯罪人具有跨境因素时，不同国家或地区的法律体系和司法实践可能会产生冲突，这时就需要通过一定的法律机制和国际合作来解决这些冲突。对于不存在跨境因素的犯罪，各国可以根据自身的刑事法律和管辖原则来处理，这种情况下通常不会产生刑事管辖冲突。例如，如果一起盗窃案件完全发生在一个国家的境内，那么该国可以根据其国内法律来追究犯罪人的责任，而无需考虑其他国家的法律或管辖权问题。

随着国际交流的日益频繁和技术的快速发展，跨境犯罪活动不断增加，案件的复杂性也随之提高。例如，网络犯罪往往不受地理界限的限制，犯罪行为可能在一个国家发起，而影响却波及多个国家。此外，跨国公司可能涉及多国的法律和监管要求，其内部的违法行为可能需要多个国家的司法机关共同协作才能有效解决。在这种背景下，各国之间、区际之间的刑事管辖权冲突问题变得尤为突出。由于缺乏统一的国际法律规范来解决这些冲突，各国往往需要通过双边或多边条约、国际公约等方式来协调各自的刑事管辖权。这些法律文件通常会规定哪些情况下一个国家可以行使管辖权，以及在出现管辖权冲突时应如何协商解决。然而，现有的国际法律规范并不完善，有时难以适应日益复杂的跨境犯罪形势。例如，对于一些新兴的犯罪形式，如网络诈骗、网络攻击等，现有的国际法律规范可能还不足以提供有效的解决方案。此外，不同国家的法律体系和司法实践存在差异，有时也会导致在理解和适用国际法律规范时出现分歧。

二、跨境犯罪的刑事管辖权的扩张

刑法的空间适用效力与刑事管辖权之间的关系密切，它们共同构成了国际刑法领域的核心议题。刑法的空间适用效力是指刑法对哪些地域和对象具有约束力，它规定了一个国家刑法规定的适用范围，包括属地原则、属人原则、保护原则等。而刑事管辖权则是基于刑法的空间适用效力，确定哪些犯罪行为可以由特定国家的司法机关进行追诉、审判和处罚。刑法的空间适用效力是刑事管辖权确立的基础。一个国家的刑法只有在其空间效力所及的范围内，才能赋予该国司法机关相应的刑事管辖权。境内法院无法根据境外刑事法律对跨境犯罪案件作出裁判，这是因为每个国家的刑法体系都是独立的，其法律效力仅限于本国领土范围内。同样，境外法院也无法根据境内刑事法律对跨境犯罪案件作出裁判，因为每个国家的司法机关只能依据本国的法律体系和刑事管辖权来处理案件。

我国在刑事管辖权方面采取扩张性属地管辖理念，这种理念的核心在于强化对犯罪行为的打击力度，确保国家法律的有效实施，同时保护国家和公民的利益不受跨境犯罪活动的侵害。在网络跨境犯罪日益增多的背景下，传统的刑事管辖原则面临着新的挑战。网络犯罪具有匿名性、隐蔽性强、地域界限模糊等特点，使得传统的属地管辖原则难以适应新的犯罪形态。因此，我国采取了更为灵活和扩张性的属地管辖理念，以便更好地应对网络犯罪的复杂性。

根据这一理念，只要网络犯罪的行为实施地或结果发生地之一位于我国领域内，我国就可以主张刑事管辖权。这种管辖权的确立，不仅涵盖了犯罪行为的直接实施地，也包括了犯罪结果的产生地，从而为打击网络犯罪提供了更为广泛的法律依据。以网络赌博犯罪为例，如果赌博网站的服务器设在我国境内，或者赌博网站通过我国的网络接入点进行运营，或者赌博网站的建立者、管理者在我国境内，甚至赌博网站的代理人或参赌人在我国境内实施了网络赌博行为，我国就可以依据扩张性属地管辖理念对其主张刑事管辖权。

在全球化和信息化的今天，网络跨境犯罪成为了各国面临的共同挑战。基于国家主权的基本原则，各国政府都不愿意看到自己管辖区域内的普通犯罪行为因为刑事管辖权的缺失而无法得到有效制止和惩处。因此，为了保护国家和公民的权益，各国纷纷通过立法确立扩张性属地管辖权规则，以便对发生在本国领域内的犯罪行为进行刑事追责。这种扩张性属地管辖权的确立，反映了各国政府对于打击犯罪、维护社会秩序的坚定决心。通过将犯罪行为的实施地、结果发生地、犯罪嫌疑人的国籍等因素纳入管辖范围，各国试图构建一个更为全面的刑事司法体系，以应对日益复杂的犯罪形态。

随着网络技术的快速发展，新型网络跨境犯罪的地域交织特性使得管辖竞合问题变得尤为突出。网络空间的无界流通属性使得犯罪行为可以轻易跨越国界，而传统的属地管辖原则在网络空间中难以有效适用。这导致了在网络跨境犯罪的打击过程中，各国的扩张性属地管辖规则之间可能出现重叠甚至冲突，使得责任领域的界定变得模糊不清。在这种背景下，国际上尚未构建一个明确的责任领域来应对普通犯罪在网络空间异化产生的跨境犯罪问题。各国在扩张性属地管辖规则的适用上可能存在不一致，这不仅增加了司法实践中的复杂性，也可能导致法律适用上的不公平和不效率。此外，扩张性属地管辖规则的盲目扩张可能会引发国际法律冲突。

三、管辖冲突规则的适用困境

国际刑事管辖权冲突是全球化背景下各国司法实践中不可避免的问题，特别是在网络跨境犯罪这一领域。随着科技的发展和互联网的普及，犯罪行为可以轻易跨越国界，涉及多个国家和地区。当两个或多个法域根据各自的刑法规定，对同一刑事案件声称拥有管辖权时，就会产生管辖权的冲突。这种冲突的存在，不仅给各国司法机关带来了操作上的困难，也对国际法治秩序构成了挑战。各国基于自身法律体系和刑事政策的考量，可能会对同一犯罪行为作出不同的法律评价和处理。在某些情况下，一个国家可能认为某行为构成严重犯罪并予以严厉打击，而另一个国家则可能对该行为持宽容态度或不认为其构成犯罪。这种差异导致了对犯罪行为的认定和处理存在分歧，进而影响了受害者权益的保护和对犯罪的惩罚。

在全球化背景下，网络跨境犯罪的管辖冲突问题日益凸显。一些国家，如美国，采取了更为积极的立场，通过其"长臂管辖原则"来扩展其刑事管辖权的范围。这一原则允许美国法院对即使在美国境外发生的、但与美国有某种联系的犯罪行为行使管辖权。这种原则的实施，往往与国家的政治影响力和司法权力密切相关。2019年美国联邦贸易委员会（FTC）诉英国Cambridge Analytica数据分析公司案就是一个典型的例子。在这起案件中，美国和英国都声称拥有管辖权。按照传统的属地原则，由于Cambridge Analytica公司注册于英国，理论上应当由英国司法机关进行管辖。英国最终放弃了管辖权的主张，允许美国司法机关依据"长臂管辖原则"对这家英国公司进行管辖。但这一结果有一定的政治依赖性，同时也暴露了在缺乏普适性规则的情况下，解决网络跨境犯罪管辖冲突的局限性。

目前，国际社会尚未建立一个统一且有效的机制来解决刑事管辖权冲突。虽然存在"公平原则""实际管辖规则""优先管辖规则"等多种关于管辖冲突的解决规则，但这些规则往往适用于政治体制和刑事司法体系相似的主权国家和地区。这种"有选择性"的规则适用在面对网络跨境犯罪时显得力不从心，因为网络犯罪的特点就是其犯罪行为和犯罪结果的"无选择性"，不受传统地理和政治边界的限制。

第二节 管辖冲突的解决思路

在处理跨境犯罪时，我国采取属地管辖权的扩张性主张，即认为只要犯罪行为或其结果在我国领域内有体现，我国就可以行使刑事管辖权。然而，这种主张在实际操作中并不总是可行，因为它可能导致管辖权的积极冲突，即多个国家都声称对同一案件拥有管辖权。

针对这一问题，国际学术界提出了多种限制性主张，旨在对属地管辖权进行合理限制，以减少管辖冲突并促进公正司法。例如，一些学者主张结果发生地应仅限于犯罪结果的最初发生地，这样可以更明确地界定哪个国家的法律适用于特定的犯罪行为。另一些学者则提出，结果发生地应仅限于实际损害发生地，这样可以更准确地评估犯罪行为对特定法域的影响。还有观点认为，结果发生地应仅限于行为人在行为时所认识到的结果发生地，这样可以更好地考虑行为人的主观认知。这些限制性主张的核心在于遵循"有利于查清犯罪事实、有利于诉讼"的原则，即在国际刑事司法合作中，应当寻求那些能够有效查明犯罪事实并促进诉讼进程的管辖规则。这种观点强调了国际合作的重要性，并提倡在解决管辖冲突时寻求公正和效率的平衡。

一、属地管辖权的规范

属地管辖原则是刑事司法中的一项基本原则，它要求对犯罪地进行明确界定，从而确定哪个法域对特定犯罪行为拥有刑事管辖权。这一原则的核心在于，只要犯罪行为或其结果在某个法域内发生，该法域就有权利对相关犯罪行为进行追诉和审判。犯罪地管辖原则为各国司法机关提供了一个明确的管辖权归属标准，有助于维护法治秩序和确保公正司法。在处理跨越境内与境外的犯罪时，属地管辖原则提供了一个基本框架，但同时也需要各国之间进行协商和分配管辖权，以适应复杂的跨境犯罪情况。以下是应该考虑的因素：

第一，犯罪行为地为主。根据属地管辖原则，犯罪行为地通常被视为决定管辖权的主要因素。这是因为犯罪行为地是犯罪发生的直接场所，往往包含了丰富的犯罪线索和证据，对于司法机关来说，这是一个重要的侦查和取证地。在犯罪行为发生的现场，司法机关可以收集到第一手的证据，如物证、证人证言、监控录像等，这些都是揭示案件真相的关键。同时，犯罪行为地的司法机关对当地的法律环境、社会情况和文化背景有着更深入的了解，它们能够更准确地解释和适用法律，从而做出更为公正的判决。此外，当地司法机关对案件的审理也有助于提高公众对司法公正性的信任，增强法律的威慑力。然而，需要注意的是，虽然犯罪行为地是决定管辖权的重要因素，但在某些情况下，犯罪结果地的司法机关也可能对案件拥有一定的管辖权，尤其是当犯罪结果对犯罪结果地的社会秩序和公民权益产生了重大影响时。在这种情况下，可能需要通过国际司法合作，如司法协助、引渡等方式，来共同解决跨境犯罪问题。

第二，犯罪实行地为主。犯罪预备行为通常指的是为了实施犯罪而进行的准备活动，如策划、筹集资金、购买工具等。这些行为虽然为犯罪的实施奠定了基础，但其社会危害性相对较小，且往往不直接导致实际的犯罪后果。相反，犯罪实行行为是指犯罪分子实际着手实施的犯罪行为，如盗窃、诈骗、暴力等，这些行为直接导致或可能导致法律所禁止的后果，其社会危害性较大，更能准确反映出犯罪的本质和特征。因此，在这类案件中，根据犯罪实行行为的发生地来决定管辖权归属是更为合理和有效的选择。这样做有几个重要的理由：①社会危害性考量：由于实行行为具有较大的社会危害性，对其进行管辖能够更有效地保护社会秩序和公民的合法权益，实现刑法预防和惩罚犯罪的目的。②法律特征明确：实行行为是犯罪完成的关键阶段，其法律特征和构成要件相对明确，有助于司法机关准确适用法律，提高案件处理的效率和公正性。③证据收集与侦查便利：实行行为的发生地往往是犯罪证据最为集中的地方，司法机关可以更容易地收集和固定证据，进行有效的侦查和审讯。然而，这并不意味着犯罪预备行为可以被忽视。在某些情况下，如果预备行为对犯罪的实施起到了关键作用，或者预备行为本身就构成了独立的犯罪，那么预备行为地的司法机关也可能对案件拥有管辖权。在实际操作中，需要根据案件的具体情况，综合考虑各种因素，合理确定管辖权的归属，确保法律的有效实施和社会公正的实现。

第三，主要犯罪实行行为地为主。主要犯罪实行行为的发生地通常是犯罪行为最为集中、犯罪证据最为丰富的地方。司法机关在这一地点拥有更为直接和充分的资源来调查和收集证据，包括物证、证人证言、监控记录等，这有助于更准确地还原犯罪事实，提高案件处理的效率和公正性。同时，主要犯罪实行行为的发生地往往与犯罪的社会危害性密切相关。犯罪行为的严重性和对社会秩序的破坏程度通常在这一地点表现得更为明显。因此，由这一地点的司法机关行使管辖权，可以更好地反映和评价犯罪行为的社会危害性，从而作出更为恰当的法律评价和判决。在全球化背景下，刑事案件可能涉及多个国家和地区，如果每个地方都试图对同一犯罪行为行使管辖权，可能会导致管辖权冲突和法律适用上的混乱。通过确定主要犯罪实行行为的发生地，可以避免不必要的司法竞争，促进国际的司法合作和协调。然而，这并不意味着其他地点的司法机关就无法参与案件的处理。在实践中，可能需要通过司法协助、信息共享、引渡等方式，加强不同法域之间的合作，共同打击犯罪。同时，也需要考虑到受害者的权益保护，确保他们能够得到公正的救济。

此外，当犯罪行为地与犯罪结果地、预备行为地与实行行为地、主要行为地与次要行为地相互混杂，难以明确区分时，确定刑事管辖权的归属就需要更加灵活和实际的考量。在这种情况下，采用"实际控制"原则和"先理为优"原则，可以为管辖权的确定提供有效的指导。"实际控制"原则强调的是司法机关对案件的实际控制能力和条件。这意味着在确定管辖权时，应考虑哪个司法机关更有条件和能力对案件进行有效管理。这包括考虑司法机关的地理位置、可用资源、专业知识以及与其他涉案地区的联系等因素。通过这种方式，可以确保犯罪证据得到迅速而有效的收集，犯罪人能够及时被查获，从而提高司法效率，确保犯罪得到及时有效的惩治。"先理为优"原则则是指在多个司法机关都有可能行使管辖权的情况下，优先考虑首先受理案件的司法机关。这个原则鼓励司法机关在发现犯罪行为时迅速采取行动，并在初步调查后尽快确定管辖权。这样做有助于避免管辖权争议和案件处理的延误，同时也体现了对司法资源的合理利用和对诉讼经济原则的尊重。结合这两个原则，可以更加合理地确定刑事案件的管辖权，尤其是在犯罪行为地和结果地难以明确区分的情况下。这种做法有助于确保案件的顺利进行，避免不必要的司法程序重复和资源浪费，同时也能够更好地保护受害者和嫌疑人的合法权益。

目前，我国在处理境外网络犯罪管辖问题时，仍然依赖于与其他国家签订的双边刑事司法协助条约。由于尚未缔结或参加相关的国际条约来规范网络管辖的适用程序，扩张性管辖原则在境外适用方面存在一定的局限性。对于涉及多个主权国家的网络跨境犯罪，单靠双边条约可能难以有效解决问题，需要在更广泛的国际层面上寻求解决方案。

在我国境内，跨地域犯罪的管辖问题主要集中在如何通过具体的刑事诉讼程序对这类犯罪进行有效追责，以及如何明确负责追责的执法机构。这一问题的复杂性在于跨地域犯罪的特殊性，部分学者提出了遵循"以最初受理地为主，以主要犯罪地为辅"的管辖争议解决方式。然而，这种原则并不完全适用于新型网络跨境犯罪，因为这类犯罪的形态异化，可能导致最初受理地并不具备相应的受理条件和能力。为了解决这一问题，我国司法机关提出了"两个有利于"的地域管辖处理规则，即有利于查清犯罪事实和有利于诉讼的原则。尽管"两个有利于"规则为指定管辖提供了法律基础，但在实际操作层面仍存在一定的困难。具体来说，这一规则虽然指明了指定管辖的总体方向，但并没有对指定管辖的具体执行权限、适用范围以及如何处理有争议或特殊情况等问题提供明确的指导。这种不明确性可能导致在实际案件处理中出现混乱和延误，特别是在涉及多个地区或多个执法机关的复杂案件中。

此外，如果无法有效确立我国境内刑事诉讼程序中具体地域管辖权的归属，以及明确承担刑事管辖权具体执行工作的执法机关，将对我国在网络犯罪领域的国际合作产生不利影响。在全球化背景下，网络犯罪往往涉及跨国元素，需要各国执法机构之间的密切合作。如果国内管辖权不明确，可能会影响国际合作的效率和效果，从而削弱对网络犯罪的整体打击力度。为了解决这些问题，我国需要进一步完善刑事诉讼法律制度，明确指定管辖的具体操作规则和程序。这包括对"两个有利于"

规则的进一步细化，以及对指定管辖的具体执行权限和适用范围等问题提供明确的法律解释。同时，还需要加强执法机关之间的协调和合作，建立高效的信息共享和案件移交机制，确保网络犯罪案件能够得到及时、有效的处理。

二、明确管辖冲突解决适用规则

跨境犯罪所引发的管辖冲突是国际刑事司法领域中一个复杂且紧迫的问题。这类冲突属于国际刑事管辖权平行冲突的范畴，即多个主权国家和地区对同一网络犯罪案件声称拥有管辖权，从而产生争议。由于国际刑法规范中缺乏统一的解决机制，各国在实践中采取了不同的规则来处理这类冲突。

"优先管辖规则"是一种常见的解决跨境犯罪管辖冲突的规则，它通常以国际性"最佳实践指导"的形式出现。根据这一规则，某一个国家在多个声称拥有管辖权的国家中被赋予优先权，通常是考虑到该国与案件的关联程度、证据的可获得性、受害者的国籍等因素。然而，在具体操作层面，这一规则很大程度上依赖于各国的传统管辖权适用顺序和双边或多边协商。"最密切联系规则"是另一种解决管辖冲突的规则，它在欧盟境内得到了广泛应用。这一规则基于欧盟区域内各国之间司法体制的高度统一和相互信任，通过评估案件与各国之间的联系程度来确定管辖权。这种规则强调的是案件与某一个国家法律体系的关联性，而不仅仅是地理位置或国籍。"实际控制规则"则源自国际私法的适用法原则，并在刑事司法体系中得到了演变和应用。这一规则类似于"扩张性属地管辖"规则，允许一个国家在其司法机关能够有效控制和处理案件的情况下行使管辖权。这种规则特别适用于网络犯罪，因为网络犯罪的行为和结果往往不受传统地理界限的限制。

这三种规则在司法实践中都取得了一定的成功，为我国在构建自己的管辖冲突解决规则提供了借鉴。我国可以根据自身法律体系的特点、国际合作的需要以及跨境犯罪的实际情况，参考这些国际经验，制定出既符合国际法原则又能适应我国实际情况的管辖冲突解决规则。在制定这些规则时，我国需要考虑到国际合作的重要性，以及如何在尊重国家主权的同时，有效地打击跨境犯罪。这可能包括加强与其他国家的信息共享和司法协助，建立更加明确的管辖权适用标准，以及在必要时通过国际条约或协议来解决管辖权争议。

第十章　跨境犯罪的取证

传统的跨境刑事取证模式主要依赖于司法协助制度，其目的是惩罚犯罪，涉及的证据类型主要是物证、书证等传统形式。然而，在数字时代背景下，电子数据的跨境取证需求日益增长，这对现有的取证制度提出了新的要求和挑战。为了适应这一变化，传统跨境取证制度正在经历一系列结构性的变动。这些变动涉及取证方式的更新、程序目的的调整、程序性质的转变、程序构造的优化以及程序内容的丰富等多个方面。

第一节　跨境取证的基本概述

在数字时代背景下，网络技术、大数据、人工智能等前沿科技的快速发展和广泛应用，不仅极大地推动了社会经济的进步，也深刻地改变了犯罪行为的面貌和特征。这些技术的发展对犯罪活动产生了两方面的重要影响：一方面，新技术的应用极大地扩展了犯罪活动的范围和手段。传统的犯罪行为往往局限于物理空间，而现代科技使得犯罪分子能够在网络空间中进行各种非法活动。例如，网络诈骗、网络盗窃、网络恐怖主义等新型犯罪形式层出不穷，犯罪分子可以利用网络的匿名性和无界性，跨越地理限制，实施跨国界的犯罪行为。此外，大数据和人工智能技术的应用也使得犯罪行为更加智能化和精准化，犯罪分子可以通过分析大量数据来识别潜在的受害者，或者利用算法进行复杂的金融诈骗。另一方面，犯罪行为的跨国性或跨境性日益凸显，这不仅使得犯罪活动的追踪和打击变得更加困难，也对国际刑事司法合作提出了更高的要求。犯罪分子可以利用不同国家和地区之间的法律差异、管辖界限和执法能力的差异，来规避法律的打击。例如，他们可能在一国策划犯罪活动，而在另一国实施或隐藏犯罪所得，使得单一国家的执法机关难以有效应对。

一、跨境取证属于国际司法协助

司法协助作为国际刑事司法合作的重要组成部分，其发展和完善对于跨境犯罪的有效打击具有重要意义。狭义的司法协助主要指的是在调查取证方面的合作，这包括获取境外的物证、书证、鉴定意见等关键证据。随着全球化的深入发展，各国之间的司法协助需求日益增加，司法协助条约的签订为签约国提供了法律基础和操作框架。

例如，1959年签订的《欧洲刑事司法协助公约》就明确规定了签约国之间应当提供的司法协助范围和义务。这一公约以及其他时期的司法协助条约，为各国之间的司法合作提供了明确的法律依据，无论是通过委托取证、派员取证，还是通过联合调查取证、视频作证等方式，都能够在条约框架下得到规范和实施。除了传统的司法协助途径外，调查取证活动也在不断发展和创新。行政执法机关之间的合作是其中的一个重要方面，例如海关、警察等执法机关在跨国执法、打击走私、贩毒等犯罪活动中的合作。这种合作通常不受司法协助条约的限制，更加灵活和高效。

国际司法协助制度，从传统观点来看，确实被视为国家之间的一种合作机制。这一点在国际条约、多边条约和双边条约中得到了广泛的确认和体现。例如，《联合国打击跨国有组织犯罪公约》《联合国刑事事件互助示范条约》以及《欧洲刑事司法协助公约》等，都明确规定了缔约国之间在刑事司法领域内相互提供协助的义务和框架。这种以国家间合作为核心的国际司法协助制度，强调的是主权国家之间的相互支持和协作，以共同打击跨国犯罪和促进刑事司法的公正。

二、跨境取证目的是惩罚犯罪

境取证制度的建立和发展，其根本目的是有效地打击和惩罚犯罪，特别是跨境犯罪。从历史的角度来看，随着全球化的加速和国际交流的日益频繁，跨境犯罪成为了各国面临的共同挑战。在欧洲，经济一体化进程的推进不仅促进了经济的发展，也带来了一系列新的安全问题，其中包括跨境犯罪的增加。在 1990 年至 2000 年间，欧洲统一市场逐步建立和发展，这一时期也是毒品犯罪等跨境犯罪高发的时期。根据《欧洲犯罪与司法统计原始数据》显示，比利时、法国、德国、希腊、挪威、葡萄牙等国在毒品贩运罪上的案发率基本呈上升趋势，这一现象凸显了跨境取证制度在打击犯罪方面的重要性。

为了应对这一挑战，欧洲国家加强了刑事司法合作，发展了跨境取证制度。这些制度的目的是提高司法效率，加快取证程序，以便更有效地打击跨境犯罪。然而，这种以惩罚犯罪为主要目的的司法协助和合作，有时可能会牺牲被追诉人的权利保障。在追求效率的过程中，被追诉方的合法权益可能会受到忽视，这可能导致程序不公和司法不义。

三、跨境取证的基本内容是委托取证

在多边和双边司法协助条约中，调查取证这一流程包括提出申请、移交申请、执行申请、回复申请以及拒绝申请等环节。这种程序设计旨在确保各国司法机关能够有效地合作，共同打击犯罪。然而，由于这一过程较为复杂，涉及多个司法管辖区和不同的法律体系，境外取证的不确定性相对较高，这给司法协助的效率带来了挑战。

为了提高司法协助的效率，进一步简化程序成为了跨境调查取证的重要发展方向。欧盟刑事司法合作的一个重要目标就是促进成员国之间的更紧密合作，提高司法合作的效率和有效性。在这一目标的驱动下，欧盟采取了一系列改革措施，包括强化请求国与被请求国之间的相互承认、促进执法机关的直接联系、简化司法协助内部流程等。这些改革举措旨在减少跨境取证过程中的行政和法律障碍，提高司法协助的响应速度和执行效率。通过这些措施，可以更快地获取和交换跨国犯罪所需的证据，从而更有效地打击犯罪，保护公民的安全和权益。然而，在追求效率的同时，传统跨境取证制度并未对个人权利问题给予充分的关注。即使在21世纪的今天，一些跨境刑事取证的法律文件，包括《欧盟成员国间刑事司法协助公约》，在被追诉人权利保障方面仍然存在不足。这可能导致在跨境取证过程中，被追诉人的合法权益得不到充分的保护，例如，他们可能无法获得及时的法律援助，或者在司法程序中的参与权和辩护权受到限制。

第二节 跨境证据审查判断的要素

《高法解释》要求控方提交的来自境外的证据材料要具有可采性，必须满足两个条件：一是能够证明案件事实，二是符合刑事诉讼法的规定。但是，如果提供人或者双边条约对证据材料的使用范围有明确限制，或者证据材料来源不明、真实性无法确认的，则不得作为定案的根据。对于辩方提交的来自境外的证据材料，还有额外的公证、认证要求，以确保其合法性和真实性。这一规定体现了我国司法体系对跨境刑事证据审查的严谨态度，旨在确保所有证据材料的合法性、相关性和可靠性。通过明确规定证据的可采性条件和审查标准，可以有效防止非法证据和不可靠证据对案件判决的影响，保障被追诉人的合法权益。然而，尽管《高法解释》对跨境刑事证据的审查判断提供了一定的指导，但在实际操作中仍可能面临诸多挑战。例如，不同国家的法律规定和司法实践可能存在差异，这可能导致对证据合法性认定的困难；同时，证据的真实性和可靠性也需要通过更加严格的审查程序来确认。

一、逻辑冲突下准据法适用的审查

在过去的司法实践中，一国司法机关在通过司法协助渠道从另一国获取证据后，通常不再对该证据的合法性进行审查。这种做法基于对被请求国法律和程序的信任。然而，随着人权保障观念的普及和加强，这种不审查原则逐渐发生了变化。双重审查，即对跨境获取的证据既依据本国法律也依据被请求国法律进行合法性审查，已成为一种新的趋势。这种做法有助于更全面地保障被追诉人的权利，确保司法程序的公正性。

例如，瑞士等国家已经开始实施双重审查标准，对跨境获取的证据进行更为严格的审查。这种审查不仅依据本国的法律规定，也考虑被请求国的法律规定，以确保证据的合法性不受质疑。这种做法体现了对人权的尊重和对国际司法合作的积极参与。在我国，人民法院在处理跨境刑事证据时，也已经部分地体现了双重审查的特征。然而，在事实性与权利性要素审查的准据法适用方面，仍然存在逻辑冲突。由于不同国家之间在取证程序上存在差异，对境外证据的合法性审查需要结合案件的具体情况进行。《高法解释》第 77 条规定①，人民法院应当依据刑事诉讼法的规定对证据进行审查，这导致了人民法院在实践中倾向于不考虑域外关于取证程序的法律规范。特别是在涉及跨境实物证据的情况下，人民法院几乎不会考虑域外的取证程序规范要求。这种做法可能会对被追诉人的权利保障造成影响，因为域外的取证程序可能与我国的法律规定存在差异，而这些差异可能关系到证据的合法性和可采纳性。

有学者提出：对于我国公安司法人员跨境取得的证据，应当首先依据我国法律进行审查，以确保证据符合我国的法律规定和程序要求。同时，考虑到取证行为是在另一国法律管辖下进行的，也应当参照该国法

---

① 《高法解释》第 77 条：对来自境外的证据材料，人民检察院应当随案移送有关材料来源、提供人、提取人、提取时间等情况的说明。经人民法院审查，相关证据材料能够证明案件事实且符合刑事诉讼法规定的，可以作为证据使用，但提供人或者我国与有关国家签订的双边条约对材料的使用范围有明确限制的除外；材料来源不明或者真实性无法确认的，不得作为定案的根据。当事人及其辩护人、诉讼代理人提供来自境外的证据材料的，该证据材料应当经所在国公证机关证明，所在国中央外交主管机关或者其授权机关认证，并经中华人民共和国驻该国使领馆认证，或者履行中华人民共和国与该所在国订立的有关条约中规定的证明手续，但我国与该国之间有互免认证协定的除外。

律进行审查，以确保取证过程在该国法律框架内是合法的。这种双重审
查机制有助于发现和解决可能出现的法律冲突，确保证据在国际的可接
受性和有效性。对于外国执法机关提供的证据，同样需要进行双重审
查。在适用取证行为地法律的同时，也应当结合我国法律中关于重要权
利保障的规定进行审查。这样做可以确保外国执法机关提供的证据不仅
符合其本国法律，也符合我国对于人权保护的法律要求。在实际操作
中，对事实性要素的审查可能趋向于修正后的人民法院所在地准据法模
式，即以我国法律为主要依据，同时考虑取证行为地法律的相关规定。
而对于权利性要素的审查，则可能逐渐转向以取证行为地准据法为主、
人民法院所在地准据法为辅的混合模式，以确保被追诉人的权利得到充
分保障。①

总之，无论跨境刑事证据的获取方式如何，我国法律关于证据审查
的规定都应当作为首要适用的依据。在此基础上，结合取证行为地法
律，进行综合审查，既保障了司法程序的公正性，也体现了对国际合作
的尊重和参与。

二、跨境取证程序规范性的审查

在法治国家中，为了规范侦查行为和保障被追诉人的权利，各国都
制定了严格的取证规则。这些规则虽然在基本原则和目的上具有共通
性，但在具体内容和实施方式上存在差异，反映了各国法律体系和司法
实践的特点。当调查活动违反了这些取证规则时，可能会导致所获得的
证据在法庭上被排除，从而影响案件的判决结果。

在我国，公安司法机关进行跨境取证时，必须遵循刑事诉讼法的相
关规定。在审查判断所获证据的可采性时，需要综合考虑取证行为的具
体场景和条件。对于外国执法机关在我国境外进行的取证活动，其程序
不受我国刑事诉讼法的直接调整，因此在审查这类证据时，我国人民法
院面临着如何依据本国法律对境外取证程序的合法性进行评估的问题。

---

① 陈苏豪：《跨境刑事证据审查判断的要素检视》，载《现代法学》2023年第
6期。

《高法解释》第77条提出了证据可采性的条件，即证据必须能够证明案件事实且符合刑事诉讼法的规定。然而，如果将这一规定理解为仅关注我国刑事诉讼法上的重要诉讼权利，并且仅将证据排除范围限定于这些权利，可能会忽视取证程序规则中的具体操作和技术要求，这些要求在不同国家的法律体系中可能有不同的体现。

实物证据的鉴真工作通常要求对证据的来源、采集过程、保存方式等进行全面的审查，以确保证据的真实性和完整性。然而，由于外国执法机关的取证过程不受我国法律的直接约束，我国司法机关往往只能通过书面材料来了解证据的采集情况。尤其是在证据采集后较长时间才提交给我国司法机关的情况下，通过事后补正的材料来对证据进行实质审查的难度进一步增加。在一些案件中，为了解决鉴真的难题，使领馆的认证以及公安机关出具的情况说明被用作证据真实性的直接依据。这些文件虽然能够证明证据在跨国转移过程中的合法性和连续性，但它们并不能完全替代对证据采集过程的实质审查。因此，这种做法虽然在一定程度上有助于确认证据的真实性，但仍存在一定的局限性。

三、质证权行使的审查

在国际刑事司法协助领域，尽管相关法律和国际条约为我方请求外国安排证人作证或协助调查提供了法律依据，但在实际操作中，由于司法协助程序本身的复杂性和耗时费力的特点，人民法院在面对要求通知境外证人出庭作证的申请时，可能会考虑到证人出庭的实际困难，从而直接拒绝此类申请。

根据《高法解释》第253条的规定，人民法院可以允许身处国外且短期无法回国的证人不出庭作证。这一规定体现了对跨境因素所造成的现实困难的考虑。然而，结合刑事诉讼法第192条和第193条的规定，对境外证人出庭作证的必要性的判断应当独立于跨境因素，而是基于证人证言对案件事实查明的重要性。如果法庭认为证人应当出庭作证，但因跨境因素而无法实现，这将对书面证言的审查判断带来挑战。在实践中，即便辩方对书面证言提出异议，且该证言对案件的定罪和量刑具有重大影响，人民法院仍可能以"没有必要"为由拒绝通知证人出庭作证。这种情况下，法庭通常会依据庭前询问笔录的真实性来决定是否采纳该证据。这种做法在一定程度上解决了跨境证人出庭难的问题，但也可能引发对证据真实性和公正性的担忧。为了平衡效率和公正，我国刑事司法实践中需要进一步完善对境外证人证言的审查机制。这可能包括建立更为有效的跨境视频作证系统，允许辩方通过视频连线对境外证人进行质证；加强对境外证言真实性的审查，确保书面证言的可信度；以及在必要时，通过国际司法协助途径，寻求境外证人出庭作证的可能性。

第三节　跨境取证的路径优化

根据《电信网络诈骗案件意见》第6条第2款规定："对其他来自境外的证据材料，应当对其来源、提供人、提供时间以及提取人、提取时间进行审查。能够证明案件事实且符合刑事诉讼法规定的，可以作为证据使用。"该条是对境外证据材料的进一步确认，摒弃了境外证据提供者的外在条件，而是更注重证据本身的关联性与合法性。这项规定几乎是将来自境外的证据材料，不区分提取时间、地点与人员，与境内证据材料的平等对待。

随着数字时代的到来，电子数据在刑事司法程序中的重要性日益增加，跨境取证的实践需求也随之发生了显著变化。这种变化对传统跨境刑事取证制度提出了新的挑战，并促使其进行结构性的调整和改革。

一、适用我国法律为原则，兼顾国外强制性条款

在跨境取证程序中，权利保障要求的准据法应当是我国的法律。这样的规定旨在防止因不同国家法律体系之间的权利保障标准不一致而导致的权利保障不平衡，同时也有助于防止跨境犯罪活动利用法律差异逃避打击。在国际司法协作中，外方在移交证据时可能会对证据的使用范围作出明确的限制。这种限制通常是基于被请求国法律中对基本权利保

障的考量，如隐私权、言论自由等。我国在接收此类证据时，应当尊重并执行这些使用限制，以确保国际合作的顺利进行和被追诉人权利的充分保护。通过在证据移交时附加使用范围的限制，可以有效地协调不同国家在权利保障要求方面的差异。这种做法不仅有助于确保跨境取证活动的合法性和正当性，还能够促进国际的信任和合作，共同打击犯罪。

在国际刑事司法合作中，未经授权的单方跨境取证行为由于可能违反了国际法和双边协议的规定，其所获得的证据通常不具备可采性。这是因为，跨境取证应当基于相互尊重主权和法律框架的基础上进行，任何未经允许的单方面行动都可能侵犯他国的司法主权，损害国际合作的互信基础。

对于跨境获取的刑事证据的合法性审查，应当严格依据国际条约、协定以及相关法律法规进行。这些法律文件为跨境取证提供了明确的指导和规范，确保取证行为的合法性和正当性。在审查过程中，需要特别关注证据的来源、取证过程、取证方法等要素，以确保所有程序均符合国际法和合作国法律的要求。在电子数据取证领域，跨境因素的认定尤为复杂。由于电子数据的无形性和跨国界的流动性，对其进行跨境取证时，很难像传统取证那样明确界定取证行为的具体地点和性质。因此，即使是在我国执法人员参与调查取证的情况下，取证活动也应当遵循当地的法律规定和技术标准。特别是在采取强制性侦查措施时，通常需要当地执法人员的配合和支持，以确保取证行为的合法性和有效性。对于我国公安司法机关在境外进行的调查取证活动，如果在取证过程中违反了刑事诉讼法等相关法律规定，应当适用排除规则。但在适用排除规则时，应当综合考虑违法取证的具体原因和场景，给予补正或解释的机会。这种做法旨在平衡打击犯罪和保障人权之间的关系，确保司法公正和效率，同时也体现了对国际合作和法治原则的尊重。

二、取证程序允许差异化

在进行实物证据的鉴真审查时，确保证据的真实性和完整性是司法审判中的关键环节。鉴真规则的同一性要求我们在审查实物证据的取证程序时，应当重点关注取证过程中的说明性文书，这些文书记录了证据的采集、转移和保管等关键环节。如果对证据的保管链条存在疑问，司法机关应当积极展开调查和核实工作，以确保证据的合法来源和有效性。

在这一过程中，国内的取证规则可以发挥重要的参照作用。如果境外取证程序严重背离了国内的规则要求，这可能成为证据真实性存疑的一个情形。然而，需要注意的是，不能仅仅依赖侦查机关的单方面说明或使领馆的概括性认证来代替对取证情况的具体核实。虽然事后的核实工作是必要的，但更为重要的是在取证阶段就应当发挥裁判标准的指导功能，从而提升取证质量。例如，在涉及搜查、扣押等强制性侦查措施时，向外国执法机关提出的请求事项应当尽可能具体化，以满足司法令状的明确性要求。这意味着，我国司法机关在请求外国执法机关协助取证时，应当详细说明所需证据的性质、取证的目的、以及取证过程中应当遵循的具体程序和要求。

在判断外国执法机关取得的跨境刑事证据是否适用我国关于违反法定程序的排除规则时，需要综合考虑多个因素。首先，应当评估外国执法机关的取证行为是否违反了其本国的法律规定，以及这种违反行为是否严重到足以影响证据的合法性。其次，需要考虑外国法律对于证据合法性的具体要求，以及这些要求与我国法律规定的一致性或差异性。此外，还应当考虑证据的取得是否违反了国际法和双边或多边司法协助条约的规定。如果外国执法机关的取证行为虽然违反了其本国法律，但并未违反国际法和相关条约，那么在考虑是否排除该证据时，应当慎重权衡证据的重要性以及排除证据对司法公正可能造成的影响。

在实际操作中，如果外国执法机关取得的证据对案件的判决具有关键性作用，但同时存在违反法定程序的情况，我国法院可以依据具体情况作出判断。如果认为证据的取得虽然存在程序瑕疵，但不足以影响证据的真实性和可靠性，或者排除该证据将严重影响司法公正和案件的审理，法院可能会选择不适用排除规则。

三、保障诉讼参与人的程序参与权

随着司法改革的不断深入，刑事案件的处理越来越注重庭审的实质性，特别是在处理重大、复杂和有争议的案件时，证人出庭作证的重要性日益凸显。为了保障被告人的对质权和提高庭审的公正性，明确境外证人出庭作证的条件变得尤为关键。在现代社会，随着交通和通信技术的发展，地理位置不应成为阻碍证人出庭作证的障碍。人民法院在审理案件时，应当采取积极措施，通过司法协助等方式，通知境外证人出庭作证。如果证人的地址和联系方式不详，法院也应当尽力查明，以确保证人有机会出庭作证。

只有在经过充分努力后，仍然无法通知到证人，或者证人因某种原因不愿出庭作证的情况下，才能视为证人客观上不能出庭，这是证人出庭作证并接受询问的一个例外情形。在这种情况下，法院需要综合考虑案件的具体情况，评估证人证言对案件审理的影响，并决定是否接受书面询问笔录作为证据。随着科技的进步，远程作证成为了一种可行的替代措施，可以通过视频或音频方式安排证人作证或协助调查，这与现场作证和协助调查具有同等的法律效力。这种远程作证方式不仅能够保障证人出庭作证的权利，还能够提高司法效率，减少不必要的时间和资源消耗。

为了保障刑事诉讼中控辩双方的平等权利，特别是在跨境刑事证据的审查判断中，需要对现有的"权力—权利"结构进行整体性的调整。目前，对于控辩双方提交的跨境刑事证据，不能简单地适用同一审查判断标准。考虑到案件的实际情况和国际合作的需要，可以对免予认证的例外条件进行更为全面的解释和规定。《高法解释》第77条虽然规定了在存在双边互免认证协定的情况下的例外情形，但随着我国加入更多的国际公约，认证的例外情形也应当相应扩展。2023年3月8日，我国加入了《取消外国公文书认证要求的公约》，并于同年11月7日在我国生效实施。这一新的国际义务要求我们在认证的例外情形中增加"我国已经加入的国际公约另有规定"的内容。这不仅有助于简化跨境证据的提交程序，也有助于提高司法效率和保障控辩双方的权利。

此外，还可以赋予辩方利用司法协助渠道申请调查取证的权利，并建立相应的程序保障机制。办案机关在接到辩方的申请后，应当予以执行或明确回复不予执行的理由。这有助于确保辩方在刑事诉讼中的权利得到实际保障，同时也提高了司法透明度和公正性。在允许辩方申请通过国际刑事司法合作渠道调取证据的前提下，如果办案机关无正当理由未予执行，而辩方已经自行收集并提交了相关证据，可以考虑免除该申请所涉及的证据的公证、认证要求。辩方仅需说明证据的来源和获取过程，这将有助于简化跨境证据的提交和审查程序，同时也体现了对辩方权利的尊重和保障。

第四节　电子数据取证的破解思路

在传统的刑事诉讼法律框架中，境外证据通常指的是在诉讼过程中，由境外地区获取的、能够证明案件事实的各种材料和信息。这个概念在法律上相对明确，其取得和使用通常受到各国法律规定的严格规范。然而，在网络环境下，境外电子数据的概念和处理方式则变得更加复杂。由于网络的无国界特性，电子数据可以在全球范围内自由流动，而不同国家的法律对于数据的保护、隐私权、以及取证程序有着不同的规定和要求。这些差异使得境外电子数据的取得和运用成为刑事司法领域面临的两大难题。境外电子数据作为境外证据的一个子类别，其特殊性在于电子数据本身的性质和特点。与传统的物理证据相比，电子数据的界定更为复杂，不仅涉及数据的来源、存储、传输和处理等问题，还涉及数据的安全性、真实性和完整性等技术性问题。此外，电子数据的取得往往需要依赖于专业的技术手段和工具，这在跨国取证中尤为突出。

一、境外电子数据的核心问题

在域外刑事取证的过程中，及时性是一项至关重要的要求。它强调执法机关必须在尽可能短的时间内获取境外证据，以确保证据的完整性和可用性，防止证据因时间的推移而遭受毁损、灭失或其他不利变化。这一要求在境外电子数据取证中尤为突出，因为电子数据具有高度的易变性和脆弱性，一旦遭受破坏或篡改，其原始状态可能无法恢复。在网络犯罪案件中，犯罪分子可能迅速转移、删除或篡改电子数据，以逃避法律的追究。为了满足及时性的要求，执法机构需要建立快速反应机制，提高跨部门和跨国界的协作效率。这可能包括建立专门的网络犯罪调查团队，加强与网络服务提供商的合作，以及利用先进的技术手段进行实时监控和取证。

《电子数据的规定》中，"完整性"一词被多次提及，凸显了电子数据完整性的重要性。该规定第 23 条明确规定，应当从原始存储介质的扣押和封存状态、电子数据的收集提取过程等方面对电子数据的完整性进行审查。这要求执法机关在取证过程中采取严格的程序和技术措施，确保电子数据自收集到使用的每一个环节都符合法律和规定的要求。全面取得境外电子数据是确保刑事案件办理质量的重要环节，在获取电子数据时，必须确保数据的完整性和全面性，避免因遗漏、删改或其他不当操作而导致证据的不完整或失真。在具体案件办理中，执法机关应当重视境外电子数据的全面性，确保所收集的电子数据能够全面反映案件的实际情况。在收集电子数据时，证据收集主体不仅要依据刑事实体法的规定，围绕犯罪构成要件收集证明被追诉人实施特定犯罪行为的电子数据，还应当关注取证流程中产生的电子数据、涉案财物流转的电子数据，以及对犯罪嫌疑人或被告人有利的电子数据。这些数据可能对案件的定性和量刑产生重要影响，因此，全面收集和审查这些电子数据对于确保司法公正至关重要。

二、境外电子数据的采信

我国对境外电子数据取证的立法规范起步较早，反映了随着信息技术的发展和网络犯罪的增多，立法对新兴问题的适应和响应。早在1997 年，《计算机信息网络国际联网安全保护管理办法》就对网络服务提供者在协助调查方面的责任和义务作出了规定，其中包括了对境外电子数据的取证问题。2010年左右，网络犯罪案件的增多使得境外电子数据取证的问题更加凸显。为此，两高一部在2010年发布的《网络赌博犯罪案件意见》中，对境外电子数据取证进行了规定，旨在加强对网络赌博等犯罪行为的打击力度。随后，2014年两高一部发布的《网络犯罪案件意见》进一步明确了网络犯罪案件中境外电子数据取证的相关法律适用和程序要求。2016年，两高一部发布《电子数据的规定》第9条，对境外电子数据取证作了更为全面的规定。这一规定涵盖了境外电子数据取证的多个方面，包括取证的法律依据、取证程序、证据的审查判断等，为我国境外电子数据取证工作提供了明确的法律指导。2019年，公安部发布的《电子数据的取证规则》第23条，对境外电子数据的网络在线提取进行了调整和补充。这一规则的出台，进一步细化了境外电子数据取证的操作流程和技术要求，提高了取证工作的规范性和有效性。总体来看，我国对境外电子数据取证的立法规范不断完善和发展，体现了对网络犯罪形势变化的积极应对和法律制度的适时更新。这些规定不仅为执法机关提供了明确的法律依据和操作指南，也为保护公民合法权益、维护网络安全和打击跨国网络犯罪提供了坚实的法律支撑。

境外电子数据的采信涉及证据鉴真、可采性判断和综合运用三个层面。

1. 鉴真问题

境外电子数据的鉴真是评估其可采性的基础。由于电子数据或其载体在境外形成，其移交和保管的难度较国内证据更大。如果外国执法机关在取证过程中保管不当或记录不详尽，可能会导致电子数据的来源不明确或保管链条不完整，这些问题都会影响境外电子数据在本国司法程序中的有效性。因此，确保境外电子数据的完整性和真实性是取证工作中的首要任务。

2. 可采性的判断

与国内证据相比，境外证据的可采性判断往往采取更为宽松的标准。在我国，境外电子数据的可采性判断需要考虑证据的关联性、合法性和真实性。虽然境外电子数据与待证事实的关联性通常无争议，但在合法性和真实性的优先顺序上，法律文件和判决中存在不同的观点，这需要进一步的分析和明确。

3. 境外电子数据的综合运用

网络犯罪具有匿名性、非接触性和跨境性等特点，这使得网络犯罪追诉中境外电子数据与犯罪行为的关联方式和证明方法与传统犯罪有所不同。在网络犯罪追诉中，如何有效利用境外电子数据，构建一个符合网络犯罪特点的证明体系，成为了一个亟待解决的问题。这要求执法机关和司法机关不仅要掌握传统的取证和证明方法，还需要了解和应用网络安全、数据分析等领域的专业知识，以确保境外电子数据能够在法庭上发挥其应有的作用。

三、境外电子数据取证的途径

境外电子数据取证是国际刑事司法合作中的一个重要方面，它要求各国在尊重彼此主权的基础上，通过法律框架和合作机制共同应对跨境犯罪。我国一贯主张，应对跨境犯罪应当通过国际社会的共同努力，这一立场在境外电子数据取证的方式上得到了体现。在境外电子数据取证的方式上，司法合作是核心原则。这种合作主要基于有关条约、司法互助协定、两岸司法互助协议或通过国际组织委托调取，例如 2009 年《海峡两岸共同打击犯罪及司法互助协议》对于司法互助调查取证的规定。通过这些合作方式，各国执法和司法机关可以共享情报，协调行动，提高取证效率，确保跨境犯罪的有效打击和法律的公正实施。

近年来，随着网络犯罪的增多和信息技术的发展，通过国内法的延伸适用取得境外电子数据成为新的趋势。这种趋势体现在，一些国家开始通过修改或制定新的法律规定，允许本国执法机关在符合国际法和双边协议的前提下，直接或通过国际合作机制获取境外电子数据。这种做法旨在提高取证的便捷性和时效性，同时也反映了各国对于网络犯罪治理的重视和对国际合作的积极态度。

我国国内法对境外电子数据取证的规定也采用了本国法的直接延伸

适用的模式，例如网络在线提取，这是一种对境外公开信息进行提取的方式，通过复制、拍照、打印等手段进行。这种方法在实际操作中较为常见，因为它不涉及对目标系统的侵入，通常用于获取公开可访问的数据。网络远程勘验，与网络在线提取相比，网络远程勘验具有一定程度的侵入性。根据相关法律规定，网络远程勘验应在必要时才采取，并且需要有明确的法律依据和程序要求。

　　此外，我国《计算机信息网络国际联网安全保护管理办法》和《互联网信息服务管理办法》规定了网络服务商在协助取证方面的义务。这是通过一定连接因素的本国法延伸适用，主要考虑到电子数据与案件之间的关联性，允许执法机关通过特定的连接因素来调取境外电子数据。本国法的直接延伸适用容易引发主权争议，因此应当限缩相关电子数据取证措施的适用，严格规范境外电子数据取证程序。

第十一章　实务案例参考

第一节　跨国犯罪案件的管辖权和证据审查

属地管辖原则作为刑事司法领域的一条根本准则，强调对犯罪发生地点的精确划定，以便判定哪一司法区域对特定的犯罪行为具有刑事管辖权。该原则的实质在于，任何在某一司法区域内实施的犯罪行为或产生的犯罪结果，都应由该区域的司法机关负责追究和审理。通过犯罪地管辖原则，各国司法机构得以依据一个清晰的标准来确定管辖权，这有助于保障法律的有序运作和司法的公正性。面对跨地域乃至跨国界的犯罪行为，属地管辖原则构成了处理此类案件的基础架构。然而，随着跨境犯罪情形的日益复杂化，各国需通过协商机制来调整和分配各自的管辖权，以适应不断变化的国际刑事司法需求。

[案例参考]

邵春天制造毒品案

刑事审判参考第 640 号

（一）基本案情

被告人邵 A，男，1959 年 7 月 21 日出生，无业。因涉嫌犯制造毒品罪于 2007 年 1 月 25 日被逮捕。

福建省泉州市人民检察院以被告人邵 A 犯制造毒品罪，向泉州市中级人民法院提起公诉。

被告人邵 A 辩称：没有参与指控的前四起制造毒品行为；第五起即 2006 年这起事实，其是受他人雇佣购买设备、化学配剂，指使黄某召集制毒人员的，后再未实施其他犯罪活动，请求从轻判处。其辩护人还提出：第五起制毒行为发生在菲律宾，该国刑法并无死刑规定；毒品已被缴获销毁，没有造成具体危害后果；毒品重量及性质均由菲律宾警方鉴定，其结论的真实性和科学性未经有资质的国际机构认证，应慎重采用并在量刑时酌情从轻处罚。

泉州市中级人民法院经公开审理查明：

2004 年上半年，被告人邵 A 与"阿览"（在逃）预谋在菲律宾合伙制造毒品，约定由邵 A 负责制毒技术、采购制毒化学配剂及设备，"阿览"负责在菲律宾租赁厂房及购买制毒原材料。同年三四月间，邵 A 从中国境内购买了旋转蒸发器等制毒设备以及原材料，并采用伪报、混装方式通关运抵菲律宾。11、12 月间，邵 A 在菲律宾纳卯市和马尼拉市筹备好两处制毒厂房及制毒原料后，回到中国境内纠集同案被告人吴某、邵 B（均已判刑）及邵 C（已死亡）等人先后前往菲律宾参与制造毒品。当年 12 月 31 日，菲律宾警方查获纳卯市的制毒厂房，击毙了邵 C 等数人，并当场缴获 129.994 千克毒品原料和 270 千克麻黄素。

2006 年间，被告人邵 A 在菲律宾马尼拉市"大股"（在逃）预谋合伙制造甲基苯丙胺，约定由邵 A 负责购买制毒化学配剂及设备、召集工人及提供制毒技术，"大股"负责提供麻黄素、选定厂址以及毒品销售。同年 1 月至 8 月间，邵 A 先后在中国境内购买制毒设备以及制毒原材料，采用伪报方式通关运抵菲律宾。后邵 A 和"大股"商定在菲律宾武六干省马卡图尔路 343 号设厂制毒，邵 A 另授意同案被告人黄某（已判刑）招募工人前往菲律宾制毒，并将制毒技术传授给吴某，让吴参与制毒技术指导。12 月 5 日，所建制毒工厂开始加工生产制毒原料。当月 19 日，中菲两国警方联合行动查获了该工厂，当场缴获原材料固体 30 千克、液体 200 升。后邵

A 在我国境内被抓获。

泉州市中级人民法院认为，被告人邵 A 结伙非法制造毒品原材料数量大，其行为构成制造毒品罪。邵 A 在制毒共同犯罪中起组织、领导作用，系主犯。鉴于大部分毒品尚未流入社会即被扣缴，危害后果相对较小，对邵 A 判处死刑，可不立即执行。依照《中华人民共和国刑法》第三百四十七条第一款、第二款第一项、第七款，第四十八条第一款，第二十五条第一款，第二十六条第一款、第四款，第五十七条第一款，第六十四条之规定，以制造毒品罪判处被告人邵 A 死刑，缓期二年执行，剥夺政治权利终身，并处没收个人全部财产。一审宣判后，被告人邵 A 提出上诉，泉州市人民检察院提起抗诉。

被告人邵 A 上诉称：(1)本案证据只能证明其在马尼拉设工厂，不能认定其实施了制毒行为且已制造原料；(2)没有证据证实制毒系由其发起、出资与选址，认定其为主犯没有事实依据。其辩护人提出：(1)认定邵 A 2004 年在马尼拉制毒的事实不清，证据不充分；(2)邵 A 的制毒行为发生在菲律宾，该国无死刑规定；(3)制成的毒品原料固体 30 千克、液体 200 千克已被缴获销毁，没有造成具体的危害后果；(4)毒品重量及性质均由菲警方鉴定，其结论的真实性和科学性未经有资格的国际机构认证，应慎重采用并在量刑时酌情从轻处罚；(5)2004 年在菲律宾纳卯市以及 2006 年制造的毒品均被缴获，不存在获利问题，一审判决没收个人全部财产不当，请求改判没收个人部分财产。

泉州市人民检察院抗诉称：(1)应认定第二节制毒犯罪事实，一审仅因邵 A 在庭审时翻供而不认定邵 A 在马尼拉制毒厂制造 100 千克甲基苯丙胺属明显错误；(2)本案系跨国有组织制毒案件，邵春天多次组织多人到菲律宾，制造毒品原料数量大并从中获利，社会危害性极大，主观恶性深，且造成严重的国际影响，罪行极其严重；(3)邵 A 归案后认罪态度不好，没有悔罪表现，也没有任何法定或酌定从轻处罚情节，依法应判处死刑立即执行。

福建省高级人民法院经审理认为，被告人邵A行为构成制造毒品罪。邵A在共同犯罪中起组织、指挥作用，系主犯，应对其组织、指挥实施的全部制造毒品犯罪承担责任。检察机关所提邵A制造毒品数量大并从中获利，社会危害性极大，主观恶性深，且造成严重的国际影响，罪行极其严重，依法应判处死刑立即执行的抗诉理由，予以采纳。依照《中华人民共和国刑事诉讼法》第一百八十九条第二项、第一百九十条和《中华人民共和国刑法》第三百四十七条第一款、第二款第一项、第七款，第四十八条第一款，第二十五条第一款，第二十六条第一款、第四款，第五十七条第一款，第六十四条之规定，以制造毒品罪改判被告人邵A死刑，剥夺政治权利终身，并处没收个人全部财产，并依法报请最高人民法院核准。

（二）裁判结果

最高人民法院经复核认为，被告人邵A组织、指挥他人采取化工生产的行为构成制造毒品罪。邵A两次有组织实施跨国制毒犯罪，制造毒品数量大，在共同犯罪中起组织、指挥作用，系主犯，主观恶性深，罪行极其严重，应依法严惩。第一、二审判决认定的事实清楚，证据确实、充分，定罪准确，审判程序合法，第二审判决量刑适当。依照《中华人民共和国刑事诉讼法》第一百九十九条和《最高人民法院关于复核死刑案件若干问题的规定》第二条第一款之规定，裁定核准福建省高级人民法院对被告人邵春天以制造毒品罪判处死刑，剥夺政治权利终身，并处没收个人全部财产的刑事判决。

（三）裁判理由

1. 依据刑事管辖权相关原则，我国对本案有管辖权

刑事管辖权是国家主权的重要组成部分。世界各国在刑事管辖权问题上的规定，归纳起来主要有属地原则、属人原则、保护原则、普遍管辖原则等几种。除受到国际法和国际条约的限制外，每一国家有权采用其认为最合适的原则来行使刑事管辖权。我国刑法

采用的是以属地原则为基础，兼采属人原则、保护原则和普遍管辖原则。据此，我国对本案均有管辖权。

（1）根据属地原则，我国对本案有管辖权。属地原则是指凡是发生在一国领土内的一切犯罪活动，均适用该国刑法。我国刑法第六条第一款规定："凡在中华人民共和国领域内犯罪的，除法律有特别规定的以外，都适用本法。"该条第三款还对"在中华人民共和国领域内犯罪"作了解释，即"犯罪的行为或者结果有一项发生在中华人民共和国领域内的，就认为是在中华人民共和国领域内犯罪"。这里的"犯罪的行为"可以是犯罪行为的一部分，也可以是全部，而且犯罪行为并不以实行行为为限，可以包括犯罪的预备、教唆、帮助等行为。同理，"犯罪的结果"也不以犯罪的全部结果为限，有部分结果即可，而且犯罪结果也不限于犯罪行为实际造成的危害结果。本案中，被告人邵A从我国境内购买制毒所用设备、化学配剂，还从我国召集工人参与制造毒品，由于这些犯罪行为发生在我国境内，我国当然对此案有管辖权。

（2）根据属人原则，我国对本案亦有管辖权。属人原则是指凡是具有一国国籍的公民在国外犯罪的，均适用该国刑法。我国刑法第七条第一款规定："中华人民共和国公民在中华人民共和国领域外犯本法规定之罪的，适用本法，但是按照本法规定的最高刑为三年以下有期徒刑的，可以不予追究。"本案中，被告人邵A是中国公民，其所实施制造毒品犯罪依法不属于"最高刑为三年以下有期徒刑，可以不予追究的"的情况，因此，本案应适用我国刑法。

（3）根据普遍管辖原则，我国对本案同样有管辖权。普遍管辖原则是指对于国际犯罪，不论是否发生在本国领域内，犯罪人是不是本国公民，也不论是否侵害本国或本国公民的利益，每个主权国家均可行使管辖权。所谓"国际犯罪"，是指国际条约规定的危害国际社会共同利益的犯罪，主要包括战争罪、侵略罪、灭绝种族罪、海盗罪、劫持航空器罪以及毒品犯罪等。我国刑法第九条体现了普遍管辖原则，即"对于中华人民共和国缔结或者参加的国际条约所规定的罪行，中华人民共和国在所承担条约义务的范围内行使刑事管辖权的，适用本法"。我国加入的国际禁毒条约主要有《1961年麻醉品单一公约》《1971年精神药物公约》《联合国禁止非法贩运麻醉药品和精神药物公约》等。根据上述条约，对于毒品犯罪，犯罪发生地国、罪犯国籍国、犯罪目的所在地国等国家均有权行使管辖权。综上，我国作为毒品犯罪发生地国、罪犯国籍国对本案享有管辖权。

2. 刑事管辖权冲突的解决

虽然大多数国家对刑事管辖权大都采用属地、属人、保护、普遍管辖等原则，但由于各国规定不一，且具体犯罪涉及犯罪人、犯罪行为地、犯罪结果地、受害人等多个要素，因此，出现两个或者多个主权国依据本国法律或相关国际条约对同一跨国犯罪都享有管辖权的情况是不可避免的。如前所述，就本案而言，我国享有管辖权，但由于制造毒品犯罪的部分行为发生在菲律宾境内，菲律宾对本案亦享有管辖权。这就产生了刑事管辖权冲突。

由于跨国犯罪的复杂性，要完全消除刑事管辖权的冲突是极其困难的。广为国际刑法学者认同的管辖权排序方案是国际刑法学权威巴西奥尼在《国际刑法典草案》中提出的构想，即"对本法(分则)确认的任何国际犯罪的诉讼和惩罚管辖按下列顺序授予：1. 犯罪全部或局部发生在其领土内的缔约当事国；2. 被告为其国民的缔约当事国；3. 受害者为其国民的缔约当事国；4. 在其领土内发现被告的其他缔约当事国。"我国学者也主张，刑事管辖权应当按照下列顺序确定：(1)犯罪地国；(2)犯罪嫌疑人国籍国；(3)受害人国籍国；(4)在其领土内发现被指控的犯罪嫌疑人的其他国家。然而，依据此排序，部分犯罪行为或结果发生在一国境内、部分犯罪行为或结果发生在另一国境内的跨国犯罪，仍然会存在管辖权冲突的情况，因此，依靠这几项原则适用的先后顺序不能完全解决跨国犯罪的管辖权问题。

妥善解决刑事管辖权冲突，是为了有效惩治、防范跨国犯罪，顺利进行司法协助，避免造成国家间争端。在遵循属地、属人等相关原则的基础上，解决管辖权冲突还应当考虑方便诉讼原则，即以有利于证据的收集、犯罪的侦查以及惩治、改造犯罪分子为原则。同时，案件的优先受理、犯罪嫌疑人的实际控制等特定事实对确定管辖权也起到一定作用。同时，当两国或多国对同一案件都主张管辖权或放弃管辖权时，应当通过平等协商来解决，这应是国际公约确定的首选解决方式。

具体到本案，虽然依据属地原则，我国与菲律宾都有管辖权，但考虑到以下几方面情况，本案应由我国管辖：第一，邵 A 是我国公民。第二，我国警方最先受理本案。2006 年 8 月 2 日我国警方对邵 A 涉嫌跨国制造毒品一案进行立案侦查，并在同年 12 月 18 日到达马尼拉，与菲律宾警方一起查获制毒工厂、缴获毒品及制毒设备等。我国公安人员除在我国境内收集邵 A 犯罪的证据外，还参与了在菲律宾的侦查工作，因而由我国管辖更有利于调查取证工作的实施。第三，邵 A 在我国境内被抓获，已被我国公安机关实际控制。

3. 跨国犯罪案件证据的审查

就跨国犯罪案件而言，有些证据、证人可能在一国境外，因此在调查取证中需要相关国家给予司法协助，包括代为询问证人、被害人、鉴定人及其他犯罪嫌疑人，代为进行搜查、扣押、勘验、检查，代为送达诉讼文书，移交物证、书证及赃款赃物等活动。此外，还包括为侦破跨国犯罪进行的联合调查、执法合作等措施。我国《刑事诉讼法》第十七条规定："根据中华人民共和国缔结或者参加的国际条约，或者按照互惠原则，我国司法机关和外国司法机关可以相互请求刑事司法协助。"有关反腐败、毒品犯罪、跨国有组织犯罪的国际公约均对相互法律协助、加强国际合作作了规定，我国也与包括菲律宾在内的多个国家签订了刑事司法协助条约。

在司法实践中，对跨国犯罪案件的证据，要重点审查证据的来源是否正当、合法，尤其是相关国家提供的证据材料。对于通过司法协助渠道由被请求国提供的证据材料，可以作为定案的证据使用。本案中，一部分证据包括证人证言、书证、被告人供述等是在我国境内由我国司法机关收集的，而查获的物品清单、毒品性质鉴定等部分证据则由菲律宾警方提供。根据菲律宾毒品法执行署向我国公安部禁毒局、福建省公安厅出具的函件，这部分证据材料是菲律宾警方应我国公安部禁毒局去函提供的，而我国公安机关也出具材料证实，这些材料是菲律宾毒品法执行署当场交付我国公安人员的。事实表明，这些证据材料来源正当、合法，可以作为本案的证据使用。

顺便指出，被告人邵春天系在我国境内被抓获，本起跨国犯罪由我国管辖并应适用我国法律，因此不涉及引渡问题。

第二节　境外电子数据取证

对境外电子数据的鉴真和合法性的重视，体现了司法实践中对证据审查的一种过程化视角。这种视角强调了证据从形成到最终呈现在法庭上的整个过程的重要性，而不仅仅是证据本身的属性。

在证据可采性的审查中，传统的视角主要关注证据本身的真实性和可靠性，审查的焦点集中在证据是否真实存在、是否有伪造或篡改的迹象。这种视角倾向于从最终结果出发，评估证据的可信度和有效性。但电子数据更应关注证据的整个过程，包括其形成、收集、保管、移送和出示等各个环节。这种视角认为，证据的合法性和可靠性不仅仅取决于其本身的属性，还受到其在整个司法过程中处理方式的影响。例如，即使证据本身是真实的，如果其收集过程违反了法律规定或侵犯了当事人的权利，那么该证据的可采性也可能受到质疑。过程化视角的审查方法有助于确保证据的合法性和可靠性。它要求执法机关和司法机关在整个取证过程中遵循法律规定，采取适当的措施来保护证据的完整性和真实性。这包括确保取证过程中的透明度、记录详细的证据收集和保管日志、采取适当的安全措施防止证据被篡改或损坏,以及确保证据在移送过程中的连续性和不受污染。

[案例参考]

张某等52人电信网络诈骗案

最高人民检察院发布第十八批指导性案例(检例第67号)

(一)基本案情

被告人张某,男,1981年11月21日出生,中国台湾地区居民,无业。

林某等其他被告人、被不起诉人基本情况略。

2015年6月至2016年4月间,被告人张某等52人先后在印度尼西亚共和国和肯尼亚共和国参加对中国大陆居民进行电信网络诈骗的犯罪集团。在实施电信网络诈骗过程中,各被告人分工合作,其中部分被告人负责利用电信网络技术手段对大陆居民的手机和座机电话进行语音群呼,群呼的主要内容为"有快递未签收,经查询还有护照签证即将过期,将被限制出境管制,身份信息可能遭泄露"等。当被害人按照语音内容操作后,电话会自动接通冒充快递公司客服人员的一线话务员。一线话务员以帮助被害人报案为由,在被害人不挂断电话时,将电话转接至冒充公安局办案人员的二线话务员。二线话务员向被害人谎称"因泄露的个人信息被用于犯罪活动,需对被害人资金流向进行调查",欺骗被害人转账、汇款至指定账户。如果被害人对二线话务员的说法仍有怀疑,二线话务员会将电话转给冒充检察官的三线话务员继续实施诈骗。

至案发,张某等被告人通过上述诈骗手段骗取75名被害人钱款共计人民币2300余万元。

(一)介入侦查引导取证

由于本案被害人均是中国大陆居民,根据属地管辖优先原则,2016年4月,肯尼亚将76名电信网络诈骗犯罪嫌疑人(其中大陆居民 32 人，台湾地区居民 44 人)遣返中国大陆。经初步审查，张某等 41 人与其他被遣返的人分属互不关联的诈骗团伙，公安机关依法分案处理。2016 年 5 月，北京市人民检察院第二分院经指定管辖本案，并应公安机关邀请，介入侦查引导取证。

鉴于肯尼亚在遣返犯罪嫌疑人前已将起获的涉案笔记本电脑、语音网关(指能将语音通信集成到数据网络中实现通信功能的设备)、手机等物证移交我国公安机关，为确保证据的客观性、关联性和合法性，检察机关就案件证据需要达到的证明标准以及涉外电子数据的提取等问题与公安机关沟通，提出提取、恢复涉案的 Skype 聊天记录、Excel 和 Word 文档、网络电话拨打记录清单等电子数据，并对电子数据进行无污损鉴定的意见。在审查电子数据的过程中，检察人员与侦查人员在恢复的 Excel 文档中找到多份"返乡订票记录单"以及早期大量的 Skype 聊天记录。依据此线索，查实部分犯罪嫌疑人在去肯尼亚之前曾在印度尼西亚两度针对中国大陆居民进行诈骗，诈骗数额累计达 2000 余万元人民币。随后，11 名曾在印度尼西亚参与张凯闵团伙实施电信诈骗，未赴肯尼亚继续诈骗的犯罪嫌疑人陆续被缉捕到案。至此，张某案 52 名犯罪嫌疑人全部到案。

(二)审查起诉

审查起诉期间，在案犯罪嫌疑人均表示认罪，但对其在犯罪集团中的作用和参与犯罪数额各自作出辩解。

经审查，北京市人民检察院第二分院认为现有证据足以证实张某等人利用电信网络实施诈骗，但案件证据还存在以下问题：一是电子数据无污损鉴定意见的鉴定起始基准时间晚于犯罪嫌疑人归案的时间近 11 个小时，不能确定在此期间电子数据是否被增加、删除、修改。二是被害人与诈骗犯罪组织间的关联性证据调取不完整，无法证实部分被害人系本案犯罪组织所骗。三是台湾地区警方提供的台湾地区犯罪嫌疑人出入境记录不完整，北京市公安局出入境管理总队出具的出入境记录与犯罪嫌疑人的供述等其他证据不尽一致，现有证据不能证实各犯罪嫌疑人参加诈骗犯罪组织的具体时间。

针对上述问题，北京市人民检察院第二分院于 2016 年 12 月 17 日、2017 年 3 月 7 日两次将案件退回公安机关补充侦查，并提出以下补充侦查意见：一是通过中国驻肯尼亚大使馆确认抓获犯罪嫌疑人和外方起获物证的具体时间，将此时间作为电子数据无污损鉴定的起始基准时间，对电子数据重新进行无污损鉴定，以确保电子数据的客观性。二是补充调取犯罪嫌疑人使用网络电话与被害人通话的记录、被害人向犯罪嫌疑人指定银行账户转账汇款的记录、犯罪嫌疑人的收款账户交易明细等证据，以准确认定本案被害人。三是调取各犯罪嫌疑人护照，由北京市公安局出入境管理总队结合护照，出具完整的出入境记录，补充讯问负责管理护照的犯罪嫌疑人，核实部分犯罪嫌疑人是否中途离开过诈骗窝点，以准确认定各犯罪嫌疑人参加犯罪组织的具体时间。补充侦查期间，检察机关就补侦事项及时与公安机关加强当面沟通，落实补侦要求。与此同时，检察人员会同侦查人员共赴国家信息中心电子数据司法鉴定中心，就电子数据提取和无污损鉴定等问题向行业专家咨询，解决了无污损鉴定的具体要求以及提取、固定电子数据的范围、程序等问题。检察机关还对公安机关以《司法鉴定书》记录电子数据勘验过程的做法提出意见，要求将《司法鉴定书》转化为勘验笔录。通过上述工作，全案证据得到进一步完善，最终形成补充侦查卷 21 册，为案件的审查和提起公诉奠定了坚实基础。

检察机关经审查认为，根据肯尼亚警方出具的《调查报告》、我国驻肯尼亚大使馆出具的《情况说明》以及公安机关出具的扣押决定书、扣押清单等，能够确定境外获取的证据来源合法，移交过程真实、连贯、合法。国家信息中心电子数据司法鉴定中心重新作出的无污损鉴定，鉴定的起始基准时间与肯尼亚警方抓获犯罪嫌疑人并起获涉案设备的时间一致，能够证实电子数据的真实性。涉案笔记本电脑和手机中提取的 Skype 账户登录信息等电子数据与犯罪嫌疑人的供述相互印证，能够确定犯罪嫌疑人的网络身份和现实身份具有一致性。75名被害人与诈骗犯罪组织间的关联性证据已补充到位，具体表现为：网络电话、Skype聊天记录等与被害人陈述的诈骗电话号码、银行账号等证据相互印证；电子数据中的聊天时间、通话时间与银行交易记录中的转账时间相互印证；被害人陈述的被骗经过与被告人供述的诈骗方式相互印证。本案的75名被害人被骗的证据均满足上述印证关系。

（三）出庭指控犯罪

2017年4月1日，北京市人民检察院第二分院根据犯罪情节，对该诈骗犯罪集团中的52名犯罪嫌疑人作出不同处理决定。对张某等50人以诈骗罪分两案向北京市第二中级人民法院提起公诉，对另2名情节较轻的犯罪嫌疑人作出不起诉决定。7月18日、7月19日，北京市第二中级人民法院公开开庭审理了本案。

庭审中，50名被告人对指控的罪名均未提出异议，部分被告人及其辩护人主要提出以下辩解及辩护意见：一是认定犯罪集团缺乏法律依据，应以被告人实际参与诈骗成功的数额认定其犯罪数额。二是被告人系犯罪组织雇用的话务员，在本案中起次要和辅助作用，应认定为从犯。三是检察机关指控的犯罪金额证据不足，没有形成完整的证据链条，不能证明被害人是被告人所骗。

针对上述辩护意见，公诉人答辩如下：

一是该犯罪组织以共同实施电信网络诈骗犯罪为目的而组建，首要分子虽然没有到案，但在案证据充分证明该犯罪组织在首要分子的领导指挥下，有固定人员负责窝点的组建管理、人员的召集培训，分工担任一线、二线、三线话务员，该诈骗犯罪组织符合刑法关于犯罪集团的规定，应当认定为犯罪集团。

二是在案证据能够证实二线、三线话务员不仅实施了冒充警察、检察官接听拨打电话的行为，还在犯罪集团中承担了组织管理工作，在共同犯罪中起主要作用，应认定为主犯。对从事一线接听拨打诈骗电话的被告人，已作区别对待。该犯罪集团在印度尼西亚和肯尼亚先后设立3个窝点，参加过2个以上窝点犯罪的一线人员属于积极参加犯罪，在犯罪中起主要作用，应认定为主犯；仅参加其中一个窝点犯罪的一线人员，参与时间相对较短，实际获利较少，可认定为从犯。

三是本案认定诈骗犯罪集团与被害人之间关联性的证据主要有：犯罪集团使用网络电话与被害人电话联系的通话记录；犯罪集团的Skype聊天记录中提到了被害人姓名、公民身份号码等个人信息；被害人向被告人指定银行账户转账汇款的记录。起诉书认定的75名被害人至少包含上述一种关联方式，实施诈骗与被骗的证据能够形成印证关系，足以认定75名被害人被本案诈骗犯罪组织所骗。

（四）裁判结果

2017年12月21日，北京市第二中级人民法院作出一审判决，认定被告人张某等50人以非法占有为目的，参加诈骗犯罪集团，利用电信网络技术手段，分工合作，冒充国家机关工作人员或其他单位工作人员，诈骗被害人钱财，各被告人的行为均已构成诈骗罪，其中28人系主犯，22人系从犯。法院根据犯罪事实、情节并结合各被告人的认罪态度、悔罪表现，对张某等50人判处十五年至一年九个月不等有期徒刑，并处剥夺政治权利及罚金。张某等部分被告人以量刑过重为由提出上诉。2018年3月，北京市高级人民法院二审裁定驳回上诉，维持原判。

（五）裁判理由

1. 对境外实施犯罪的证据应着重审查合法性

对在境外获取的实施犯罪的证据，一是要审查是否符合我国刑事诉讼法的相关规定，对能够证明案件事实且符合刑事诉讼法规定的，可以作为证据使用。二是对基于有关条约、司法互助协定、两岸司法互助协议或通过国际组织委托调取的证据，应注意审查相关办理程序、手续是否完备，取证程序和条件是否符合有关法律文件的规定。对不具有规定规范的，一般应当要求提供所在国公证机关证明，由所在国中央外交主管机关或其授权机关认证，并经我国驻该国使、领馆认证。三是对委托取得的境外证据，移交过程中应注意审查过程是否连续、手续是否齐全、交接物品是否完整、双方的交接清单记载的物品信息是否一致、交接清单与交接物品是否一一对应。四是对当事人及其辩护人、诉讼代理人提供的来自境外的证据材料，要审查其是否按照条约等相关规定办理了公证和认证，并经我国驻该国使、领馆认证。

2. 对电子数据应重点审查客观性

一要审查电子数据存储介质的真实性。通过审查存储介质的扣押、移交等法律手续及清单，核实电子数据存储介质在收集、保管、鉴定、检查等环节中是否保持原始性和同一性。二要审查电子数据本身是否客观、真实、完整。通过审查电子数据的来源和收集过程，核实电子数据是否从原始存储介质中提取，收集的程序和方法是否符合法律和相关技术规范。对从境外起获的存储介质中提取、恢复的电子数据应当进行无污损鉴定，将起获设备的时间作为鉴定的起始基准时间，以保证电子数据的客观、真实、完整。三要审查电子数据内容的真实性。通过审查在案言词证据能否与电子数据相互印证，不同的电子数据间能否相互印证等，核实电子数据包含的案件信息能否与在案的其他证据相互印证。

3. 紧紧围绕电话卡和银行卡审查认定案件事实

办理电信网络诈骗犯罪案件，认定被害人数量及诈骗资金数额的相关证据，应当紧紧围绕电话卡和银行卡等证据的关联性来认定犯罪事实。一是通过电话卡建立被害人与诈骗犯罪组织间的关联。通过审查诈骗犯罪组织使用的网络电话拨打记录清单、被害人接到诈骗电话号码的陈述以及被害人提供的通话记录详单等通信类证据，认定被害人与诈骗犯罪组织间的关联性。二是通过银行卡建立被害人与诈骗犯罪组织间的关联。通过审查被害人提供的银行账户交易明细、银行客户通知书、诈骗犯罪集团指定银行账户信息等书证以及诈骗犯罪组织使用的互联网软件聊天记录，核实聊天记录中是否出现被害人的转账账户，以确定被害人与诈骗犯罪组织间的关联性。三是将电话卡和银行卡结合起来认定被害人及诈骗数额。审查被害人接到诈骗电话的时间、向诈骗犯罪组织指定账户转款的时间，诈骗犯罪组织手机或电脑中储存的聊天记录中出现的被害人的账户信息和转账时间是否印证。相互关联印证的，可以认定为案件被害人，被害人实际转账的金额可以认定为诈骗数额。

4. 有明显首要分子，主要成员固定，其他人员有一定流动性的电信网络诈骗犯罪组织，可以认定为诈骗犯罪集团

实施电信网络诈骗犯罪，大多涉案人员众多、组织严密、层级分明、各环节分工明确。对符合刑法关于犯罪集团规定，有明确首要分子，主要成员固定，其他人员虽有一定流动性的电信网络诈骗犯罪组织，依法可以认定为诈骗犯罪集团。对出资筹建诈骗窝点、掌控诈骗所得资金、制定犯罪计划等起组织、指挥管理作用的，依法可以认定为诈骗犯罪集团首要分子，按照集团所犯的全部罪行处罚。对负责协助首要分子组建窝点、招募培训人员等起积极作用的，或加入时间较长，通过接听拨打电话对受害人进行诱骗，次数较多、诈骗金额较大的，依法可以认定为主犯，按照其参与或组织、指挥的全部犯罪处罚。对诈骗次数较少、诈骗金额较小，在共同犯罪中起次要或者辅助作用的，依法可以认定为从犯，依法从轻、减轻或免除处罚。

结　　语

如何对跨地域犯罪进行程序法规制一直是不断发展和适应新挑战的领域。随着全球化和网络技术的不断进步，犯罪行为已经超越了传统的地理界限，形成了更为复杂和难以捉摸的新型犯罪模式。这不仅对传统的刑事司法体系提出了挑战，也对立法、执法、司法认定和国际合作等

方面提出了新的要求。

在立法层面，需要对现有的法律体系进行审视和更新，以明确界定跨地域犯罪的类型和构成要件，并确保管辖的明确性和适用性。同时，应当加强地区协作和国际合作，建立有效的取证和司法协助机制，以应对跨地域犯罪的挑战。在打击层面，侦查机关必须提升跨地域犯罪的侦查和取证能力，特别是在电子数据的取证、审查方面，需要制定更加严格的规则和标准，确保证据的合法性、真实性和完整性。在司法认定方面，法院需要发展和完善跨地域犯罪，特别是新型网络犯罪的认定规则，充分考虑跨地域犯罪的特殊性，合理解释和适用法律，在公正的前提下提高裁判的统一性和效率。

总之，跨地域犯罪的程序法规制是一个动态发展的过程，需要各方共同努力，不断适应新的犯罪形态和技术发展，构建一个更加公正、高效和适应时代发展的刑事司法体系。通过这些努力，我们可以更有效地打击和预防跨地域犯罪，保护公民的合法权益，维护社会秩序和国家安全。

参 考 文 献

一、著作

1. 陈光中等：《天下·司法改革问题研究》，法律出版社 2018 年版。

2. 李毅：《网络空间治理的国内法域外效力研究》，光明日报出版社 2023 年版。

3. 时延安：《刑事管辖制度适用》，中国人民公安大学出版社 2012 年版。

4. 龙宗智：《刑事程序论》，法律出版社 2021 年版。

5. 孙茂利主编：《公安机关办理刑事案件程序规定释义与实务指南》，中国人民公安大学出版社 2020 年版。

6. 陈瑞华：《刑事诉讼的前沿问题》，中国人民大学出版社 2011 年版。

7. 陈瑞华：《刑事证据法学》，北京大学出版社 2012 年版。

8. 卢建平主编：《有组织犯罪比较研究》，法律出版社 2004 年版

9. 刘建华：《网络陷阱与数据侦查》，武汉大学出版社 2020 年版。

10. 最高人民法院刑事审判第一、二、三、四、五庭编，《刑事审判参考总第 128 辑》，人民法院出版社 2021 年版。

11. 杨杰辉：《刑事审判对象研究》，法律出版社 2022 年版。

12. 喻海松：《网络犯罪二十讲》，法律出版社 2018 年版。

13. 何家弘：《短缺证据与模糊事实》，法律出版社 2012 年版。

14. 王华伟：《网络犯罪的司法认定》，中国人民公安大学出版社 2022 年版。

15. 于志刚、于冲：《网络犯罪的罪名体系与发展思路》，中国法制出版社 2013 年版。

16. 杨正鸣：《网络犯罪研究》，上海交通大学出版社 2004 年版。

17. 于志刚：《共同犯罪的网络异化研究》，中国方正出版社 2010 年版。

18. 季境、张志超：《新型网络犯罪问题研究》，中国检察出版社 2012 年版。

19. 王云斌：《网络犯罪》，经济管理出版社 2002 年版。

20. 孙景仙、安永勇：《网络犯罪研究》，知识产权出版社 2006 年版。

29. 严景耀：《中国的犯罪问题与社会变迁关系》，北京大学出版社 1986 年版。

30. 戴士剑，刘品新：《电子证据调查指南》中国检察出版社 2014 年版。

31. 麦永浩：《电子数据司法鉴定实务》，法律出版社 2019 年版。

32. 杨宇冠：《非法证据排除规则研究》，中国人民公安大学出版社 2002 年版。

33. 潘申明等：《电子数据审查判断与司法应用》，中国检察出版社 2017 年版。

34. 杨迎泽、孙锐：《刑事证据的收集、审查与运用》，中国检察出版社 2013 年版。

35. 孙邦清：《民事诉讼管辖制度研究》，中国政法大学出版社 2008 年版。

36. 龙宗智、杨建广：《刑事诉讼法》（第 6 版），高等教育出版社 2021 年版。

37. 陈光中：《刑事诉讼法》（第 6 版），北京大学出版社、高等教育出版社 2016 年版。

38. 张曙：《刑事诉讼管辖制度研究》，法律出版社 2020 年版。

39. 桂梦美：《刑事诉讼管辖制度研究》，中国政法大学出版社 2019 年版。

40. 王晓：《电信网络诈骗案件刑事诉讼程序研究》，中国人民公安大学出版社 2019 年版。

41. 江溯主编：《网络刑法原理》，北京大学出版社 2022 年版。

42. 宋英辉：《刑事诉讼法修改问题研究》，中国人民公安大学出版社 2007 年版。

43. 徐永胜：《跨境电信网络诈骗犯罪侦查与警务合作模式研究》，中国人民公安大学出版社 2018 年版。

44. 谢玲：《电信网络诈骗犯罪研究》，中国人民公安大学出版社 2021 年版。

45. 高秀东：《刑事管辖权专题整理》，中国人民公安大学出版社 2010 年版。

46. 王新清：《刑事管辖权基本问题研究》，中国人民大学出版社 2014 年版。

47. 熊建明：《美国最高法院管辖基础与要素研究》，三联书店 2016 年版。

48. 陈卫东：《刑事诉讼法学关键问题》，中国人民大学出版社 2012 年版。

49. 林钰雄：《刑事诉讼法》，中国人民大学出版社 2005 年版。

50. 郭华：《管辖与立案程序》，中国人民公安大学出版社 2011 年版。

51. 赵铁、孙儒婕：《立案及管辖审判参考》，人民法院出版社 2018 年版。

52. 杜春鹏：《电子证据取证和鉴定》，中国政法大学出版社 2014 年版。

53. 戴士剑、刘品新：《电子证据调查指南》，中国检察出版社 2014 年版。

54. 樊崇义主编：《刑事证据规则研究》，中国人民公安大学出版社2014年版。

55. 郭华：《侦查程序》，中国人民公安大学出版社2011年版。

56. 郭瑜：《个人数据保护法研究》，北京大学出版社2012年版。

57. 刘金瑞：《个人信息与权利配置：个人信息自决权的反思和出路》，法律出版社2017年版。

58. 刘品新主编：《美国电子证据规则》，中国检察出版社2004年版。

59. 刘品新：《中国电子证据立法研究》，中国人民大学出版社2005年版。

60. 龙宗智等：《司法改革与中国刑事证据制度的完善》，中国民主法制出版社2016年版。

61. 屈新：《刑事诉讼中的权力制衡与权利保障》，中国人民公安大学出版社2011年版。

62. 杨东亮：《刑事诉讼中的司法审查》，法律出版社2014年版。

63. 杨立新：《刑事诉讼平衡论》，中国人民公安大学出版社2006年版。

64. 杨宇冠：《完善人权司法保障制度研究》，中国人民公安大学出版社2016年版。

二、译著

1. [美]彼得．德恩里科：《法的门前》，邓子滨编，北京大学出版社2013年版。

2. [德]汉斯·海因里希·耶赛克、托马斯·魏根特著：《德国刑法教科书》，徐久生译，中国法制出版社2001年版。

3. [英]戴维·坎特著：《犯罪的影子——系列杀人案的心理特征剖析》，吴宗宪等译，中国轻工业出版社2002年版。

4. [美]迪·金·罗斯姆著：《地理学的犯罪心理画像》，李玫瑾译，中国人民公安大学出版社2007年版。

5. [美]麦克尔斯：《美国刑事诉讼法精解》，北京大学出版社 2009年版。

三、期刊

1. 任惠华：《新时代侦查治理模式革新——以新中国犯罪演进规律为起点》，载《中国刑警学院学报》2021 年第 5 期。

2. 吴宗宪：《犯罪亚文化理论概述》，载《比较法研究》1989 年第1 期。

3. 王劼：《新型犯罪结构性变化引发侦查格局变革的思考》，载《上海公安高等专科学校学报》2021 年第 6 期。

4. 刘蜜：《论电子数据的同一性》，载《湖北警官学院学报》2019 年第 6 期。

5. 史航宇：《我国跨区域网络犯罪中管辖监督问题探析》，载《四川警察学院学报》2019 年第 2 期。

6. 李涵笑：《异化与规制：新型网络跨境犯罪刑事管辖权问题研究》，载《刑法论丛》2022 年第 1 卷。

7. 林雪标：《我国侦查地域管辖制度的反思与重构》，载《山东大学学报（哲学社会科学版）》2023 年第 2 期。

8. 龙宗智：《刑事印证证明新探》，载《法学研究》2017 年第 2 期。

9. 龙宗智：《刑事诉讼指定管辖制度之完善》，载《法学研究》2012 年第 4 期。

10. 林雪标：《我国侦查地域管辖制度的反思与重构》，载《山东大学学报（哲学社会科学版）》2023 年第 2 期。

11. 李华伟：《职务犯罪关联案件并案侦查机制研究》，载《法学杂志》2016 年第 11 期。

12. 刘仁文：《刑事案件并案处理的检视与完善》，载《政治与法律》2023 年第 11 期。

13. 张泽涛：《刑事案件分案审理程序研究——以关联性为主线》，载《中国法学》2010 年第 5 期。

14. 郭松：《被追诉人的权利处分：基础规范与制度构建》，载《法学研究》2019 年第 1 期。

15. 任远：《刑事司法中的并案管辖及其适用》，载《检察日报》2020 年 11 月 11 日第 003 版。

16. 王志刚：《论补强证据规则在网络犯罪证明体系中的构建——以被追诉人身份认定为中心》，载《河北法学》，2015 年第 11 期。

17. 刘宪权：《网络黑灰产上游犯罪的刑法规制》，载《国家检察官学院学报》2021 年第 1 期。

18. 皮勇：《论新型网络犯罪立法及其适用》，载《中国社会科学》2018 年第 10 期。

19. 刘译矾：《电子数据的双重鉴真》，载《当代法学》2018 年第 3 期。

20. 谢登科：《论电子数据的鉴真问题——基于典型案例的实证分析》，载《国家检察官学院学报》，2017 年第 9 期。

21. 高荣林：《论网络电子数据证据之鉴定》，载《湖北警官学院学报》2017 年第 2 期。

22. 褚福民：《电子证据真实性的三个层面——以刑事诉讼为例的分析》，载《法学研究》2018 年第 4 期。

23. 白龙飞：《深入一线查实情解难题 抓实主题教育调查研究工作》，载《人民法院报》2023 年 4 月 24 日第 1 版。

24. 陈苏豪：《跨境刑事证据审查判断的要素检视》，载《现代法学》2023 年第 6 期。

25. 林荫茂：《从信用卡犯罪看个人信息犯罪》，载《政治与法律》2008 年第 9 期。

26. 郑泽善：《网络犯罪与刑法的空间效力原则》，载《法学研究》2006 年第 5 期。

27. 于志刚：《网络犯罪与中国刑法应对》，载《中国社会科学》2010 年第 3 期。

28. 陈结淼：《关于我国网络犯罪刑事管辖权立法的思考》，载《现代法学》2008 年第 3 期。

29. 裴炜：《论网络犯罪跨境数据取证中的执法管辖权》，载《比较法研究》2021 年第 6 期。

30. 陈兴良：《网络犯罪的类型及其司法认定》，载《法治研究》2021 年第 3 期。

31. 王华伟：《我国网络犯罪立法的体系性评价与反思》，载《法学杂志》2019 年第 10 期。

32. 孙潇琳：《我国网络犯罪管辖问题研究》，载《法学评论》2018 年第 4 期。

33. 李晓明、李文吉：《跨国网络犯罪刑事管辖权解析》，载《苏州大学学报(哲学社会科学版) 2018 年第 1 期。

34. 黄京平：《新型网络犯罪认定中的规则判断》，载《中国刑事法杂志》2017 年第 6 期。

35. 喻海松：《网络犯罪的立法扩张与司法适用》，载《法律适用》2016 年第 9 期。

36. 陈廷、解永照：《网络犯罪案件中电子数据的取证、审查难点及对策思考》，载《公安学刊(浙江警察学院学报)》2016 年第 3 期。

37. 于志刚：《网络、网络犯罪的演变与司法解释的关注方向》，载《法律适用》2013 年第 11 期。

38. 陈结淼：《关于我国网络犯罪刑事管辖权立法的思考》，载《现代法学》2008 年第 3 期。

39. 刘守芬、申柳华：《网络犯罪新问题刑事法规制与适用研究》，载《中国刑事法杂志》2007 年第 3 期。

40. 魏红、徐超：《浅论网络犯罪案件的刑事管辖权》，载《贵州社会科学》2006 年第 6 期。

41. 吴华蓉：《浅论网络犯罪刑事司法管辖权的建构》，载《犯罪研究》2006 年第 4 期。

42. 赵辉：《我国网络犯罪的发展趋势与对策》，载《学术探索》2005 年第 2 期。

43. 俤澎：《论网络犯罪管辖权的确定》，载《云南大学学报（法学版）》2004 年第 1 期。

44. 张彩云：《网络犯罪中电子证据有关问题之探析》，载《当代法学》2003 年第 7 期。

45. 刘守芬、孙晓芳：《论网络犯罪》，载《北京大学学报（哲学社会科学版）》2001 年第 3 期。

46. 王静、魏雄文：《从秩序到效率：网络犯罪管辖权的变迁》，载《人民检察》2020 年第 11 期。

47. 王德光、马明慧：《论侦查管辖》，载《人民检察》2007 年第 19 期。

48. 申蕾：《电信网络诈骗案件证据困境与实务应对》，载《政法学刊》2022 年第 6 期。

49. 智嘉译：《电信网络诈骗案件中的证据问题研究》，载《法律适用》2022 年第 9 期。

50. 吴晓敏：《电信网络诈骗案件办理实践问题初探》，载《人民检察》2021 年第 14 期。

51. 喻海松：《网络犯罪刑事程序规则的新近发展——基于〈新刑事诉讼法解释〉的解读》，载《中国应用法学》2021 年第 5 期。

52. 林慧青、邓志源：《电信网络诈骗犯罪治理困境与回应——以〈反电信网络诈骗法〉为视角》，载《中国刑警学院学报》2022 年第 5 期。

53. 林雪标：《我国侦查地域管辖制度的反思与重构》，载《山东大学学报（哲学社会科学版）》2023 年第 2 期。

54. 陈如超：《电信网络诈骗犯罪侦查管辖制度的反思与调整》，载《浙江工商大学学报》2022 年第 5 期。

55. 郭丰：《论我国电信诈骗立案管辖的困境及应对策略》，载《辽宁警察学院学报》2019 年第 2 期。

56. 陈结森：《关于我国网络犯罪刑事管辖权立法的思考》，载《现代法学》2008 年第 3 期。

57. 田圣斌：《互联网刑事案件管辖制度研究》，载《政法论坛》2021

年第 3 期。

58. 刘开元：《电信网络诈骗犯罪指定管辖问题研究》，载《山东法官培训学院学报》2022 年第 2 期。

59. 程军伟：《侦查管辖的立法思考》，载《法律科学（西北政法大学学报）》2010 年第 5 期。

60. 杨钊：《浅议侦查管辖制度》，载《中国刑警学院学报》2013 年第 4 期。

61. 亢晶晶：《"职权主导型"刑事分案模式研究》，载《中外法学》2022 年第 4 期。

62. 孙潇琳：《我国网络犯罪管辖问题研究》，载《法学评论》2018 年第 4 期。

63. 周常志：《刑事案件指定管辖制度的完善》，载《人民检察》2008 年第 3 期。

64. 周加海、喻海松、李振华：《〈关于办理信息网络犯罪案件适用刑事诉讼程序若干问题的意见〉的理解与适用》，载《中国应用法学》2022 年第 5 期。

65. 张曙：《被追诉人的管辖程序性权利研究》，载《法治研究》2020 年第 1 期。

66. 彭清燕：《网络诽谤犯罪地域管辖困境与突破》，载《南京工程学院学报（社会科 学版）》2011 年第 2 期。

67. 朱孝清：《司法公平正义观和人民监督司法路径的创新》，载《法治研究》2022 年 第 6 期。

68. 曹文智、梁彬：《经济犯罪侦查的地域管辖研究》，载《中国人民公安大学学报（社会科学版）》2012 年第 3 期。

69. 廖诗评：《中国法域外适用法律体系：现状、问题与完善》，载《中国法学》2019 年第 6 期。

70. 王德光：《我国刑事侦查管辖权制度的立法缺陷及完善》，载《中国刑事法杂志》2007 年第 4 期。

71. 王祺国、刘周：《职务犯罪侦查一体化问题研究》，载《河北法学》2005 年第 10 期。

72. 吉宁、张裕杰：《公安机关打击治理电信网络诈骗困境与对策研究》，载《网络安 全技术与应用》2022 年第 3 期。

73. 马忠红：《以电信诈骗为代表的新型网络犯罪侦查难点及对策研究——基于 W 省的调研情况》，载《中国人民公安大学学报（社会科学版）》2018 年第 3 期。

74. 龙宗智：《有组织犯罪案件分案审理问题研究》，载《法学研究》2021 年第 3 期。

75. 杨杰辉：《共同犯罪案件的分案审理研究》，载《现代法学》2022 年第 1 期。

76. 许身健：《共同犯罪分案审理问题研究》，载《国家检察官学院学报》2022 年第 1 期。

77. 刘太宗、赵玮、刘涛：《"两高一部"〈关于办理电信网络诈骗等刑事案件适用法律若干问题的意见（二）〉解读》，载《人民检察》2021 年第 13 期。

78. 李睿懿、陈攀、王珂：《〈关于办理电信网络诈骗等刑事案件适用法律若干问题的意见（二）〉的理解与适用》，载《中国应用法学》2022 年第 6 期。

79. 熊秋红、余鹏文：《我国刑事诉讼管辖体系之完善》，载《法学杂志》2022 年第 4 期。

80. 王洁：《司法管控电信网络诈骗犯罪的实效考察》，载《中国刑事法杂志》2020 年第 1 期。

81. 龙宗智：《"以审判为中心"的改革及其限度》，载《中外法学》2015 年第 4 期。

82. 熊秋红：《在刑事程序法上加强民营企业家人身财产安全保护的若干建议》，载《法律适用》2019 年第 14 期。

83. 黄河、张庆彬、刘涛：《破解打击电信网络诈骗犯罪的五大难题——〈关于办理电 信网络诈骗等刑事案件适用法律若干问题的意见〉解读》，载《人民检察》2017 年第 11 期。

84. 国家检察官学院浙江分院课题组、胡勇：《网络犯罪惩治重难点问题实践分析》，载《中国检察官》2022 年第 17 期。

85. 谢登科、赵航：《论监察委员会关联案件的管辖模式——以〈监察法〉第 34 条为视角》，载《江汉学术》2022 年第 6 期。

86. 李和仁、王军、熊秋红、汪海燕、杨涛、刘勇：《同一刑事案件能否多次指定管辖》，载《人民检察》2006 年第 1 期。

87. 孙红卫、楼伯坤：《"侦查管辖中心论"的科学性和合理性——以公诉案件为基准的考察》，载《西南政法大学学报》2009 年第 2 期。

88. 李玉华、齐鹏云：《打击跨境电信网络诈骗犯罪的国际合作研究》，载《山东警察学院学报》2022 年第 3 期。

89. 谢玲：《电信网络诈骗犯罪信息调查研究》，载《中国人民公安大学学报（自然科学版）》2020 年第 3 期。

90. 吴桐、王瑞剑：《"检察一体"源流考》，载《苏州大学学报（法学版）》2022 年第 2 期。

91. 江溯：《打击网络犯罪的国际法新机制》，载《法学》2022 年第 11 期。

92. 陈晓娟：《我国电信网络诈骗犯罪的犯罪学分析》，载《山东警察学院学报》2017 年第 5 期。

93. 李晓明、李文吉：《跨国网络犯罪刑事管辖权解析》，载《苏州大学学报（哲学社会科学版）》2018 年第 1 期。

94. 程捷：《信息网络犯罪案件地域管辖规则之检讨》，载《北京航空航天大学学报（社会科学版）》2023 年第 1 期。

95. 刘品新：《论电子数据的定位——基于中国现行证据法律的思辨》，载《法商研究》2002 年第 4 期。

96. 刘品新：《论计算机搜查的法律规制》，载《法学家》2008 年第 4 期。

97. 刘品新：《论电子证据的原件理论》，载《法律科学》2009 年第 5 期。

98. 刘品新：《论网络时代侦查制度的创新》，载《暨南学报（哲学社会科学版)》2012 年第 11 期。

99. 刘品新：《电子证据的关联性》，载《法学研究》2016 年第 6 期。

100. 刘品新：《电子证据的基础理论》，载《国家检察官学院学报》2017 年第 1 期。

101. 刘品新：《印证与概率：电子证据的客观化采信》，载《环球法律评论》2017 年第 4 期。

102. 刘权：《目的正当性与比例原则的重构》，载《中国法学》2014 年第 4 期。

103. 刘伟：《如何实现刑事侦查的法治化》，载《政法论丛》2017 年第 4 期。

104. 莫天新：《刑事诉讼中电子证据对传统证据规则的影响与突破》，载《郑州航空工业管理学院学报(社会科学版)》2016 年 6 月。